# JLPT N2

문법

회화와 함께
**제대로
정리하기**

# JLPT N2 문법
## 회화와 함께 제대로 정리하기

**지은이** 김성곤, 다나카 미유키
**펴낸이** 정규도
**펴낸곳** (주)다락원

**초판 1쇄 인쇄** 2022년 1월 6일
**초판 1쇄 발행** 2022년 1월 21일

**책임편집** 한누리, 송화록
**디자인** 장미연, 이승현

**다락원** 경기도 파주시 문발로 211
**내용문의:** (02)736-2031 내선 460~465
**구입문의:** (02)736-2031 내선 250~252
**Fax:** (02)732-2037
출판등록 1977년 9월 16일 제406-2008-000007호

**값 16,000원**

**ISBN** 978-89-277-1259-6 13730

http://www.darakwon.co.kr

• 다락원 홈페이지에서 「JLPT N2 문법 회화와 함께 제대로 정리하기」를
  검색하시거나 표지의 QR코드를 스캔하시면 학습에 필요한 자료를 이
  용하실 수 있습니다.

# 머리말

이 책은 JLPT(일본어능력시험) N2 수험에 필요한 문법을 혼자서도 마스터할 수 있도록 구성되었다.

문법은 문장을 구성하는 규칙으로, 비즈니스 문서나 이메일 등과 같은 문서 작성에 매우 중요하다. 동시에 회화에서도 당연히 사용된다. 이 책은 기존의 학습서와는 달리, 문법 학습 방법을 다양화하여, 회화에서는 어떻게 사용되는지 문법의 영역을 넓혀 더욱 자연스럽게 문법 학습을 진행할 수 있도록 집필하였다.

이 책은 최신 출제 경향을 분석하여, 출제 빈도와 난이도를 기준으로 3단계로 구성하였으며 다음과 같은 특징을 지니고 있다.

**1** 핵심 포인트의 예문과 해설을 통한 표현 의도 이해: 핵심을 찌르는 예문과 해설을 통해 탄탄한 기본기를 갖출 수 있도록 하였다.

**2** 핵심 포인트의 문제풀이를 통한 이해력 향상: 문제풀이를 통해 더욱 심도 있게 문법을 이해할 수 있도록 하였다.

**3** 핵심 포인트를 활용한 회화문을 통한 응용력 향상: 실제 회화에서 사용되는 상황을 제시하여, 문법 포인트의 이해는 물론이고 회화 실력도 향상되도록 구성되어 있다.

**4** 최종 실전 모의 테스트를 통한 실전 적응력 향상: 실제 시험과 같은 난이도로 구성된 모의 테스트가 있어서 학습을 마친 후 본인의 실력을 점검할 수 있다.

본서 학습을 통하여 철저한 능력 시험 대비는 물론이고 여러분들의 일본어 실력 향상에 도움이 되리라 확신한다.

마지막으로 이 책이 발간되기까지 많은 격려를 해주신 다락원의 정규도 사장님과 기획에서 편집에 이르기까지 수고해 주신 일본어출판부 관계자 분들께도 이 자리를 빌려서 감사의 말씀을 전하고 싶다.

저자 일동

# JLPT (일본어능력시험)에 대하여

**1** **목적 및 주최** 일본어가 모국어가 아닌 사람 중 일본어를 공부하거나 사용하는 사람들의 일본어 능력을 측정하고 인정하는 것이 목적입니다. 일본 정부가 세계적으로 공인하는 유일한 일본어 시험이며, 국제교류기금과 재단법인 일본국제교육지원협회가 주최합니다.

**2** **실시** 1년에 2회, 7월 첫 번째 일요일과 12월 첫 번째 일요일에 실시합니다. 주최 측의 사정에 따라 일정이 변경될 수 있으므로 시험을 준비하고 있다면 미리 http://www.jlpt.or.kr 에서 확인하는 게 좋습니다.

**3** **레벨** 시험은 난이도에 따라 N1, N2, N3, N4, N5로 나누어져 있으며, 수험자가 자신에게 맞는 레벨을 선택하여 접수합니다.

**4** **시험 내용** 각 레벨의 인정 기준을 [읽기], [듣기]라는 언어 행동으로 나타냅니다. 각 레벨에는 이 언어 행동을 실현하기 위한 언어지식이 필요합니다.

| | 언어지식(문자·어휘·문법)·독해 | 105분 | **읽기** 신문이나 잡지의 기사나 해설, 평이한 평론 등 논지가 명쾌한 문장을 읽고 문장의 내용을 이해할 수 있으며, 일반적인 화제에 관한 글을 읽고 이야기의 흐름이나 표현 의도를 이해할 수 있다. |
|---|---|---|---|
| **N2** | 청해 | 50분 | **듣기** 자연스러운 속도로 체계적인 내용의 회화나 뉴스를 듣고, 내용의 흐름 및 등장인물의 관계를 이해하거나 요지를 파악할 수 있다. |
| | 계 | 155분 | |

**5** **시험 결과 통지와 합격 여부** JLPT는 각 과목의 ① 구분 별 득점과 구분 별 득점을 합친 ② 총점을 통지하며, 이 두 가지 기준에 따라 합격 여부를 판정합니다. 즉, 총점이 합격점 이상이어야 하며 언어지식, 독해, 청해의 각 득점이 기준점(19점)을 넘어야 합니다.

# JLPT N2 문법 문제 유형 분석

JLPT N2 문법 문제는 '1 문법 형식 판단', '2 문장 만들기(문맥 배열)', '3 글의 문법(문장의 흐름)'의 세 가지 유형으로 출제됩니다.

## 問題1 문법 형식 판단

괄호 안에 알맞은 표현을 넣어 문장을 완성하는 문제입니다. 점점 문제에 회화문이 많이 나오는 추세입니다. 총 열세 문제이며, 문제 수는 변경될 수 있습니다.

**2** 夢を語る（　　　　）誰でもできるが、実現させるのは簡単なことではない。2016.12

　1 だけでは　　　　　　2 だけなら　　　　　　3 ためしか　　　　　　4 ためには

## 問題2 문장 만들기(문맥 배열)

문장을 바르게, 뜻이 통하도록 배열할 수 있는지 묻습니다. 밑줄 친 빈칸이 네 개 있고, 그 중 한 개에 ★ 표시가 되어 있습니다. 총 다섯 문제이며, 문제 수는 변경될 수 있습니다.

**15** 登山には不思議な魅力がある。登っているときはこんなに ＿＿＿＿ ＿＿＿＿ ＿＿★＿＿

　＿＿＿＿ なぜかまた登りたくなる。2016.12

　1 思うのに　　　　　　　　　　　　2 二度としたくないと

　3 苦しいことは　　　　　　　　　　4 山を下りて何日かすると

## 問題3 글의 문법(문장의 흐름)

비교적 긴 지문 안에 빈칸이 있고, 그 빈칸에 들어갈 가장 좋은 것을 고르는 문제 형식입니다. 문장의 흐름에 맞는 글인지 어떤지를 판단할 수 있습니다. 빈칸에 반드시 N2 기능어가 사용되는 것은 아니며, 문장의 흐름에 맞는 문법 요소나 어휘, 접속사, 부사 등이 나오기도 합니다. 다섯 문제이며, 문제 수는 변경될 수 있습니다.

トイレマークが生まれたのは、１９６４年の東京オリンピックがきっかけだ。この東京オリンピックは、アルファベットを使わない国での初めての開催であったため、特に問題になったのが、言葉の壁だった。当時、日本国内の案内板は「お手洗い」などと日本語で書かれているものがほとんどだった。 **51** 、それでは世界９０数か国から来日する選手たちに理解してもらえない。かといって、参加国すべての国の言葉で書くわけにもいかない。そこで、案内板作成者たちは、あらゆる国の選手が理解できるよう、絵で表すことを考えた。 **52** 、トイレマークなのだ。2016.12

**51**　　1 それに　　　　　　2 しかし　　　　　　3 または　　　　　　4 それどころか

**52**　　1 作成者が理解したのは　　　　　　　2 日本で考えられたのが

　　　　3 ここに生み出したのは　　　　　　　4 こうして生まれたのが

# 구성과 특징

**표제 문형**
각 문형의 난이도에 따라 STEP1, STEP2, STEP3
으로 나누어 정리하였으며, 단계별로 각 あいうえお
순으로 배열하였습니다.

**접속**
문형을 각 품사에 어떻게
접속해서 사용하는지 확인
할 수 있습니다.

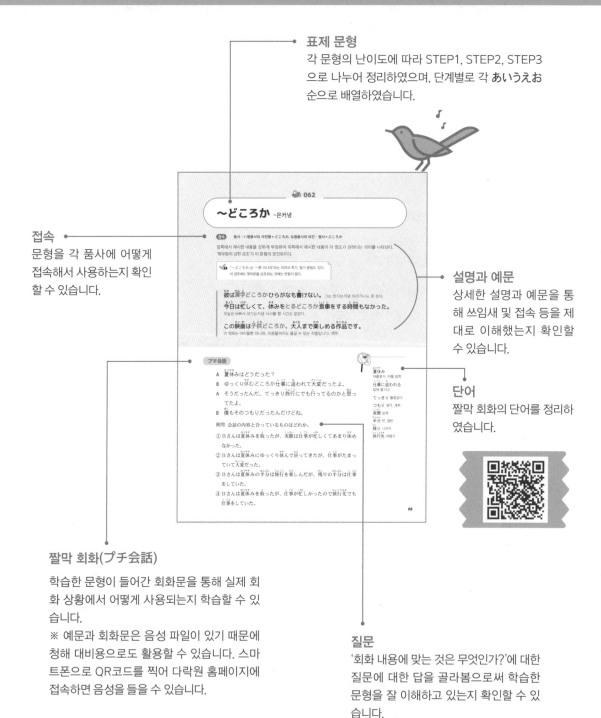

**설명과 예문**
상세한 설명과 예문을 통
해 쓰임새 및 접속 등을 제
대로 이해했는지 확인할
수 있습니다.

**단어**
짧막 회화의 단어를 정리하
였습니다.

**짧막 회화(プチ会話)**

학습한 문형이 들어간 회화문을 통해 실제 회
화 상황에서 어떻게 사용되는지 학습할 수 있
습니다.
※ 예문과 회화문은 음성 파일이 있기 때문에
청해 대비용으로도 활용할 수 있습니다. 스마
트폰으로 QR코드를 찍어 다락원 홈페이지에
접속하면 음성을 들을 수 있습니다.

**질문**
'회화 내용에 맞는 것은 무엇인가?'에 대한
질문에 대한 답을 골라봄으로써 학습한
문형을 잘 이해하고 있는지 확인할 수 있
습니다.

## 쪽지 시험

JLPT N2 문법 유형 문제1, 문제2 형식의 연습 문제를 통해 앞에서 학습한 문형을 확인합니다. 틀렸을 경우, 설명과 쓰임새를 다시 한번 숙지합니다.

## 해석 및 정답

짤막 회화와 쪽지 시험의 정답 및 해석을 확인할 수 있습니다.
※ 정답과 해석은 QR코드를 찍으면 스마트폰으로도 바로 확인할 수 있습니다.

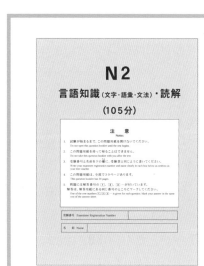

## 별책
## 실전 모의 테스트

JLPT N2 실전 모의 테스트 1회분을 풀어봄으로써 JLPT 시험에 대한 실제 감각을 키울 수 있습니다.

# 차례

126

STEP 3

별책　　　JLPT N2 실전 모의 테스트

# STEP 1

## 🥟 001

# 〜一方だ ~하기만 한다

접속 동사의 사전형+一方だ

어떤 상태가 특정한 방향으로만 점점 더 강해진다는 의미를 나타낸다. '일방적인 흐름'이라는 키워드로 기억해 두자. 간혹 「명사+の+一方だ」의 형태로 명사에 붙는 경우도 있다.

・減少の一方だ 감소하기만 한다

**全然勉強していないので、成績は下がる一方だ。**
전혀 공부하고 있지 않아서 성적은 떨어지기만 한다.

**景気が悪くて、ここ数年、失業率は上がる一方だ。**
경기가 나빠서 최근 몇 년동안 실업률은 오르기만 한다.

---

### プチ会話

**A** あれ、ここのランチメニュー、値上がりしたの？

**B** 今月から20円値上がりしたみたいだよ。

**A** それは困ったな。またランチ代節約しないと。

**B** まったく、給料は同じなのに物価は高くなる一方だよ。

值上がり 가격 인상
困る 곤란하다, 난감하다
ランチ代 점심 식대
節約 절약
給料 급료
同じだ 같다
変わる 바뀌다
助かる 도움이 되다
物価 물가
影響 영향

質問 会話の内容と合っているものはどれか。

① 給料も物価も高くなるばかりだ。

② 給料は変わらないが物価は高くなるばかりだ。

③ 給料は変わらないが物価は安くなって助かっている。

④ 物価は高くなっているが、節約しているのであまり影響はない。

# 002

## ～うる・～えない ~할 수 있다 · ~할 수 없다

**접속** 동사의 ます형+うる・えない

「～うる」는 '어떠한 일이 가능하다, 그렇게 될 가능성이 있다'는 의미이다. 이것의 부정에 해당하는 「～え
ない」는 '어떠한 일이 불가능하다, 그렇게 될 가능성이 없다'는 의미를 나타낸다. 격식 차린 문장이나 회화
에서 주로 사용한다. 한자로 나타내는 경우, うる는 得る, えない는 得ない로 표기한다. 다만, 得る는 え
る라고도 읽는다.

**考えうる方法は全部試してみた。**
생각할 수 있는 방법은 전부 시도해 보았다.

**あの二人が結婚するなんてありえないよ。**
저 두 사람이 결혼하는 일 같은 건 불가능해.

### プチ会話

A 元気ないみたいだけど、どうしたの？
B 試験の結果が気になって、眠れないんだ。
A そんなに心配することないって。成績トップの君が落ち
　るなんてありえないよ。
B でも、あの日めちゃくちゃ緊張しちゃってさ。

質問　会話の内容と合っているものはどれか。
① Aさんはどんなに優秀な人でも失敗することがあると思っている。
② AさんはBさんが成績トップから落ちるわけがないと思っている。
③ AさんはBさんが試験に落ちるかもしれないと思っているが、
　明るい言葉で励ましている。
④ AさんはBさんが試験に落ちるのは考えられないと思っている。

試験 시험
結果 결과
気になる
신경 쓰이다, 마음에 걸
리다
眠る 자다
心配する 걱정하다
成績 성적
落ちる 떨어지다
優秀だ 우수하다
失敗する 실패하다
励ます 격려하다

13

# ～おきに ① ~간격으로 ② ~을 걸러서, ~을 건너뛰고

**접속** 명사+おきに

시간, 거리, 수량 등을 나타내는 단어 뒤에 붙어서, 제시된 숫자만큼 간격을 둔다는 의미를 나타낸다. 또한 「～おきに」는 제시된 수량을 '~을 건너뛰고'라는 의미로도 사용된다. 같이 기억해 두자.

- 2時間おきに 두 시간 간격으로
- 1日おきに 격일(하루 걸러서: 이틀에 한 번)  · 1週間おきに 격주(한 주 걸러서: 2주에 한 번)
- 1か月おきに 격월(한 달 걸러서: 두 달에 한 번)  · 1年おきに 격년(한 해 걸러서: 2년에 한 번)

**この薬は、8時間おきに飲んでください。**
이 약은 여덟 시간 간격으로 드세요.

**3メートルおきに木を植える。**
3미터 간격으로 나무를 심는다.

---

**プチ会話**

A 最近疲れているようですが、大丈夫ですか。

B 子供がまだ小さくて、夜中も2時間おきに起こされるんですよ。

A それは大変ですね。休める時に休んでくださいね。

B ありがとうございます。

疲れる 지치다
小さい 작다, 어리다
夜中 한밤중
起こす 일으키다, 깨우다
休む 쉬다
間隔 간격
起きる 일어나다

質問 会話の内容と合っているものはどれか。
① Bさんの子どもは夜は2時間しか寝ない。
② Bさんの子どもは夜中の2時に起きる。
③ Bさんの子どもは2時間間隔で起きる。
④ Bさんの子どもは2時間間隔で起こさなければならない。

# 〜おそれがある ~할 우려가 있다

접속 　동사의 사전형＋おそれがある, 명사＋の＋おそれがある

바람직하지 않은 일이 일어날지도 모른다고 말하고 싶을 때 사용하는 표현이다. 다소 딱딱한 표현이며 주로 신문 기사나 뉴스 등에서 사용된다.

> ## このままでは、この会社は倒産するおそれがある。
> 이대로라면 이 회사는 파산할 우려가 있다.
>
> ## この薬は副作用のおそれがあるので、注意してください。
> 이 약은 부작용 우려가 있으므로 주의하세요.

## プチ会話

**A** すみません。ここから先は行けないんですか。

**B** はい。昨日の大雨で崖が崩れるおそれがあるので、現在通行止めになっているんです。

**A** どうしよう。それは困ったな。

**B** お急ぎのところ申し訳ございません。

大雨 폭우
崖 절벽, 낭떠러지
現在 현재
通行止め 통행 금지
崩す 무너뜨리다
崩れる 무너지다
通る 통과하다
可能性 가능성
怖い 무섭다, 두렵다

質問　会話の内容と合っているものはどれか。

① この先の道は大雨の影響で崖が崩れてしまったため、通ることができない。

② この先の道はこれから崖を崩す予定のため、通ることができない。

③ この先の道は崖が崩れる可能性があるため、通ることができない。

④ Ａさんは崖が崩れると怖いので、この先の道を通りたくないと思っている。

# ～かけ・～かける ~하던 도중임·~하던 도중이다

接続 동사의 ます형＋かけ・かける

어떤 일이 진행되는 도중이어서, 완전히 끝나지 않은 상태를 나타낸다.

> テーブルの上に食べかけのケーキが置いてある。
> 탁자 위에 먹다 만 케이크가 놓여 있다.

> やりかけの宿題があるから、遊びに行けない。
> 하고 있는 숙제가 있어서 놀러 갈 수 없다.

## プチ会話

**A** 週末、どこかへ遊びに行かない？

**B** ごめん、今週末はちょっと…。

**A** 何か約束でもあるの？

**B** 実は書きかけのレポートがあって。早く終わらせたいんだ。

週末 주말
遊ぶ 놀다
約束 약속
実は 실은
途中 도중
提出日 제출일
来週 다음 주

**質問** 会話の内容と合っているものはどれか。

① Bさんは週末、レポートを書き始めようと思っている。
② Bさんは今、レポートを書いている途中だ。
③ Bさんは週末、Aさんとレポートを書く予定だ。
④ Bさんのレポートの提出日は来週だ。

# ～がたい ~하기 어렵다

접속　동사의 ます형＋がたい

어떠한 동작을 하는 것이 곤란하다는 의미를 나타낸다. 주로 「信じる(믿다)」, 「許す(용서하다)」 같은 특정한 단어와 결합하여 쓰인다. 「동사 ます형＋にくい(~하기 어렵다, ~하기 곤란한다)」와 비슷한 표현으로 이해하면 된다.

- 信じがたい 믿기 어렵다
- 近寄りがたい 다가가기 어렵다
- 耐えがたい 견디기 어렵다
- 許しがたい 용서하기 어렵다
- 捨てがたい 버리기 곤란하다
- 理解しがたい 이해하기 어렵다

**今回の旅行は忘れがたい思い出になるだろう。**
이번 여행은 잊기 어려운 추억이 될 것이다.

**古いパソコンだが、愛着があってなかなか捨てがたい。**
오래된 컴퓨터이지만 애착이 있어서 좀체 버리기 어렵다.

## プチ会話

A　新しいマネージャーには会いましたか。

B　はい。まだあいさつしかしていないんですが、私は前のマネージャーの方が良かったな。

A　僕もです。あまり笑わない人なので何だか近寄りがたいんですよね。

B　同感です。これからちょっと気が重いですね。

質問　会話の内容と合っているものはどれか。

① 新しいマネージャーは気楽に話しかけるのが難しい雰囲気の人だ。
② 新しいマネージャーは笑顔が少ないので怖く見えるが、実は優しい人だ。
③ 新しいマネージャーは地位が高いので、簡単には近くに行くことができない。
④ 新しいマネージャーは不愛想だが、あいさつはきちんとしてくれる。

マネージャー
매니저

あいさつ 인사

近寄る
접근하다, 친근히 하다

同感 동감

気が重い
마음이 무겁다

気楽に 마음 편하게

話しかける
말을 걸다

難しい 어렵다

雰囲気 분위기

笑顔 웃는 얼굴, 미소

優しい
다정하다, 상냥하다

地位 지위

無愛想 무뚝뚝함

問題1　次の文の（　　　　　）に入れるのに最もよいものを、１・２・３・４から一つ選びなさい。

1　A「ここにある本、ちょっと借りてもいいですか。」
　　B「あっ、それ、まだ読み（　　　　　）なんです。」

　　1 まま　　　　　　2 きり　　　　　　3 かけ　　　　　　4 がち

2　仕事が思うように進まず、ストレスがたまる（　　　　　）。

　　1 上だ　　　　　　2 代わりだ　　　　3 通りだ　　　　　4 一方だ

3　この花は、毎日水をやらなくてもいいです。大体２日（　　　　　）やってください。

　　1 うちに　　　　　2 おきに　　　　　3 たびに　　　　　4 ぶりに

4　会議中の彼のとった態度は、私には十分理解（　　　　　）ものであった。

　　1 する　　　　　　2 させる　　　　　3 しうる　　　　　4 しぬく

5　A「新しい企画、中止だって。社長の決定は理解（　　　　　）よ。」
　　B「私も全然納得できないよ。」

　　1 しうる　　　　　2 しがたい　　　　3 するくらいだ　　4 する一方だ

6　今すぐ対策をたてないと、重大な事故につながる（　　　　　）。

　　1 おそれがある　　2 ことはない　　　3 ところだ　　　　4 べきである

問題2　次の文の　＿★＿　に入る最もよいものを、1・2・3・4から一つ選びなさい。

[1]　夫は何でも　＿＿＿＿　＿＿＿＿　＿★＿　＿＿＿＿　増える一方だ。

　　　1 物が　　　　　　　2 捨てないで　　　　3 家の中は　　　　　4 取っておくので

[2]　今のこの会社の発展は、＿＿＿＿　＿＿＿＿　＿★＿　＿＿＿＿　ことだったのだろう。

　　　1 人材の育成と技術開発　　　　　　　　　2 優れた

　　　3 ありえない　　　　　　　　　　　　　　4 なしには

[3]　明日は午後から天気が崩れそうです。特に夕方　＿＿＿＿　＿＿＿＿　＿★＿
　　のでご注意ください。

　　　1 からは　　　　　　2 激しい　　　　　　3 おそれがある　　　4 雨が降る

[4]　いつも静かでやさしい田中さんがそんな　＿＿＿＿　＿＿＿＿　＿★＿　＿＿＿＿　こと
　　だ。

　　　1 なんて　　　　　　2 ひどいことを　　　3 言った　　　　　　4 信じがたい

[5]　職場では、節電のため、廊下の蛍光灯を　＿＿＿＿　＿＿＿＿　＿★＿　＿＿＿＿　ちょっ
　　と暗い。

　　　1 一つ　　　　　　　2 外して　　　　　　3 いるので　　　　　4 おきに

[6]　明日はほかの仕事をしなければならないので、この　＿＿＿＿　＿＿＿＿　＿★＿
　　＿＿＿＿　わけにはいかない。

　　　1 帰る　　　　　　　2 仕事を　　　　　　3 まま　　　　　　　4 やりかけた

# ～がち 자주 ~함

接続 동사의 ます형+がち, 명사+がち

'그렇게 되는 경우기 자주 있다', '~하는 경향이 있다'와 같은 의미를 나타낸다. 부정적인 의미로 사용하는 경우가 많다. 다른 문형과의 혼란을 피하기 위해, 「～がち」는 그런 일이 발생하는 '횟수'를 강조한다는 점을 기억해두자.

## 雪の日は事故が起こりがちである。
눈 오는 날에는 사고가 자주 일어난다.

## 祖母は病気がちなので、あまり外に出かけない。
할머니는 자주 아프기 때문에 그다지 밖에 외출하지 않는다.

プチ会話

A　あれ、木村さん今日も休み？
B　うん。最近休みがちだけど、何かあったのかな。
A　部長なら何かご存知かもしれないね。
B　そうだね。後でさり気なく聞いてみようかな。

部長 부장(님)
ご存知 알고 계심
さり気ない 아무렇지 않다
体調 몸의 상태
連絡 연락
増える 늘다

質問 会話の内容と合っているものはどれか。
① 木村さんは最近休むことが多い。
② 木村さんは体調が悪くて最近よく休んでいる。
③ 木村さんは最近はあまり休まなくなった。
④ 木村さんは最近、連絡もしないで休むことが増えた。

# ～かねる ~하기 어렵다, ~하기 곤란하다

**접속**  동사의 ます형+かねる

'사정이 있어서 그렇게 하기 곤란하다', '그렇게 하는 것이 불가능하다'는 의미를 나타낸다. 주로, 곤란한 내용에 대하여 정중하게 거절하거나 부정하는 경우에 사용한다. 「できない(불가능하다)」와 같은 단정적이고 직접적인 표현을 피해, 정중하고 우회적으로 거절하거나 불가능함을 나타낸다.

> **あなたの意見には賛成しかねます。**
> 당신의 의견에는 찬성하기 어렵습니다.
>
> **この件については、すぐには返事をしかねます。**
> 이 건에 대해서는 바로 답장 하기 어렵습니다.

## プチ会話

**A** 次の方、どうぞ。

**B** すみません、ビザの延長手続きについてお聞きしたいのですが。

**A** 大変申し訳ありませんが、こちらではわかりかねます。担当の課が二階にありますので、そちらでご質問いただけますか。

**B** そうですか。わかりました。

ビザ 비자
延長 연장
手続き 절차
大変 대단히
担当 담당
質問 질문
案内 안내
施設 시설

質問 会話の内容と合っているものはどれか。
① ビザの延長手続きについてAさんは知っているが、担当者ではないので二階に案内した。
② ビザの延長手続きについてAさんはよく知らない。
③ ビザの延長手続きについてAさんは知っていることをBさんに教えてあげた。
④ ビザの延長手続きはこの施設ではできない。

# 〜からこそ ~때문에야말로, ~이기에

접속  동사・い형용사・な형용사・명사의 보통형＋からこそ

「〜からこそ」는 앞에 오는 내용을 강조하는 「〜こそ(〜야말로)」의 응용 표현 중 하나이다. こそ가 원인을 나타내는 「〜から」 뒤에 붙어서 그 원인을 강조한다.

**彼女は努力したからこそ、合格したのだ。**
그녀는 노력했기 때문에야말로 합격한 것이다.

**あなたのことを思っているからこそいろいろと注意するのです。**
당신을 생각하기 때문에 더욱 여러 가지로 주의를 주는 것입니다.

---

プチ会話

A　このお店はいつ来ても素敵な音楽が流れていますね。

B　実はレコードをかけているんですよ。

A　ええ、レコードですか。

B　何でもデジタル化が進んでいる時代だからこそ、アナログの良さを伝えたいなと思いまして。

質問  会話の内容と合っているものはどれか。

① デジタル化の時代だから、アナログな物はあまり必要ないとBさんは思っている。

② デジタル化の時代の中で、逆にアナログの素晴らしさをもっと伝えたいとBさんは思っている。

③ デジタル化の時代だが、アナログな物の方が素晴らしいとBさんは思っている。

④ デジタル化が進んでいるので、最近はアナログな物が安く手に入るようになった。

素敵だ 멋지다
音楽 음악
流れる 흐르다
レコード 레코드
デジタル化 디지털화
時代 시대
アナログ 아날로그
良さ 좋은 점, 장점
必要ない 필요 없다
逆に 오히려
素晴らしさ 훌륭함
伝える 전하다, 알리다
安い 저렴하다
手に入る 손에 들어오다

# ～からすると / からすれば ~로는, ~로 보아

접속 　명사＋からすると / からすれば

'판단의 근거'를 나타내는 표현으로, 뒷부분에는 판단의 내용이 온다. 비슷한 표현으로 「～から 見ると / から 見れば」, 「～から 言うと / から 言えば」가 있다. 간혹 '판단의 주체(~의 입장에서)'를 나타내는 표현으로도 사용된다.

田中君の今の成績からすると、合格は間違いない。

다나카의 지금 성적으로 보아 합격은 틀림없다. 판단의 근거

あの雲の様子からすれば明日は雨だろう。

저 구름 모양으로 보아 내일은 비일 것이다. 판단의 근거

日本では当たり前のようなことでも、外国人からすると不思議なこともあるはずだ。

일본에서는 당연해 보이는 일이라도 외국인 입장에서는 이상한 것도 있을 것이다. 판단의 주체

## プチ会話

A 実はこの前話してた人から告白されて、どうしようか迷ってるの。

B あぁ、第一印象があまり良くなかったって言ってた人？

A うん。私の経験からすると第一印象ってけっこう当たってるんだよね。

B それ、わかるかも。

告白 고백
迷う 망설이다
第一印象 첫인상
経験 경험
当たる 맞다
男性 남성
判断 판단
外見 겉모습

質問 会話の内容と合っているものはどれか。
① Ａさんの経験から考えると、告白してくれた男性はいい人だ。
② Ａさんの経験から考えると、第一印象はあまり当たらない。
③ Ａさんの経験から判断すると、第一印象は当たることが多い。
④ ＡさんもＢさんも人は外見がすべてだと思っている。

# 〜からといって ~라고 해서

접속  동사・い형용사・な형용사・명사의 보통형＋からといって

「〜からといって」 앞에 오는 이유만으로 뒷문장의 내용이 성립되는 것은 아니라는 부정의 의미를 유도하는 역접표현이다. 뒤에 「〜わけではない(〜인 것은 아니다)」, 「〜とは限らない(〜라고는 단정할 수 없다)」 등의 부정을 나타내는 표현이 따르는 경우가 많다. 회화체에서는 「〜からって」의 형태로 축약해서 쓰기도 한다.

**一度失敗したからといって、あきらめてはいけません。**

한번 실패했다고 해서 포기하면 안 됩니다.

**日本人だからといって、ちゃんと敬語が使えるとは限らない。**

일본인이라고 해서 경어를 제대로 사용한다고는 할 수 없다.

プチ会話

A あれ、Bさん、このキムチチゲ食べないんですか。

B はい。私にはちょっと辛すぎますね。

A そうですか。韓国人は辛い物は何でも食べられると思っていましたが。

B 韓国人だからといって、みんなが辛い物が食べられるとは限りませんよ。

辛い 맵다
限る 한하다
苦手だ 서투르다
〜とは限らない
〜하다고는 할 수 없다,
〜만이 아니다
嫌いだ 싫어하다

質問 会話の内容と合っているものはどれか。

① 韓国人は辛い物をよく食べる。
② 韓国人で辛い物が食べられない人はいない。
③ 韓国人の中には辛い物が苦手な人もいる。
④ 韓国人でキムチが嫌いな人はいない。

# ～からには ~하는 이상에는

接続 동사・い형용사의 보통형＋からには, な형용사 어간・명사＋である＋からには

원인이나 이유를 나타내는 표현으로, 앞에 제시한 이유 때문에 뒤에 이어지는 내용이 당연하다는 것을 강조한다. 「～からには」 뒤에는 의무, 결심, 명령, 권유와 같은 의지를 나타내는 내용이 온다. 비슷한 의미를 나타내는 표현으로 「～以上は」가 있다.

試験を受けるからには、合格したい。
시험을 보는 이상에는 합격하고 싶다.

上司に頼まれたからには、断るわけにはいかない。
상사에게 부탁을 받은 이상 거절할 수는 없다.

## プチ会話

**A** 今日も残業ですか。最近遅くまで頑張っていますね。

**B** 初めて任されたプロジェクトなので、きちんとやり遂げたいんです。

**A** それは頼もしいですね。でも無理は禁物ですよ。

**B** ありがとうございます。任されたからには期待に応えられるよう頑張ります。

質問 会話の内容と合っているものはどれか。

① Bさんは初めてのプロジェクトなので、どうしたらいいかわからないでいる。

② Bさんは初めてプロジェクトを任されたので、期待を裏切りたくないと思っている。

③ Bさんは上司の期待に応えることができたので、新しいプロジェクトを任された。

④ Bさんは正式にプロジェクトの担当者になれるよう、頑張りたいと思っている。

残業 잔업, 야근
遅い 늦다
頑張る 열심히 하다
初めて 처음
任す 맡다

プロジェクト
프로젝트

きちんと 제대로
やり遂げる
완수하다
頼もしい 든직하다
無理 무리
禁物 금물
期待 기대
応える 부응하다
裏切る 배신하다
上司 상사
正式 정식
担当者 담당자

問題1 次の文の（　　　　）に入れるのに最もよいものを、１・２・３・４から一つ選びなさい。

**1** うちのチームの今の実力から（　　　　）勝利は難しい。

　1 あると　　　　2 いると　　　　3 くると　　　　4 すると

**2** 何度も失敗すると、また失敗するのではないかと（　　　）がちになる。

　1 考える　　　　2 考えて　　　　3 考えよう　　　　4 考え

**3** 契約条件の変更について会社から説明を受けたが、私はどうも（　　　）。

　1 納得すべきだ　　　　　　　　　2 納得しかねる

　3 納得したにすぎない　　　　　　4 納得するしかない

**4** 暑い（　　　　）冷たいものばかり飲むのは体によくない。

　1 くせに　　　　2 ついでに　　　　3 からといって　　　　4 だけでなく

**5** 信頼できる同僚がいる（　　　　）、楽しく仕事ができるのだ。

　1 からこそ　　　　2 からさえ　　　　3 にしたがって　　　　4 に加えて

**6** 何回も話し合ってみんなで決めた（　　　　）成功できるように頑張ろう。

　1 うえには　　　　2 ためには　　　　3 からには　　　　4 わけには

問題2　次の文の　＿＿★＿＿　に入る最もよいものを、１・２・３・４から一つ選びなさい。

1　ケータイで簡単に ＿＿＿＿ ＿＿＿＿ ＿★＿ ＿＿＿＿ 気持ちを感じるのだ。

1 温かい

2 手書きの手紙に

3 メッセージが送れる

4 今の時代だからこそ

2　講演会で田中さんは、「私の ＿＿＿＿ ＿＿＿＿ ＿★＿ ＿＿＿＿ 人の話を聞くときはメモを取っていたんです。」と語った。

1 人は　　　　　　2 経験からすると　　　3 聞き上手だと　　　4 言われる

3　新しい制度を導入したが、現時点で適切か ＿＿＿＿ ＿＿＿＿ ＿★＿ ＿＿＿＿ と言えるだろう。

1 まだ　　　　　　2 状況　　　　　　　　3 どうかは　　　　　4 判断しかねる

4　A「夏休みにイギリスに語学研修に行くそうだね。」
　　B「うん、＿＿＿＿ ＿＿＿＿ ＿★＿ ＿＿＿＿ 。実力がつかないんじゃ行く意味ないからね。」

1 行く　　　　　　2 くる　　　　　　　　3 しっかり勉強して　4 からには

5　アメリカに ＿＿＿＿ ＿＿＿＿ ＿★＿ ＿＿＿＿ わけではないし、やはり努力は必要だ。

1 英語が話せる　　2 ようになる　　　　　3 からといって　　　4 留学した

6　一人暮らしの食事は、＿＿＿＿ ＿＿＿＿ ＿★＿ ＿＿＿＿ ようにしましょう。

1 しっかりバランスの良い

2 栄養が

3 かたよりがちなので

4 食事をする

# 〜くせに ~인데도, ~인 주제에

접속　동사・い형용사・な형용사・명사의 명사접속형+くせに

어떤 사람의 행위나 태도에 대한 비난이나 불만의 느낌을 나타낸다. 「〜のに(〜인데도)」, 「〜にもかかわらず(〜에도 불구하고)」와 비슷한 의미를 나타내는 역접을 유도하는 표현이다.

## 彼はお金がないくせに、高いものばかり欲しがる。

그는 돈이 없는 주제에 비싼 것만 갖고 싶어 한다.

## 彼女は歌が下手なくせに、いつもカラオケに行きたがる。

그녀는 노래를 못하면서 항상 노래방에 가고 싶어 한다.

### プチ会話

A　ねぇ、このタバコ、何？

B　あ、それは…。

A　また隠れて吸ってたの？ もうタバコはやめるって
　約束したくせに。

B　本当にごめん。これで最後だから。

タバコ 담배
隠れる 숨다
吸う 피우다
最後 마지막
禁煙 금연
守る 지키다
持つ 가지다

質問　会話の内容と合っているものはどれか。

① Bさんはタバコを吸っているところをAさんに見つかって
　しまった。

② Bさんは禁煙すると言ったのにタバコを吸ってしまった。

③ Bさんはタバコをやめるという約束を守っている。

④ Bさんはタバコを持っていたが、吸ってはいない。

# 🥚 014

## ～くらい／ぐらい ~정도

**접속**　동사・い형용사・な형용사의 명사접속형＋くらい, 명사＋くらい

'가벼운 정도'를 나타낸다. 좀 더 구체적으로 설명하자면, N3에서도 배웠듯이 '대략적인 수량'을 표현할 때 자주 사용하지만, 좀 더 난이도가 있는 용법에서는 '예시(어떠한 상태를 가볍게 예를 들어 표현할 때)'를 나타낸다. 명사 뒤에 ぐらい를 사용하는 경우가 많지만, 실제로는 くらい든 ぐらい든 접속에 관계없이 사용할 수 있다.

> 声も出ないくらい驚いた。
>
> 목소리도 나오지 않을 만큼 놀랐다.
>
> 不思議なくらい彼女は落ち着いていた。
>
> 이상할 정도로 그녀는 침착했다.

### プチ会話

**A** 直るまでどのくらいかかりそうですか。

**B** パソコンのパーツを取り寄せなければならないので、一週間くらいかかりそうですね。

**A** わかりました。

**B** 修理が終わりましたら、またご連絡しますね。

質問　会話の内容と合っているものはどれか。

① Bさんは一週間以内に修理を終えなければならない。

② Aさんはちょうど一週間後にまたお店に来る予定だ。

③ パソコンのパーツが届くまで約一週間かかる。

④ パソコンを修理するのに一週間ほどかかる。

なお
直る 고쳐지다

パソコン 컴퓨터

パーツ 부품

と　よ
取り寄せる
주문하여 가져오게 하다

しゅうり
修理 수리

お
終わる 끝나다

れんらく
連絡 연락

いっしゅうかん
一週間 일주일

い ない
以内 이내

しゅうり
修理 수리

お
終える 끝내다

よてい
予定 예정

とど
届く 도착하다

かかる 걸리다

# 〜最中 한창 ~중

접속 　동사의 て형＋ている＋最中, 명사＋の＋最中

어떠한 동작이 활발하게 이루어지는 '바로 그때'를 나타내는 시간의 강조표현이다.

**会議の最中に電話がかかってきた。**
한창 회의 중일 때 전화가 걸려 왔다.

**その件については、今、検討している最中です。**
그 건에 대해서는 지금 검토하고 있는 중입니다.

---

### プチ会話

A ちょっとBさん、これ、ショッピングモールのサイト
　じゃないですか。

B すみません。仕事が暇だったもので、つい…。

A いくら暇でも、仕事の最中にこういうことをするのは
　よくないですよ。

B はい。今後気をつけます。

質問 会話の内容と合っているものはどれか。

① AさんはBさんに仕事中にネットショッピングをするのはよく
　ないと注意した。

② AさんはBさんに仕事が暇ならネットショッピングをしてもい
　いと話した。

③ AさんはBさんに仕事用のパソコンでネットショッピングをす
　るのはよくないと注意した。

④ AさんはBさんに仕事中にネットショッピングをする場合は、
　一言言ってほしいと話した。

ショッピングモール
쇼핑몰

サイト
사이트, 홈페이지

仕事 일, 직업, 업무

暇だ 한가하다

つい 그만, 무심결에

今後 앞으로

気をつける 주의하다

注意 주의

ネットショッピング
인터넷 쇼핑

場合 경우

# 016

# ～さえ～ば ~만 ~하면

**接続** 동사의 ます형＋さえ＋すれば, 명사＋さえ＋～ば, い형용사 어간＋く＋～ば,
な형용사 어간＋で＋～ば

제시된 조건만 갖추어지면, 나머지 모든 것이 성립된다는 의미를 나타낸다. 접속이 조금 복잡하므로 다음
과 같은 대표적인 형태로 익혀두도록 하자.

・ 暇さえあれば 틈만 있으면
・ 薬を飲みさえすれば 약을 먹기만 하면

**努力さえすれば簡単に合格できるはずだ。**
노력만 하면 쉽게 합격할 수 있을 것이다.

**あなたさえよければ、私はそれでいいです。**
너만 좋으면 나는 그걸로 괜찮아요.

---

## プチ会話

A 修理の状況はどうですか。

B まだ直しているところなんですが、もう少し時間がかか
りそうです。

A そうですか。点検はしていたはずなのに、いったい何が
悪かったんでしょうか。

B 原因さえわかればすぐに解決できると思うんですが。

状況 상황
直す 고치다
少し 조금
点検 점검
いったい 도대체
原因 원인
解決 해결
故障 고장
忘れる 잊다

質問 会話の内容と合っているものはどれか。
① 故障の原因はまだわからないが、もうすぐ修理は終わりそうだ。
② 故障の原因がわかれば修理もすぐに終わるだろう。
③ 故障の原因がわかるまで修理を終えてはいけない。
④ 故障の原因は点検を忘れたことだった。

# ～次第 ~하는 대로(바로)

접속 　동사의 ます형+次第

순서를 나타내는 표현으로 어떤 동작이 끝난 후에 바로 다른 일을 하는 경우에 사용한다. 글이나 격식 차린
회화에서 사용한다.

雨が上がり次第、出かけましょう。
비가 걷히는 대로 나갑시다.

来週のスケジュールが決まり次第、連絡してください。
다음 주 스케줄이 정해지는 대로 연락해 주세요.

プチ会話

A　すみません。電車の中にカバンを忘れてしまったようなん
　　ですが、こちらに届いていませんか。
B　忘れ物ですか。まだこちらには何も届いていませんね。
A　そうですか。
B　見つかり次第、ご連絡しますので、こちらの用紙に必要
　　事項をご記入ください。

質問　会話の内容と合っているものはどれか。

① Bさんはこれからカバンを探しにいこうと思っている。
② Bさんはカバンが見つかったら連絡をしてほしいと言った。
③ Bさんはカバンが見つかったらすぐにAさんに連絡するつもりだ。
④ Bさんはカバンが見つかっても見つからなくても、Aさんに
　　連絡するつもりだ。

電車 전철

カバン 가방

忘れる
잊다, 놓고 내리다

届く 도착하다

忘れ物 분실물

見つかる 발견되다

連絡 연락

用紙 용지

必要事項 필요 사항

記入 기입

探す 찾다

# ～末（に） ~한 끝에

**접속** 　동사의 た형＋た＋末（に），명사＋の＋末（に）

결과를 강조하는 표현이다. 여러 가지 곤란이나 역경을 거쳐 지금의 결과가 생겼다는 의미를 나타낸다.
이때, 결과는 바람직하거나 중립적(특별히 좋고 나쁨을 따지지 않는 상태)인 경우가 많다.

**これはよく考えた末に決めたことです。**
이건 잘 생각한 끝에 결정한 일입니다.

**二人は2年間の恋愛の末に、結婚した。**
두 사람은 2년간의 연애 끝에 결혼했다.

## プチ会話

**A** 本当に会社辞めるのか。

**B** はい。さんざん悩んだ末に決めたことですから、後悔は
ありません。

**A** そうか。それなら仕方がないな。

**B** 部長にはたくさん相談に乗っていただき、本当に感謝し
ています。

質問　会話の内容と合っているものはどれか。

① Bさんはたくさん悩んだことを後悔している。

② Bさんはたくさん悩みながら退職することを決めたが、まだ迷っ
ている。

③ Bさんはそれほど悩まずに退職することを決めた。

④ Bさんはたくさん悩んだが、最終的に退職することを決めた。

本当 정말
会社 회사
辞める 그만두다
悩む 고민하다
決める 결정하다
後悔 후회
仕方がない
어쩔 수 없다
部長 부장(님)
相談に乗る
상담에 응하다
感謝 감사
退職 퇴직
迷う 망설이다
最終的 최종적

問題1 次の文の（ ）に入れるのに最もよいものを、1・2・3・4から一つ選びなさい。

1 映画を（ ）最中、地震が起こってとても怖かった。

1 見た 2 見て 3 見る 4 見ている

2 あの人は、自分のミスには甘い（ ）、他人のミスには厳しい。

1 おかげで 2 くせに 3 せいで 4 からには

3 長時間にわたる討論（ ）、やっと合意に達した。

1 の末に 2 でさえ 3 ぬきで 4 だけでなく

4 若い頃は仕事に追われて、家で過ごす時間もない（ ）。

1 おかげでしょう 2 ことはないだろう

3 くらいだった 4 はずはなかった

5 A「ちょっとニュース見て。京都は本当に紅葉がきれいだね。
　　休み（ ）絶対行くのに。」
　B「でも、今休むのは難しいよね。」

1 さえなければ 2 さえあれば 3 こそあれば 4 こそなければ

6 A「田中さんをお願いしたいんですが。」
　B「申し訳ありませんが、田中はただいま席を外しております。
　　（ ）お電話差し上げるように伝えましょうか。」

1 戻り次第 2 戻るとおり 3 戻るままに 4 戻りながら

問題2　次の文の　＿★＿　に入る最もよいものを、1・2・3・4から一つ選びなさい。

**1**　新入社員の山田さんは、＿＿＿＿ ＿＿＿＿ ＿★＿ ＿＿＿＿ 始めてしまった。

1 居眠りを　　　　　　2 している最中に　　　3 会議を　　　　　　4 大事な

**2**　兄は ＿＿＿＿ ＿＿＿＿ ＿★＿ ＿＿＿＿ 自分では何も作らない。

1 食事のことで　　　2 言っている　　　　3 文句ばかり　　　　4 くせに

**3**　私は、進学するか就職するか ＿＿＿＿ ＿＿＿＿ ＿★＿ ＿＿＿＿ ことにした。

1 話し合った末に　　2 両親や先生と　　　3 進学する　　　　　4 迷ったが

**4**　（スーパーで）

店長「先週発売された新しい商品、売れ行きがあまりよくないな。」

店員「店長。試食コーナーの店員の数を増やしたらどうですか。

＿＿＿＿ ＿＿＿＿ ＿★＿ ＿＿＿＿ つながると思うんですが。」

1 お客さんに　　　　2 試食さえして　　　3 売り上げに　　　　4 もらえれば

**5**　お客様にご案内申し上げます。本日の割引セールは、＿＿＿＿ ＿＿＿＿ ＿＿＿＿ ＿★＿
＿＿＿＿ 終了となりますので、ご了承ください。

1 商品が　　　　　　2 次第　　　　　　　3 売り切れ　　　　　4 ご用意した

**6**　A「最近の日本の小学生って ＿＿＿＿ ＿＿＿＿ ＿★＿ ＿＿＿＿ そうですね。
　　　お宅のお子さんも大変でしょう。」

B「うちですか。うちはのびのびとやらせています。子供にとっては遊びが
　　勉強ですから。」

1 勉強で忙しい　　　2 時間もない　　　　3 外で遊ぶ　　　　　4 くらい

# 〜だけあって／だけに ~인 만큼

**접속**　동사・い형용사・な형용사의 명사접속형＋だけあって／だけに, 명사＋だけあって／だけに

'당연히 ~할 만한 가치가 있다', '과연 ~할 만하다'는 의미를 나타낸다. 뒤에는 칭찬하거나 감탄하는 내용이 오는 경우가 많다.

> 今日は週末だけあって商店街は大勢の人で賑わっている。
> 오늘은 주말인 만큼 상가는 많은 사람으로 붐비고 있다.

> みんな優勝を確信していただけに、負けたショックは大きかった。
> 모두 우승을 확신하고 있던 만큼 진 충격은 컸다.

## プチ会話

A　わぁ、この料理、すごくおいしい。

B　口に合ってよかった。実は冷蔵庫の残り物で作ったんだ。

A　さすが一人暮らしが長いだけあって、料理が上手だね。

B　まあね。

**質問**　会話の内容と合っているものはどれか。

① Bさんは最近、創作料理にはまっている。

② Bさんはまるで一人暮らしが長い人のように料理が上手だ。

③ Bさんは一人暮らしが長いので料理を作ることに慣れている。

④ Bさんは一人暮らしが長いだけで、料理はほとんどできない。

料理 요리
口に合う 입맛에 맞다
冷蔵庫 냉장고
残り物 남은 것
作る 만들다
一人暮らし 독신 생활, 혼자 삶
創作 창작
はまる 빠지다
まるで 마치
慣れる 익숙하다

# ～ついでに ~하는 김에

접속　동사의 사전형+ついでに, 동사의 た형+た+ついでに, 명사+の+ついでに

어떤 행위를 하는 기회를 이용하여 부수적인 다른 행위를 추가적으로 진행한다는 의미를 나타낸다. '겸사 겸사 다른 일도 한다'로 이해하면 좋을 것이다.

**出張で大阪に行ったついでに友人に会ってきた。**
출장 때문에 오사카에 간 김에 친구를 만나고 왔다.

**買い物のついでに、図書館に寄って本を借りてきた。**
쇼핑 김에 도서관에 들러 책을 빌려 왔다.

## プチ会話

A ちょっと出かけてくる。

B あ、ちょっと待って。出かけるついでにハガキ出して
　　きてほしいんだけど。

A うん、わかった。

B ありがとう。今、持ってくるね。

質問 会話の内容と合っているものはどれか。

① BさんはAさんの出かける機会を利用して、ハガキを出す
　　つもりだ。

② AさんはBさんに出かける時にハガキを出してほしいと頼んだ。

③ Bさんはこれからハガキを出しに出かけるつもりだ。

④ Aさんは急いでいるので、ハガキは今度出すつもりだ。

出かける 외출하다
待つ 기다리다
ハガキ 엽서
出す 부치다, 보내다
機会 기회
利用 이용
頼む 부탁하다
急ぐ 서두르다
今度 다음에

# ～てしょうがない ~해서 어쩔 수가 없다(너무 ~하다)

접속 동사・い형용사・な형용사의 て형＋てしょうがない

어떤 상태를 강조하는 표현이다. 주로 감정이나 감각을 나타내는 단어 뒤에 붙어서, 그러한 느낌을 견딜 수 없을 정도로 심하다는 상황을 나타낸다.

**新しいスマホがほしくてしょうがない。**
새 스마트폰이 너무 갖고 싶다.

**夕べ徹夜したので、眠くてしょうがない。**
지난밤 철야했기 때문에 너무 졸립다.

---

プチ会話

**A** さっきからそわそわして。ちょっとは落ち着いたら。

**B** 入試の結果が気になってしょうがないんだよ。
今日、合格発表だろう。

**A** ベストを尽くしたんだからきっと大丈夫よ。

**B** そうだといいんだけど。

質問　会話の内容と合っているものはどれか。

① Bさんは入試の結果がとても気になるので、発表を見に行く
準備をしている。

② Bさんは入試の結果が気になってはいるが、態度に出ないよう
に我慢している。

③ Bさんは入試の結果が我慢できないほど気になっている。

④ Bさんは入試の結果に関心がないふりをしている。

そわそわ
안절부절 못하여 들뜬
모양

落ち着く 침착하다

入試 입시

結果 결과

気になる 신경 쓰이
다, 궁금하다

合格 합격

発表 발표

ベストを尽くす
최선을 다하다

準備 준비

態度 태도

我慢する 참다

関心 관심

ふり ~척

# 🚢 022

## ～てたまらない ~해서 견딜 수 없다(너무 ~하다)

**접속** 동사・い형용사・な형용사의 て형+てたまらない

어떤 상태를 강조하는 표현이다. 주로 감정이나 감각을 나타내는 단어 뒤에 붙어서, 그러한 느낌을 견딜 수 없을 정도로 심하다는 상황을 나타낸다. 이 때 たまらない는 '참다, 견디다'라는 의미를 지닌 동사 たまる에 근거한 표현이다. 「～てしょうがない」와 비슷한 의미로 이해하면 된다.

> **蚊にさされて、かゆくてたまらない。**
> 모기에 물려서 너무 간지럽다.

> **試験の結果が心配でたまらず、夜もよく眠れない。**
> 시험 결과가 너무 걱정되어서 밤에도 잘 못 잔다.

---

### プチ会話

**A** 何かうれしいことでもあったんですか。

**B** 何かって、もうすぐ連休じゃないですか。休みのことを
考えるとうれしくてたまらなくて。

**A** あはは。今年は連休が長いのでゆっくり休めますね。

**B** そうですね。会社員にはとてもありがたいです。

質問 会話の内容と合っているものはどれか。

① Bさんは連休が我慢できないほどうれしいくらい、仕事が嫌だ。

② Bさんは連休が待ちきれないほど楽しみだ。

③ Bさんは連休を楽しみにしているが、その気持ちを我慢している。

④ Bさんは連休のことを考えながら、嫌な仕事も頑張ろうと思っ
ている。

うれしい
즐겁다, 기쁘다

連休 연휴

休み 휴일, 휴가

考える 생각하다

ゆっくり 느긋하게,
천천히

会社員 회사원

嫌だ 싫다

楽しみ 즐거움, 기대

気持ち 기분, 마음

39

# 〜ということだ ~라는 것이다

接続  동사・い형용사・な형용사・명사의 보통형 ＋ということだ

들은 내용을 전달하거나 인용할 때 사용하는 표현이다. 방송이나 신문 등에서도 널리 사용된다. 전문(전달)의 조동사「〜そうだ」와 비슷한 의미를 나타낸다.

**天気予報によると、今年は雨が多いということだ。**

일기예보에 따르면 올해는 비가 많이 올 거라고 한다.

**事故で電車の遅れは20分程度ということだ。**

사고 때문에 전철 지연은 20분 정도라고 한다.

## プチ会話

**A** 山田さんには連絡してみましたか。

**B** はい、今日は体調不良で来られないということです。

**A** そうですか。じゃ、今日の仕事は私たちだけで回すしか

ないですね。

**B** 忙しくなりますが、頑張りましょう。

연락く 連絡 연락
たいちょうふりょう 体調不良
컨디션 불량

回す 꾸려 나가다

多分 아마, 아마도

休み 휴일, 휴가

質問 会話の内容と合っているものはどれか。

①山田さんから体調はあまりよくないが、会社へ向かっていると

いう連絡があった。

②山田さんは体調が悪かったので今日は多分休みだろう。

③山田さんは今日は休みだそうだ。

④山田さんは具合が悪いので、今日は休ませることにした。

# 〜というと／といえば ～로 말하자면

접속 　명사+というと／といえば

대화 속에서 연상되는 화제를 제시할 때 사용하는 표현이다. '화제 제시'라는 키워드로 기억해 두자.

> 中村さんは、旅行というと、必ず温泉に行く。
> 나카무라 씨는 여행이면 꼭 온천에 간다.

> 夏といえば、やっぱり花火大会ですね。
> 여름으로 말하자면 역시 불꽃놀이죠.

## プチ会話

A 実は私、来年から韓国に駐在することになったんです。

B それはおめでとうございます。韓国といえば、Aさんの奥さんってたしか韓国人でしたよね。

A はい。初めての海外赴任ですが、妻がいてくれるのでとても心強いです。

B そうですよね。奥さんもきっと喜んでいるでしょうね。

質問 会話の内容と合っているものはどれか。

① AさんはBさんに来年は韓国に駐在したいと話した。
② 韓国についての話題が出た時、BさんはAさんの奥さんのことを思い出した。
③ 韓国についての話題にはAさんが一番詳しい。
④ BさんはAさんに妻は韓国人だと言った。

来年 내년
駐在 주재
奥さん (남의) 부인
韓国人 한국인
海外 해외
赴任 부임
妻 (나의) 부인
心強い 마음이 든든하다
喜ぶ 기뻐하다
話題 화제
一番 가장
詳しい 자세하다

問題1 次の文の（　　　　　）に入れるのに最もよいものを、１・２・３・４から一つ選びなさい。

**1** さすが評判のいいレストラン（　　　　　）料理もサービスもすばらしかった。

1 にしては　　　　2 だけあって　　　3 ばかりでなく　　4 としたら

**2** 祖父が入院したという連絡を受けて、（　　　　　）。

1 心配ではない　　　　　　　　　2 心配でもいけない

3 心配ではいられない　　　　　　4 心配でたまらない

**3** トマト（　　　　　）、独特のにおいや酸っぱさのため、子どもにとっては嫌いな野菜の一つだ。

1 というより　　　　2 というと　　　3 からいえば　　　4 からいって

**4** 引っ越しの手続きに区役所に行った（　　　　　）郵便局に寄って手紙を出してきた。

1 ばかりに　　　　2 とおりに　　　3 ついでに　　　4 うちに

**5** A「田中君は頭がいいし、スポーツも得意だよね。」
B「そうだね。僕も彼のことがうらやましくて（　　　　　）よ。」

1 しょうがない　　2 ちがいない　　3 やむをえない　　4 いられない

**6** ニュースによると、４月から水道料金が上がると（　　　　　）。

1 いったことだ　　2 いったものだ　　3 いうことだ　　4 いうものだ

問題2　次の文の ___★___ に入る最もよいものを、1・2・3・4から一つ選びなさい。

**1** 友達を _____ _____ ___★___ _____ 買い物をしてきた。

1 駅まで　　　　　　　　　　　　　2 駅前のスーパーで

3 ついでに　　　　　　　　　　　　4 送って行った

**2** 勉強中、_____ _____ ___★___ _____ コーヒーを飲むといい。

1 濃い　　　　　　　2 ときは　　　　　　3 眠くて　　　　　　4 しょうがない

**3** 大山さんは以前 _____ _____ ___★___ _____ よく知っている。

1 京都に　　　　　　　　　　　　　2 だけあって

3 この地域のことを　　　　　　　　4 住んでいた

**4** Ａ「ラーメン食べに行かない？」

Ｂ「いいね。_____ _____ ___★___ _____ できたそうだよ。」

1 駅前に新しい　　　2 ラーメン屋が　　　3 ラーメンと　　　4 いえば

**5** 今日は絶対に _____ _____ ___★___ _____ たまらない。

1 相手に　　　　　　2 悔しくて　　　　　3 負けてしまって　　4 負けたくない

**6** 政府の発表によれば、_____ _____ ___★___ _____ まだない。

1 回復している　　　2 景気は　　　　　　3 そうした実感は　　4 ということだが

# 〜といっても ~라고는 해도

동사·い형용사·な형용사·명사의 보통형 + といっても

화제로 제시된 말과 대립되거나 다소 모순되는 내용을 나타내는 '역접' 표현이다. 상대방이 인식하고 있는 내용이 실제와는 거리감이 있다는 느낌을 준다.

**春といっても、まだ寒い日が続いている。**
봄이라고는 해도 아직 추운 날이 계속되고 있다.

**中国語が話せるといっても、あいさつ程度だ。**
중국어를 말할 수 있다 해도 인사 정도이다.

### プチ会話

A　Bさん、聞きましたよ。先月お店をオープンしたんですって。おめでとうございます。

B　ありがとうございます。

A　自分のお店があるなんてすごいですね。

B　お店といっても、私の他にスタッフ一人だけの小さいお店なんですけどね。

先月 지난달
お店 가게
オープン 오픈
自分 자기자신
スタッフ 스텝
小さい 작다
謙遜する 겸손하다
規模 규모

質問　会話の内容と合っているものはどれか。
① Bさんの店はお店と言えないほど小さいとAさんは思っている。
② Bさんの店は本当は大きいのに、小さい店だと謙遜している。
③ Bさんは店をオープンしたけれども規模は小さい。
④ Bさんは店の規模を小さくして、最近再オープンした。

# 026

## ～とか ~라던데

접속  동사 · い형용사 · な형용사 · 명사의 보통형＋とか

자신이 들어서 알고 있는 내용을 조심스럽게 확인하거나 전달하는 느낌을 나타낸다. 「～そうだ(～라고 한다), ～ということだ(～라는 것이다)」와 비슷하지만, 불확실한 내용을 전달한다는 점에서 차이가 있다. '불확실한 전달'이라는 키워드로 기억해 두자.

田中さんは、今日は来られないとか言っていた。
다나카 씨는 오늘은 못 온다고 말했다.

天気予報によると、九州地方は明日の朝から大雨だとか。
일기예보에 따르면 규슈 지방은 내일 아침부터 폭우라던데.

### プチ会話

A こんな時間に出かけるの？

B うん、何か大事な話があるとかで、さっき妹から電話が
あって。

A 大事な話って何かしら。悪い話じゃないといいんだけど。

B そうだね。とにかくちょっと出かけてくるよ。

質問 会話の内容と合っているものはどれか。

① Bさんは大事な話があるので妹に連絡をした。
② Bさんの妹は大事な話をしてほしいとBさんに連絡をした。
③ Bさんの妹は大事な話ではないのにBさんに夜遅く連絡を
した。
④ Bさんの妹は多分大事な話があってBさんに連絡をした。

出かける 외출하다
大事だ 중요하다
話 이야기
電話 전화
ある 있다

とにかく 아무튼
連絡 연락
夜遅く 밤 늦게
多分 아마도

# 〜としても ~라고 할지라도

接続 　동사・い형용사・な형용사・명사의 보통형＋としても

앞의 조건이 성립된다고 하더라도, 뒤따르는 내용에는 별다른 영향을 주지 않는다는 의미를 나타내는 역접 표현이다. 「たとえ(설령, 가령)」과 같은 표현에 이어지는 경우가 많다.

**たとえ試験に合格しなかったとしても、今までの努力はむだでは ないはずだ。**

비록 시험에 합격하지 않았더라도 지금까지의 노력은 쓸모없지 않을 것이다.

**あの病院は人気だから予約したとしても、かなり待つことになる だろう。**

저 병원은 인기이므로 예약했다고 할지라도 꽤 기다려야 할 것이다.

### プチ会話

A 来週で留学生活も終わりですね。帰国の準備は進んで いますか。

B はい。でもできることなら帰りたくないです。 このまま韓国にいられたらいいのに。

A あはは。彼氏さんが理由ですか。

B いいえ、たとえ彼氏がいなかったとしても、気持ちは 変わりません。

留学 유학
生活 생활
終わり 끝
帰国 귀국
準備 준비
進む 진행되다
理由 이유
気持ち 마음, 기분
変わる
바뀌다, 달라지다

質問　会話の内容と合っているものはどれか。

① Bさんはもし彼氏がいない状況でも、韓国に住み続けたいと 思っている。

② Bさんはもし彼氏がいなければ、早く帰りたいと思っている。

③ Bさんはもし彼氏がいたら、帰国したい気持ちはなくなると 思っている。

④ Bさんは帰国できることが楽しみでしかたない。

# 〜ながら ~이면서, ~이지만

접속  동사의 ます형＋ながら, い형용사＋ながら, な형용사 어간＋ながら, 명사＋ながら

양립하기 어려운 두가지 사항이 동시에 성립한다는 의미를 나타내는 역접표현이다.
「〜にかかわらず(〜에도 불구하고)」,「〜けれども(〜이지만)」에 가까운 표현으로 이해하면 된다.

> 体に悪いと知りながらタバコをやめられない。
>
> 몸에 나쁜 걸 알지만 담배를 끊을 수 없다.

> 彼は忙しいと言いながら、テレビばかり見ている。
>
> 그 사람은 바쁘다고 말하면서도 텔레비전만 보고 있다.

**プチ会話**

A 昨日の野球の試合はどうでしたか。
B 残念ながら逆転ホームランで負けてしまいました。
A それは惜しかったですね。
B 私が応援しに行くと、いつも負けてしまうんですよね。

質問 会話の内容と合っているものはどれか。
① Bさんが応援しているチームは途中まで負けていて残念だった。
② Bさんが応援しているチームは逆転ホームランで試合に勝つことができた。
③ Bさんが応援しているチームは残念だけれども試合に負けてしまった。
④ Bさんが応援しているチームはBさんが応援に行かなかったので負けてしまった。

野球 야구
試合 시합
残念だ
유감스럽다, 아쉽다
逆転ホームラン
역전 홈런
負ける 지다
惜しい 아깝다
応援 응원
いつも 항상
途中 도중
勝つ 이기다

# 〜にあたって／にあたり ~에 즈음하여

접속 동사 사전형+にあたって / にあたり, 명사+にあたって / にあたり

무언가를 해야 할 '특별한 시간'이나 '특별한 상황'을 강조하여 나타내는 표현으로, 「〜に際して」와 유사한 표현이다. 이때 특별한 상황이란 입학, 졸업, 개회, 결혼, 시험, 취직, 발표 등과 같은 상황인 경우가 많다.

新年を迎えるにあたって、一年の計画を立てた。
신년을 맞이할 즈음 1년 계획을 세웠다.

奨学金の申請にあたって、必要な書類を準備した。
장학금 신청할 때가 되어 필요한 서류를 준비했다.

### プチ会話

A 林さんも来週のセミナーに参加されますよね。

B はい、そのつもりですが。

A 後ほど参加にあたっての注意事項をメールで送りますので、ご確認お願いしますね。

B 承知いたしました。

質問 会話の内容と合っているものはどれか。

① Aさんは研修の前にすべき課題をメールでBさんに送るつもりだ。

② Aさんは研修参加の際に確認すべきことをメールでBさんに送るつもりだ。

③ Aさんは研修に参加するための申込書をメールでBさんに送るつもりだ。

④ Aさんは研修参加を中止する場合の手続きについて、Bさんにメールを送るつもりだ。

---

セミナー 세미나
参加 참가, 참석
後ほど 나중에
注意事項 주의사항
送る 보내다
確認 확인
承知する 알겠다
研修 연수
課題 과제
申込書 신청서
中止 중지
場合 경우
手続き 절차

# ~にかけては ~에 관해서는, ~에 관한 한

접속 　명사＋にかけては

어떤 대상을 특별하게 강조하여 나타내는 표현이다. 뒤에, '우수하다, 최고다'와 같은 자랑이나 칭찬의 의미가 담긴 내용이 오는 경우가 많다. 「~に関して」의 강조표현으로 이해하면 좋을 것이다.

**彼は車の知識にかけては誰よりも詳しい。**
그는 자동차 지식에 관해서는 누구보다도 자세히 안다.

**英語にかけては花子さんがクラスで一番上手です。**
영어만큼은 하나코 씨가 반에서 가장 잘합니다.

## プチ会話

A この前教えてくれたラーメン屋さん、すごくおいしかったよ。

B それはよかった。お店の見た目と違って味は間違いなかったでしょ。

A うん、実はお店に入る前はちょっと不安だったんだけどね。

B あのラーメン屋、古くてちょっと汚く見えるけど、味にかけてはどこよりもおいしいんだ。

見た目 겉보기, 볼품
違う 다르다
味 맛
間違いない 틀림없다
不安だ 불안하다
古い 오래되다, 낡다
汚い 더럽다
雰囲気 분위기
いまいちだ 별로다
素晴らしい 훌륭하다
ずっと 훨씬

質問 会話の内容と合っているものはどれか。

① Bさんが教えたラーメン屋は店の雰囲気に比べて、味はいまいちだ。

② Bさんが教えたラーメン屋は店の雰囲気も味も素晴らしい。

③ Bさんが教えたラーメン屋は味に関しては他の店よりもずっとおいしい。

④ Bさんが教えたラーメン屋よりもおいしいラーメン屋はたくさんある。

問題1　次の文の（　　　　　　　）に入れるのに最もよいものを、1・2・3・4から一つ選びなさい。

**1**　会社に入ってもう三か月になります。自信はない（　　　　　　　）毎日頑張っております。

　　1 ながら　　　　　　2 ように　　　　　　3 にかけては　　　　4 おかげて

**2**　ボーナスが出たといっても、（　　　　　　）。

　　1 十分な金額だ　　　　　　　　　　　2 満足している
　　3 少なくないはずだ　　　　　　　　　4 本当に少ない金額だ

**3**　先生の話によると、林君が怪我をした（　　　　　　）。本当に心配だな。

　　1 とか　　　　　　　2 とは　　　　　　3 とも　　　　　　4 かと

**4**　野菜や魚の新鮮さに（　　　　　　　）、何と言ってもここの店が一番だ。

　　1 あたっては　　　　2 しても　　　　　3 かけては　　　　4 しては

**5**　A「たとえ冗談だ（　　　　　　　）、言っていいことと悪いことがあるでしょう。」
　　B「ごめん。」

　　1 というより　　　　2 としても　　　　3 といったから　　　4 というと

**6**　このサイトのご利用に（　　　　　　）、パスワードの入力が必要になります。

　　1 しては　　　　　　2 とっては　　　　3 あたっては　　　　4 たいしては

問題2　次の文の ＿＿＿ ★ ＿＿＿ に入る最もよいものを、1・2・3・4から一つ選びなさい。

**1**　それが本当だ ＿＿＿＿ ＿＿＿＿ ★ ＿＿＿＿ 信じられない。

1 この目で　　　　　2 かぎり　　　　　3 確かめない　　　　　4 としても

**2**　自慢ではないけれど、私は ＿＿＿＿ ＿＿＿＿ ★ ＿＿＿＿ 自信がある。

1 だれにも　　　　2 歩く速さに　　　　3 かけては　　　　4 負けない

**3**　会社の ＿＿＿＿ ＿＿＿＿ ★ ＿＿＿＿ ライバル会社についても調べておいた方がいい。

1 面接を受けるに　　　　　　　　　2 就職したい

3 あたり　　　　　　　　　　　　　4 会社の情報だけでなく

**4**　甘いものが ＿＿＿＿ ＿＿＿＿ ★ ＿＿＿＿ 全然食べないということではない。

1 好きではないと　　　　　　　　　2 ケーキやクッキーを

3 あまり　　　　　　　　　　　　　4 いっても

**5**　最近 ＿＿＿＿ ＿＿＿＿ ★ ＿＿＿＿ 音楽が好きですか。

1 今はどんな　　　　2 音楽の趣味が　　　　3 聞きましたが　　　　4 変わったとか

**6**　一か月以上もお手紙を ＿＿＿＿ ＿＿＿＿ ★ ＿＿＿＿、 ＿＿＿＿ 申し上げます。

1 心からお詫び　　　　2 いながら　　　　3 お返事もぜず　　　　4 いただいて

# ～にきまっている ~하게 되어있다, ~할 것이 뻔하다

접속 　동사・い형용사・な형용사・명사의 보통형＋にきまっている
　　　단, 명사와 な형용사에 だ는 붙이지 않는다.

무언가를 근거로 어떠한 일을 확신하거나 고 단정할 때 사용하는 표현이다. '강한 확신'이라는 키워드로 기억해 두자.

彼の話はうそにきまっている。
그의 이야기는 틀림없이 거짓말이다.

この提案は反対されるにきまっている。
그 제안은 반대 당할 것이 뻔하다.

## プチ会話

**A** 鈴木さん、昨日無事に出産されたそうですよ。

**B** それはよかったです。鈴木さんのお子さんなら、かわいいにきまってますね。

**A** そうですね。落ち着いたら一緒に鈴木さんと赤ちゃんに会いに行きませんか。

**B** いいですね。

無事に 무사히
出産 출산

かわいい
예쁘다, 귀엽다

落ち着く
안정을 찾다

一緒に 함께

質問　会話の内容と合っているものはどれか。

① AさんもBさんも鈴木さんはかわいいが、子供はまだわからないと思っている。

② AさんもBさんも鈴木さんの子供はかわいいに違いないと思っている。

③ AさんもBさんも鈴木さんはあまりかわいくないが、子供はかわいいだろうと思っている。

④ AさんもBさんも鈴木さんの子供に会ったらかわいいと言おうと決めている。

# ～にこたえて／にこたえ ~에 부응하여

接続 명사+にこたえ（て）

상대의 기대나 요구를 실현하기 위해, 문장 뒷부분의 동작을 실행한다는 의미를 나타낸다. 이 때, 「～にこたえて」 뒤에는 희망적인 결과 표현이 뒤따른다. 참고로 한자는 応える라는 동사를 사용한다.

> 選手たちは応援にこたえて、すばらしい試合を見せてくれた。
> 선수들은 응원에 부응하여 훌륭한 시합을 보여 주었다.
>
> 消費者の要求にこたえて、高品質な製品を生産していきます。
> 소비자 요구에 부응하여 고품질 제품을 생산하겠습니다.

## プチ会話

**A** このプロジェクトはぜひ君に担当してもらいたいと思っ
ているんだが。

**B** 私で良いのでしょうか。

**A** うん。先方もぜひ君にお願いしたいとおっしゃっていてね。

**B** ありがとうございます。期待にこたえて、精一杯頑張り
たいと思います。

質問 会話の内容と合っているものはどれか。

① Bさんは取引先からの期待はうれしいが、負担だと感じている。

② Bさんは取引先からの期待どおりにできるよう、一生懸命頑張
りたいと思っている。

③ Bさんはプロジェクトを成功させる自信がないので、後で断ろ
うと思っている。

④ Bさんはこの後、取引先からの期待のメールに返信する予定だ。

プロジェクト 프로젝트

担当 담당

先方 상대방

ぜひ 꼭

おっしゃる 말씀하시다

期待 기대

精一杯 힘껏

取引先 거래처

負担 부담

感じる 느끼다

一生懸命 열심히

成功 성공

自信 자신

断る 거절하다

返信 답장

# 〜にしては ~치고는

접속 동사의 보통형+にしては, 명사+にしては

앞에 제시된 내용으로 보아 당연히 그럴 것이라고 예상되는 내용과 다른 의외의 결과를 강조하여 나타낸다. 주로, 다른 사람을 평가하거나 비판할 때에 사용한다. '의외'라는 의미를 강조하는 역접 표현이라고 기억해 두자.

今日は、冬にしては暖かい一日でした。

오늘은 겨울 치고는 따뜻한 하루였습니다.

この料理は、初めて作ったにしてはよくできた。

이 요리는 처음 만든 것 치고는 잘 되었다.

## プチ会話

A ねぇ、あそこに立ってる男の人、知ってる？

B え、だれ？ 私は知らないけど、有名な人なの？

A うん、プロのバスケットボール選手なんだ。

B 本当？ バスケットボールの選手にしては少し背が低い
ような気もするけど。

質問 会話の内容と合っているものはどれか。

① Aさんは実はその男の人のファンだ。
② 男の人は背が低いのでバスケットボール選手ではない。
③ 男の人はバスケットボール選手の割には背が高くない。
④ Aさんは男の人をバスケットボール選手だと勘違いしている。

立つ 서다
知る 알다
有名だ 유명하다
プロ 프로
バスケットボール
농구
選手 선수
背が低い 키가 작다
ファン 팬
勘違い 착각

# 🍳 034

## ~にわたって／にわたり ~에 걸쳐서

접속 　명사+にわたって／にわたり

어떤 행위나 상태가 시간적 또는 공간적 전체 범위에 이르고 있다는 의미를 나타낸다. '전체 범위'라는 키워드로 기억해 두자.

> **この研究は5年にわたって続けられた。**
> 이 연구는 5년에 걸쳐 계속되었다.

> **明日は、関東地方の全域にわたって強い雨が予想されています。**
> 내일은 간토 지방 전역에 걸쳐 강한 비가 예상되고 있습니다.

### プチ会話

A　このお花とてもきれいですね。

B　そうでしょう。それに春から秋にわたって花を咲かせるので、長く楽しむことができるんですよ。

A　それはいいですね。では、プレゼント用に一つお願いできますか。

B　ありがとうございます。

質問　会話の内容と合っているものはどれか。
① その植物は春から秋までの期間のどこかで一度花を咲かせる。
② その植物は春から秋までの期間を経て、ようやく冬に花を楽しむことができる。
③ その植物は春から秋までの期間、ずっと花を咲かせる。
④ その植物は春から秋までの期間、季節ごとに違う花を咲かせる。

お花 꽃
きれいだ 예쁘다
春 봄
秋 가을
咲く 피다
長く 오래
楽しむ 즐기다
プレゼント用 선물용
植物 식물
期間 기간
経る 거치다
ようやく 드디어, 간신히
冬 겨울
季節ごとに 계절마다
違う 다르다

# ～はともかく ~은 어쨌든

접속 명사+はともかく

어떠한 대상에 대해서 생각할 필요는 있지만 지금은 그것보다 다른 것이 더 우선한다는 의미를 나타낸다. 즉, 앞에 제시된 내용보다도 뒤에 제시된 내용에 중점을 두는 표현이다. 「～はともかく」는 「～はともかくとして」의 형태로 사용하기도 한다.

**この料理は見た目はともかく、味はおいしい。**

이 요리는 생김새는 어쨌든 맛있다.

**試合の結果はともかくとして、最後までみんなよくがんばった。**

시합 결과는 어쨌든 마지막까지 잘 싸웠다.

## プチ会話

A 今度新しくうちの部署に来る山田部長ってどんな
人か知ってる?

B 僕もうわさでしか聞いたことないんだけど、性格は
ともかく、仕事はかなりできる人みたいだよ。

A ふうん、性格はともかく、か。

B まあ、最初から偏見は持たないようにしようよ。

部署 부서

うわさ 소문

性格 성격

かなり 꽤, 제법

できる
능력이 있다, 우수하다

最初 처음, 최초

偏見 편견

スキル 능력, 기술

評価 평가

情報 정보

置く 두다

質問 会話の内容と合っているものはどれか。
①山田部長は性格も仕事のスキルもあまり評価されていないらしい。
②山田部長の性格については情報がないが、仕事はよくできる人

らしい。
③山田部長は性格はもちろんのこと、仕事のスキルも素晴らしい

人らしい。
④山田部長は性格は置いておいて、仕事に関しては高く評価され

ている人らしい。

# ～はもちろん／はもとより ~은 물론

접속　명사+はもちろん/はもとより

제시된 내용에 대해서는 말할 필요도 없이 너무나 당연하며, 뒤에 오는 내용 역시 말할 필요가 없다는 의미를 나타낸다. 즉, '당연한 내용을 추가'하는 문형이다.「～はもとより」가 더 딱딱한 표현이다.

忙しい時は、土曜日はもちろん日曜日も出勤することがあります。

바쁠 때는 토요일은 물론 일요일도 출근하는 경우가 있습니다.

この映画は子供はもとより大人までみんなで楽しめる。

이 영화는 아이는 물론 어른까지 모두 즐길 수 있다.

## プチ会話

A　その俳優、最近よく見るけど、そんなに人気なの？

B　うん。演技はもちろん歌も上手で、先月歌手デビューもしたんだ。

A　それは知らなかったな。

B　日本はもちろん海外でも人気みたいだよ。

俳優 배우
人気 인기
演技 연기
歌 노래
先月 지난달
歌手 가수
デビュー 데뷔
当然 당연

質問　会話の内容と合っているものはどれか。

① その俳優は演技は当然のこと、歌まで上手だ。
② その俳優は歌に比べて演技はあまり上手ではない。
③ その俳優は演技も歌もそれほどではないが、人気がある。
④ その俳優は日本より海外で人気がある。

問題1 次の文の（　　　　　　）に入れるのに最もよいものを、1・2・3・4から一つ選びなさい。

1　ファンのアンコールの声に（　　　　　　）、歌手は再び舞台に登場した。

1 とって　　　　　　2 こたえて　　　　　3 はんして　　　　4 したがって

2　あのレストランは一流の店（　　　　　　）あまり値段が高くない。

1 にとっては　　　　2 にしては　　　　　3 というより　　　　4 というと

3　商品の品質が同じなら、価格が低い方を選ぶに（　　　　　　）。

1 決まっている　　　2 決めている　　　　3 限られている　　　4 限っている

4　ファミリーレストラン（　　　　　　）コンビニでさえ24時間営業しない店が増えてきている。

1 をとわず　　　　　2 もかまわず　　　　3 はもとより　　　　4 にかぎって

5　事故のため、2時間（　　　　　　）電車は不通となった。

1 としても　　　　　2 というと　　　　　3 にしては　　　　　4 にわたって

6　やっと試験に合格した。友達（　　　　　　）、両親には今すぐ電話で知らせよう。

1 のくせに　　　　　2 ともに　　　　　　3 はともかく　　　　4 に対して

問題2　次の文の　★　に入る最もよいものを、1・2・3・4から一つ選びなさい。

**1**　先月、父は ＿＿＿＿ ＿＿＿＿ ★ ＿＿＿＿ 定年退職した。

1 長年に　　　　　　2 勤めた　　　　　　3 会社を　　　　　　4 わたって

**2**　彼女は3年も ＿＿＿＿ ＿＿＿＿ ★ ＿＿＿＿ と思う。

1 下手だ　　　　　　　　　　　　2 それにしては

3 日本語を勉強したと　　　　　　4 いうが

**3**　健康のためには ＿＿＿＿ ＿＿＿＿ ★ ＿＿＿＿ ことも重要だ。

1 食事は　　　　　　　　　　　　2 ストレスを溜めない

3 バランスがいい　　　　　　　　4 もとより

**4**　A「明日までに ＿＿＿＿ ＿＿＿＿ ★ ＿＿＿＿ きまっているよ。」
　　B「そう言わずに頑張るしかないでしょう。」

1 無理に　　　　　　2 レポートを　　　　　　3 書くなんて　　　　　　4 これだけの

**5**　この植物園では、利用者の要求に ＿＿＿＿ ＿＿＿＿ ★ ＿＿＿＿ ことにした。

1 時間を　　　　　　2 1時間延長する　　　　　3 夏期の開園　　　　　　4 こたえて

**6**　エアコンが壊れて修理を頼んだ。修理に ＿＿＿＿ ＿＿＿＿ ★ ＿＿＿＿ 待たなければならない状況だそうだ。

1 何日か　　　　　　2 かかる　　　　　　3 費用の面は　　　　　　4 ともかく

# 〜べきだ・〜べきではない
## ~해야 한다・~해서는 안된다

접속　동사의 사전형＋べきだ・べきではない

그렇게 하는 것이 당연하다는 의미를 나타낸다. 문장체에서 주로 사용한다. 접속에서 주의할 것은 동사「する(하다)」의 경우인데, 접속 법칙대로면 するべきだ이지만 すべきだ라는 형태로 사용되기도 한다는 점을 기억해 두자. 또한, 「〜べきだ」의 부정은 「〜べきではない：~해서는 안 된다(금지, 부적합)」이다

### これからの教育制度についてさらに検討するべきだ。
앞으로의 교육 제도에 대해 더 검토해야만 한다.

### 職業や学歴で人を判断するべきではない。
직업이나 학력으로 사람을 판단하면 안 된다.

---

プチ会話

A　ちょっと相談があるんだけど。
B　深刻な顔してどうしたの？
A　実は昨日、課長が会社のお金を黙って持ち出したのを見

　　ちゃったの。
B　ええ、それはすぐに部長に報告するべきだよ。

質問　会話の内容と合っているものはどれか。
① Aさんは課長のことを部長には報告しない方がいいと考えた。
② Bさんは課長のことをすぐに部長に報告しなかったAさんを
　　叱った。
③ Bさんはこれから部長のところに行かなければならなくなった。
④ Bさんは課長のことは部長に報告した方がいいと、Aさんに
　　アドバイスした。

相談 상담
深刻だ 심각하다
顔 얼굴, 표정
課長 과장(님)
お金 돈
黙る 입을 다물다
持ち出す 꺼내가다
報告 보고
考える 생각하다
叱る 야단을 치다
アドバイス 조언

# 〜ほかない ~할 수밖에 없다

接続 동사의 사전형＋ほかない

그렇게 하는 것 외에는 다른 방법이 없다는 의미로서, 체념하는 기분을 나타낸다. 「〜しかない」와 같은 표현이다. 변형된 표현으로는 「〜ほかはない」, 「〜よりほかはない」가 있다.

最終電車に乗り遅れてしまったので、歩いて帰るほかない。

전철 막차를 놓쳐서 걸어서 집에 가는 수밖에 없다.

いくら探しても見つからないのだから、あきらめるほかはない。

아무리 찾아도 안 보이니까 포기하는 수밖에 없다.

## プチ会話

A 最近元気がないみたいですが、何かあったんですか。

B 実はなかなか就職先が見つからなくて。

A 進路の悩みですか。そういえば、この前面接受けていましたよね。

B はい。もしあそこの会社もだめだったら、もう帰国するほかないです。

就職先 취직할 곳
進路 진로
悩み 고민
面接 면접
受ける (시험을) 보다
もし 혹시
だめだ 안되다
結果 결과
不合格 불합격
大学院 대학원
進学 진학
以外 의외
方法 방법
関係 관계
新たに 새롭게
準備 준비
始める 시작하다

質問 会話の内容と合っているものはどれか。

① Bさんは面接の結果が不合格だったら、大学院に進学しようと思っている。

② Bさんは面接の結果が不合格だったら、帰国する以外に方法がない。

③ Bさんは面接の結果に関係なく、帰国しようと思っている。

④ Bさんはここでの就職が難しいので、帰国して新たに就職の準備を始めるところだ。

# 〜ものだ

① 〜하는 법이다 ② 〜했었다, 〜하곤 했다 ③ (꼭) 〜하고 싶다

接続　① 동사・い형용사・な형용사의 명사접속형＋ものだ
　　　② 동사의 た형＋た＋ものだ, い형용사・な형용사의 과거형＋ものだ ③ 동사의 ます형＋たい＋ものだ

① 〜하는 법이다(보편적 상식): 당연하거나 상식적인 내용이라는 의미를 나타낸다. '그것이 당연하지 않다', '상식에 어긋난다'고 할 때는 「〜ものではない」를 사용한다.

② 〜했었다, 〜하곤 했다(과거 회상): 과거를 기억속에서 떠올릴 때 사용하는 표현이다. 단순한 과거의 일회적인 경험이 아니라, 습관적이고 반복적인 동작인 경우가 많다.

③ (꼭) 〜하고 싶다(간절한 희망): 무언가를 꼭 하고싶다는 간절한 희망의 감정을 강조하는 표현이다.

試験の時ぐらいは勉強するものだ。 시험 때 정도는 공부하는 법이다. 보편적 상식

人の失敗を笑うものではない。 남의 실패를 비웃어서는 안되는 법이다. 보편적 상식 부정

昔は映画館へよく行ったものだ。 옛날에는 영화관에 자주 가곤 했다. 과거 회상

今年こそ海外旅行をしたいものだ。 올해야말로 해외 여행을 하고 싶다. 간절한 희망

### プチ会話

A 週末のゴルフ、どうしますか。
B 何だか行かざるを得ない雰囲気ですよね。
A やっぱりそう思いますか。
B まったく、休みの日くらい、ゆっくり寝ていたいものですよ。

週末 주말

ゴルフ 골프

〜ざるを得ない
〜해야 한다

雰囲気 분위기

ふり 〜척

質問 会話の内容と合っているものはどれか。

① Bさんはゴルフに行きたくないふりをしている。
② Bさんは週末はゆっくり休みたいと強く思っている。
③ Bさんは週末に家で寝ているのはもったいないと思っている。
④ Bさんは週末でさえなければ、ゴルフに行ってもいいと思っている。

# ～ものなら ~할 수만 있다면

접속　동사의 가능형 ＋ものなら

실현이 어려운 일을 희망할 때 사용하는 표현이다. 주로, 가능을 나타내는 동사와 함께 사용되며, 뒤에는 たい와 같은 희망의 표현이 온다. 「できるものなら(~할 수만 있다면)」이라는 표현으로 기억해 두면 좋다.

**旅行に行けるものならヨーロッパに行ってみたい。**
여행을 갈 수만 있다면 유럽에 가 보고 싶다.

**人生をやり直せるものならやり直したい。**
인생을 다시 살 수만 있다면 다시 살고 싶다.

## プチ会話

A まだそのアイドル追っかけてるなんて、すごい情熱だね。
B 学生時代からだから、もう20年くらいかな。
A 20年はすごいね。だから彼氏の一人もできないのよ。
B 彼氏？ できるものなら彼と結婚したいくらいよ。

アイドル 아이돌
追っかける 쫓다
情熱 열정
学生時代 학창시절
すごい
대단하다, 엄청나다
可能 가능
大好きだ
아주 좋아하다
芸能人 연예인
長続きする
오래 계속되다

質問 会話の内容と合っているものはどれか。
① Bさんは可能ならば大好きなアイドルと結婚したいと思っている。
② Bさんは好きな芸能人が原因で、今まで彼氏と長続きしなかった。
③ Bさんはの彼氏は実は芸能人だ。
④ Bさんは20年を経て、ずっとファンだったアイドルと結婚できることになった。

# 〜わけだ・〜わけではない

~한 것이다, ~하는 것은 당연하다・(반드시) ~한 것은 아니다

[接続] 동사・い형용사・な형용사의 명사접속형＋わけだ・わけではない

「〜わけだ」는 어떤 이유나 근거가 있어서 그렇게 되는 것이 당연하다는 의미를 나타낸다. 이 때, 반드시 그런 것은 아니라는 특별한 상황을 나타낼 때는 「〜わけではない」를 사용한다. 독해나 회화에서도 자주 등장하므로 반드시 익혀두어야 한다. 「〜わけだ」는 '당연한 결론', 「〜わけではない」는 '예외적인 결론'으로 기억해 두자.

## 1個100円なら、10個だと1,000円になるわけだ。

한 개 100엔이라면 열 개면 천 엔이 될 것이다.

## スポーツは苦手だが、スポーツ番組を見るのがきらいなわけではない。

스포츠는 잘 못하지만 스포츠 프로그램을 보는 것을 싫어하지는 않는다.

[プチ会話]

A 社長、S社との契約の件なんですが、どうしても納得できないんです。

B まあ、君の言っていることもわからないわけではないんだが。

A それではどうして？

B 目先のことよりも長い目で見た方がいいこともあるんだよ。

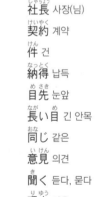

社長 사장(님)
契約 계약
件 건
納得 납득
目先 눈앞
長い目 긴 안목
同じ 같은
意見 의견
聞く 듣다, 묻다
理由 이유
一部 일부
共感 공감
悩む 고민하다

質問 会話の内容と合っているものはどれか。

① BさんはAさんとまったく同じ考えだ。

② BさんはAさんの意見を聞く理由はないと思っている。

③ BさんはAさんの意見に一部共感できるところもあると思っている。

④ BさんはAさんの意見を聞いて、契約をどうすべきか悩んでいる。

# ～を問わず ~을 불문하고

접속   명사＋を問わず

어떤 대상을 특별히 문제 삼거나 구별하지 않는다는 의미로 사용된다. 비슷한 표현으로 「～にかかわらず (～에 관계없이(무관계))」가 있다. 다음 대표적인 표현을 기억해 두도록 하자.

- 年齢を問わず 연령을 불문하고
- 男女を問わず 남녀를 불문하고
- 経験の有無を問わず 경험 유무를 불문하고

## ビールは、季節を問わず楽しまれている。
맥주는 계절을 불문하고 (사람들이) 즐긴다.

## この仕事は経験の有無を問わず、誰でも応募できます。
이 일은 경험 유무를 불문하고 누구든 응모할 수 있습니다.

---

### プチ会話

**A** 新しいビジネスの方はどう？

**B** それがかなり好調で、追加で人手を募集しようと思ってるんだ。よかったらやってみない？

**A** 関心はあるんだけど、小さい子供もいるし私にできるかな。

**B** もちろん。オンラインビジネスだから場所を問わずにできるし、勤務時間も融通が利くし。

質問 会話の内容と合っているものはどれか。

① BさんのビジネスにAさんは関心を持っているが、子供がいるので働くことができない。

② Bさんのビジネスは仕事をする場所を選ばなければならない。

③ Bさんのビジネスはどこにいてもできる仕事だ。

④ Bさんのビジネスは誰にでもできる仕事だ。

ビジネス
비즈니스, 사업

好調 순조로움

追加 추가

人手 일손

募集 모집

関心 관심

オンライン 온라인

場所 장소

勤務 근무

時間 시간

融通が利く
융통성이 있다

選ぶ 고르다, 선택하다

**問題1** 次の文の（　　　　）に入れるのに最もよいものを、1・2・3・4から一つ選びなさい。

**1** A「みんな来ないね。なんか連絡なかった？」
B「道が混んでいるらしいよ。」
A「ああ、それでみんな来ていない（　　　　）。」

1 からだ　　　　　　2 ことだ　　　　　　3 わけだ　　　　　　4 ところだ

**2** 見舞いに来ないまでも電話ぐらいはする（　　　　）。

1 ものだ　　　　　　2 ほかだ　　　　　　3 ほうだ　　　　　　4 からだ

**3** 国は制度の失敗を認めて、国民にきちんと謝る（　　　　）だ。

1 きり　　　　　　　2 ため　　　　　　　3 ほど　　　　　　　4 べき

**4** この辺は若者に人気があり、昼夜を（　　　　）にぎわっている。

1 かけては　　　　　2 問わず　　　　　　3 通じて　　　　　　4 かかわらず

**5** 家が買える（　　　　）買いたいが、私の今の収入では無理だろう。

1 だけあって　　　　2 といっても　　　　3 にもかかわらず　　4 ものなら

**6** 雨が降っているので、残念だが今日のハイキングは断念する（　　　　）。

1 うえない　　　　　2 ほどない　　　　　3 ほかない　　　　　4 ことない

問題2　次の文の　＿★＿　に入る最もよいものを、1・2・3・4から一つ選びなさい。

**1**　こんなに ＿＿＿ ＿＿＿ ＿★＿ ＿＿＿ したいものだ。

1 ドライブ　　　　2 日には　　　　3 天気のいい　　　　4 でも

**2**　希望する大学に入れる ＿＿＿ ＿＿＿ ＿★＿ ＿＿＿ ものなら入りたいと思う。

1 入れる　　　　2 低いと　　　　3 可能性は　　　　4 知りながらも

**3**　この会は、年齢や性別を ＿＿＿ ＿＿＿ ＿★＿ ＿＿＿ 人と交流できるのが魅力だ。

1 さまざまな　　　　2 入れるので　　　　3 問わず　　　　4 だれでも自由に

**4**　今月もらった給料を全部使ってしまったのだから、＿＿＿ ＿＿＿ ＿★＿ ＿＿＿ ないだろう。

1 より　　　　2 借りる　　　　3 ほかは　　　　4 来月分を

**5**　自分の意見をあまり主張しない場合があるが、周りの雰囲気に ＿＿＿ ＿＿＿ ＿★＿ ＿＿＿ べきだ。

1 流される　　　　2 言いにくいことも　　　3 ことなく　　　　4 はっきり言う

**6**　税金は ＿＿＿ ＿＿＿ ＿★＿ ＿＿＿ が、政府はそれを平等に使うよう努力をするべきだ。

1 すべての　　　　2 わけではない　　　3 直接利益になる　　　4 国民にとって

# STEP 2

# 〜あげく ~한 끝에

접속 ｜ 동사의 た형＋た＋あげく, 명사＋の＋あげく

오랜 시간 다양한 과정이나 시도 끝에, 나쁜 결과나 유감스런 내용이 되어 버렸다는 의미를 나타내는 경우가 많다. '부정적인 결말'이라는 키워드로 기억해 두자.

**長時間の議論のあげく、結局結論は出なかった。**
오랜 논의 끝에 결국 결론은 나오지 않았다.

**彼は進路について悩んだあげく、進学はやめて就職することに決めた。**
그는 진로에 대해 고민한 끝에 진학은 그만두고 취직하기로 결정했다.

## プチ会話

A もう彼女とショッピングに行くのは疲れたよ。

B あはは。何かあった？

A 昨日も何時間もお店の前で悩んだあげく、何も買わないで帰ってきたんだから。

B 僕もその気持ち、よくわかるよ。

悩む 고민하다
決断 결단
慎重に 신중하게
考える 생각하다
〜た末 ~한 끝에
商品 상품
選ぶ 고르다, 선택하다
最終的 최종적
購入 구입
優柔不断 우유부단

質問 会話の内容と合っているものはどれか。

① Aさんの彼女は決断が早い方だ。

② Aさんの彼女は慎重に考えた末、商品を選んだ。

③ Aさんの彼女はいろいろ悩んだが、最終的には何も購入しなかった。

④ Aさんの彼女は優柔不断ではない。

# 〜あまり ~한 나머지

接続 동사・い형용사・な형용사・명사의 명사접속형＋あまり

어떤 상태가 보통 정도를 넘어서 지나치다는 의미를 나타낸다. '심각한 상태'라는 키워드로 기억해 두자.

> 試験の結果を気にするあまり、眠れなくなってしまった。
> 시험 결과에 너무 신경 쓴 나머지 잠을 잘 수 없게 되었다.

> 寒さのあまり、手足の感覚がなくなってきた。
> 너무 추워서 손발 감각이 없어지고 있다.

### プチ会話

A すみませんが、もう一度最初から話してもよろしい
　でしょうか。

B はい。今日は面接の練習ですから、大丈夫ですよ。

A ありがとうございます。緊張のあまり、頭の中が
　真っ白になってしまって。

B それでは、一度深呼吸してから始めましょうか。

最初 처음
面接 면접
練習 연습
大丈夫だ 괜찮다
緊張 긴장
真っ白に 새하얗게
深呼吸 심호흡
始める 시작하다할
具合 몸 상태
緊張感 긴장감

質問 会話の内容と合っているものはどれか。

① Aさんは緊張しすぎて具合が悪くなってしまった。

② Aさんは緊張しすぎて何を話せばいいのかわからなくなって
　しまった。

③ Aさんはあまり緊張していなかったのに、上手く話すことが
　できなかった。

④ Aさんはもう少し緊張感を持った方がいい。

# 〜限り ~하는 한

접속　동사의 사전형＋限り, い형용사・な형용사・명사의 명사접속형＋限り

자신이 말하고 있은 내용이, 「〜限り」 앞에 오는 조건 내에서만 성립한다는 의미를 나타낸다.
「するかぎり(〜하는 한)」과 「しないかぎり(〜하지 않는 한)」의 형태로 기억해 두자.

台風が来てもこの建物の中にいる限り、安全だ。
태풍이 와도 이 건물 안에 있는 한 안전하다.

彼が行かない限り、私も行くつもりはない。
그가 가지 않는 한 나도 갈 생각은 없다.

プチ会話

A　そんなに暗い顔して、どうしたの？
B　午後の試験のことを考えると憂鬱で・・・。試験、なくなら
　　ないかな。
A　地震が起こらない限り、なくならないと思うよ。
B　はぁ。こんなことなら早めに準備しておけばよかった。

質問　会話の内容と合っているものはどれか。
① とても重要な試験なので、何があっても試験は実施される予定だ。
② Aさんは地震のせいで試験がなくなるかもしれないと心配して
　　いる。
③ 試験は地震が起こらなければ予定通り実施される。
④ 地震のせいで試験が延期になる可能性が高い。

暗い 어둡다
顔 얼굴, 표정
午後 오후
試験 시험
憂鬱だ 우울하다
地震 지진
起こる 일어나다
早めに 빨리
準備 준비
重要だ 중요하다
実施 실시
心配 걱정
延期 연기
可能性 가능성

# 〜かのようだ (마치) ~인 것 같다

접속 | 동사・い형용사・な형용사・명사의 보통형＋かのようだ
단, な형용사와 명사의 현재긍정형인 경우, な형용사의 어간・명사＋である＋かのようだ

실제로는 그렇지 않으나, 마치 그러한 것처럼 보인다는 느낌을 나타낸다. 「まるで(마치)」, 「あたかも(마치, 흡사)」 등의 부사와 짝을 이루어 사용되는 경우가 많다.

> まだ４月なのに、今日は夏になったかのように暑い。
>
> 아직 4월인데 오늘은 여름이라도 된 양 덥다.
>
> 彼女の踊りは、まるで空を飛んでいるかのようだった。
>
> 그녀의 춤은 마치 하늘을 나는 것만 같았다.

## プチ会話

A どうしたの？ 幽霊でも見たかのような顔して。

B 私、ちょっとトイレに行ってくる。

A 大丈夫？ 具合いでも悪いの？

B ううん、人生で一番会いたくない人がこの会場にいるの。
さっき偶然見かけちゃって。

質問 会話の内容と合っているものはどれか。

① Bさんは幽霊を見てしまい、顔色が悪い。
② Bさんはまるで幽霊を見たと思うくらい驚いた表情をしていた。
③ Bさんは急に具合が悪くなったせいで、トイレに行きたくなった。
④ Bさんは嫌いな人がトイレの方向に行くのを見てしまった。

幽霊 유령
人生 인생
一番 가장
会う 만나다
会場 회장
偶然 우연히
見かける 보다
顔色 안색, 얼굴빛
驚く 놀라다
表情 표정
急に 갑자기
嫌いだ 싫어하다
方向 방향

# ～きり ~한 채

**접속**　동사의 た형+た+きり

어떠한 동작의 결과, 그 상황이 계속 이어지고 있다는 의미를 나타낸다. 부정의 표현과 짝을 이루어 사용하는 경우가 많다.

**山田さんとは大学を卒業したきり、会っていない。**
야마다 씨와는 대학을 졸업한 채 만나지 않고 있다.

**彼は私の本を持っていったきり、返してくれない。**
그는 내 책을 가지고 간 채 돌려주지 않는다.

## プチ会話

**A** もしかして最近、佐藤さんから連絡あった？

**B** ううん、特に連絡はもらってないけど、どうかしたの？

**A** 実は三日前にあとでまた電話すると連絡があったきり、音信不通で。

**B** それは心配だね。何かあったのかな。

質問 会話の内容と合っているものはどれか。
① 佐藤さんは時々、連絡が繋がらなくなる。
② 佐藤さんからの最後の連絡は三日前だ。
③ 佐藤さんから再度連絡があったのに、Aさんは電話を取ること

　ができなかった。
④ 佐藤さんはAさんのことが嫌いなので、連絡するのを避けている。

連絡 연락
特に 특별히, 특히
三日 3일
音信不通
음신불통, 연락 두절
時々 때때로
繋がる 연결되다
再度 두 번, 재차
避ける 피하다

# ～こと ~할 것

接続　동사의 사전형＋こと

어떤 행동을 하도록 지시하거나 명령하는 경우에 사용한다. 회화보다는 문장에 사용되며, 특히 게시물 등에서 많이 쓰인다. 이 때, 어떠한 행동을 하지 않도록 금지하거나 지시하는 경우에는 「동사의 ない형＋ない＋こと」의 형태로 나타낸다. 「すること: ~할 것」, 「しないこと: ~하지 말 것」으로 기억해 두자.

## 遠足の日は、各自お弁当を持参すること。
소풍 날은 각자 도시락을 지참할 것.

## 廊下では走らないこと。
복도에서는 뛰지 말 것.

**プチ会話**

A 「"報・連・相"を守ること」とここに書いてありますが、どのような意味でしょうか。

B 「報・連・相」というのは「報告・連絡・相談」という意味ですよ。

A そうなんですか。初めて聞きました。

B 日本で働く上でとても大切なことですから、キムさんも心がけてくださいね。

| | |
|---|---|
| 意味 의미 |
| 報告 보고 |
| 連絡 연락 |
| 相談 상담 |
| 働く 일하다 |
| 大切だ 중요하다 |
| 心がける 명심하다 |
| 守る 지키다 |
| 教える 가르치다 |
| 求める 요구하다 |
| コツ 기술, 요령 |
| 怠る 소홀히 하다 |

質問 会話の内容と合っているものはどれか。

① Aさんは「報・連・相」を守るために必要なことをBさんに教えてあげた。

② 「報・連・相」を守ることはそれほど求められていない。

③ Aさんは「報・連・相」を守るためのコツを読んでいる。

④ 日本の会社では「報・連・相」を怠ってはいけない。

問題1　次の文の（　　　　　　）に入れるのに最もよいものを、1・2・3・4から一つ選びなさい。

**1**　彼はお酒をたくさん（　　　　　　）あげく騒ぎ出した。

1 飲んだ　　　　　2 飲む　　　　　3 飲み　　　　　4 飲んで

**2**　娘は合格通知をもらって、うれしさの（　　　　　　）、思わず涙を流した。

1 たびに　　　　　2 あまり　　　　3 くせに　　　　4 せいで

**3**　桜が散り始め、まるで雪が降ったかの（　　　　　　）光景だった。

1 ための　　　　　2 みたいな　　　3 らしい　　　　4 ような

**4**　大雨が降らない（　　　　　　）、明日は遠足に行きます。

1 しだい　　　　　2 うえに　　　　3 ように　　　　4 かぎり

**5**　海外旅行のガイドブックにはたいてい「現地の水道水は飲まない
　　（　　　　　　）」と書いてある。

1 とは　　　　　　2 など　　　　　3 こと　　　　　4 はず

**6**　A「このハチミツ、賞味期限切れですよ。」
　　B「あっ、それ、一度使った（　　　　　　）、そのまま忘れていました。」

1 きりで　　　　　2 ことで　　　　3 ほどで　　　　4 ばかりで

問題2　次の文の　＿★＿　に入る最もよいものを、1・2・3・4から一つ選びなさい。

1　彼の部屋は ＿＿＿＿ ＿＿＿＿ ＿★＿ ＿＿＿＿ ように汚い。

1 掃除して　　　　　2 何か月も　　　　　3 かの　　　　　4 いない

2　今朝、牛乳を ＿＿＿＿ ＿＿＿＿ ＿★＿ ＿＿＿＿ お腹がぺこぺこだ。

1 何も　　　　　2 食べて　　　　　3 いないので　　　　　4 飲んだきり

3　この講義は学校行事など ＿＿＿＿ ＿＿＿＿ ＿★＿ ＿＿＿＿ 原則とします。

1 すべての回に　　2 特別な事情が　　3 参加することを　　4 ない限り

4　古い製品の修理は可能かどうかメーカーのサービスセンターに電話したが、
＿＿＿＿ ＿＿＿＿ ＿★＿ ＿＿＿＿ と言われた。

1 長い時間　　　　2 あげく　　　　　3 待たされた　　　　4 結局対応できない

5　送られてきたメールには、「レポートは必ず ＿＿＿＿ ＿＿＿＿ ＿★＿ ＿＿＿＿ 」
と書いてあった。

1 来週の　　　　　2 こと　　　　　3 金曜日までに　　　　4 提出する

6　この大学は留学生をたくさん受け入れている。
ただ ＿＿＿＿ ＿＿＿＿ ＿★＿ ＿＿＿＿ のは問題だと思う。

1 学生　　　　　　　　　　　　　　　2 引き下げている
3 入学試験の基準点を　　　　　　　　4 ほしさのあまり

# ～ことか ~란 말인가

접속　동사・い형용사・な형용사의 명사접속형＋ことか

주로 감탄이나 탄식과 같은 감정을 나타낸다. 「どんなに, なんと, どれほど, 何度」 등과 함께 쓰이는 경우가 많다.

**あなたのことをどんなに心配していたことか。**
당신을 얼마나 걱정했단 말인가.

**試験に合格して、どんなに嬉しかったことか。**
시험에 합격해서 얼마나 기뻤단 말인가.

## プチ会話

A　疲れた顔して、どうしたんですか。
B　さっき山下さんと一緒にお茶しに行ったんですが、1時間ずっと自分の話ばかりで。
A　それは大変でしたね。
B　本当ですよ。愚痴ばかり聞かされて、どんなに退屈だったことか。

質問　会話の内容と合っているものはどれか。
① Bさんは山下さんから仕事が退屈だという話を1時間も聞かされた。
② Bさんは山下さんの話を聞いている間、非常に退屈だった。
③ Bさんは山下さんに悩みを相談したかったが、話す時間がなくがっかりして戻ってきた。
④ Bさんは山下さんの話は面白いが、自分ばかり話すので少し退屈だと思っている。

愚痴 불평, 불만
退屈だ 지루하다
非常に 몹시
悩み 고민
相談 상담
がっかりする 실망하다
戻る 돌아오다
面白い 재미있다

78

# 〜ことだから ~라서, ~이기 때문에

**접속** 동사・い형용사・な형용사・명사의 명사접속형＋の＋ことだから

원인을 나타내는 표현으로, 어떤 사람의 성격이나 행동을 강조하기 위해 사용한다. 문장 뒷부분에는 추측하거나 판단한 내용이 온다. 가장 흔히 사용되는 패턴인 「사람＋の＋ことだから(~한 사람이니까)」로 기억해 두자.

**正直な彼女の言うことだから本当だろうと思う。**
정직한 그녀의 말이므로 진짜일 것이라고 생각한다.

**忘れっぽい母のことだから、約束を忘れてしまったに違いない。**
곧잘 깜박하는 엄마니까 약속을 틀림없이 잊었을 것이다.

## プチ会話

A あれ、部長どこか行かれましたか。

B さっき、林課長と出て行かれましたけど。

A そうですか。部長と林課長のことですから、タバコですかね。

B 多分そうだと思います。10分くらいでお戻りになると思いますよ。

タバコ 담배
多分 아마
喫煙者 흡연자
おそらく 아마
吸う (담배를) 피우다
口実 구실, 핑계
さぼる 게으름을 피우다
不満 불만
奥さん (남의) 부인
内緒 비밀

質問 会話の内容と合っているものはどれか。
① 部長と林課長は喫煙者ということから考えると、二人はおそらくタバコを吸いに出ていった。
② 部長と林課長はタバコを口実にいつも仕事をさぼっているため、部下は不満を感じている。
③ 部長と林課長は奥さんに内緒で会社ではタバコを吸っている。
④ 部長と林課長は一度タバコを吸いに出かけると、なかなか戻ってこない。

# 〜ことになっている ~하게 되어 있다

**접속**  동사의 사전형＋ことになっている

개인 간의 약속, 학교나 회사 등의 일정이나 규칙, 사회적인 관습 등을 나타낸다. '약속과 규칙'이라는 키워드로 기억해 두도록 하자. 또한, '〜해서는 안되게 되어 있다'와 같이 '금지'에 해당하는 규칙일 때는 「동사의 ない형＋ない＋ことになっている」로 표현한다.

## 入学式は体育館で行われることになっている。
입학식은 체육관에서 열리기로 되어 있다.

## この部屋には関係者以外入ってはいけないことになっている。
이 방에는 관계자 이외에는 들어가면 안 되게 되어 있다.

### プチ会話

**A** 来週からどうぞよろしくお願いいたします。

**B** こちらこそよろしく。うちの会社は出勤時間は社員に任せることになっているんですが、初日なので9時には出勤するようにしてください。

**A** 承知いたしました。

**B** 他にも何か気になることがあったら、いつでもケータイに連絡くださいね。

| | |
|---|---|
| 出勤 출근 | |
| 社員 사원 | |
| 任せる 맡기다 | |
| 初日 첫날 | |
| 気になる 궁금하다 | |
| ケータイ 휴대전화 | |
| 決まる 정해지다 | |
| 自由だ 자유롭다 | |
| 場合 경우 | |
| 上司 상사 | |
| 報告 보고 | |
| 指示 지시 | |

質問  会話の内容と合っているものはどれか。

① この会社の出勤時間は特に決まっていない。

② この会社は9時までに出勤しなければならないと決まっている。

③ この会社は出勤時間は自由だが、遅くなる場合は上司に報告しなければならない。

④ この会社の出勤時間は上司の指示によって決まる。

# 052

## 〜ざるをえない ~하지 않을 수 없다

접속　동사의 ない형＋ざるをえない

본인의 의사와는 달리, 선택할 수 있는 것이 오직 그것 밖에 없다는 의미를 나타낸다. 동사의 ない형에 접속하지만, 동사「する(하다)」는 しざるをえない가 아니라, ぜざるをえない라고 해야 하는 것에 주의해야 한다.

**パソコンが壊れたので新しいのを買わざるをえない。**
컴퓨터가 망가졌기 때문에 새것을 사지 않을 수 없다.

**こんな大雨では、遠足は中止せざるをえないだろう。**
이런 폭우라면 소풍은 중지하지 않을 수 없다.

### プチ会話

A　Bさん、今週末もゴルフですか。

B　はい、部長の誘いなのでどうしても断れなくて。

A　たまには断ってもいいんじゃないですか。

B　いや、出世がかかっているので、行かざるを得ないんです。

ゴルフ 골프
誘い 초대, 권유
たまに 이따금
断る 거절하다
出世 출세
かかる 걸리다
嘘をつく 거짓말을 하다
相手 상대방
付き合う 어울리다
無理 무리
楽しい 즐겁다
毎週 매주

質問　会話の内容と合っているものはどれか。

① Bさんは本当は行きたくないが、好きで部長と一緒に行っていると嘘をついている。

② Bさんは一緒にゴルフができる相手が部長しかいないので、部長と行くしかない。

③ Bさんは出世のために部長のゴルフにどうしても付き合わなければならない。

④ Bさんは本当は無理しなくてもいいが、部長とのゴルフが楽しいので毎週一緒に行っている。

# ～次第だ ~하기 나름이다, ~에 달려있다

**접속**　명사＋次第だ

제시된 조건에 의하여 모든 것이 결정된다는 의미를 나타낸다. '중요한 조건'이라는 키워드로 기억해 두도록 하자. 「동사의 ます형＋次第」는 '～하면 바로'라는 의미를 나타내므로 구별해서 익혀두어야 한다.

> **天気次第で行くかどうか決めます。**
> 날씨에 따라 갈지 안 갈지 정할 겁니다.
>
> **ホームページの人気は内容次第だ。**
> 홈페이지 인기는 내용에 달려 있다.

**プチ会話**

A お母さん、この前話してたゲームのことなんだけど、
　どうしてもほしいんだ。
B うーん、ゲームねぇ。それは今度の試験の成績次第だわね。
A 本当？ ゲームのためなら、僕、勉強頑張るよ。
B 期待してるわよ。

ゲーム 게임
ほしい 갖고 싶다
成績 성적
勉強 공부

**質問** 会話の内容と合っているものはどれか。
① 今回の試験の成績がよかったので、Bさんはゲームを買ってもらう予定だ。
② 最近Bさんは勉強を頑張っているので、お母さんはゲームを買ってあげることにした。
③ Bさんは試験の結果があまりよくなかったが、ゲームのために勉強を頑張るつもりだ。
④ ゲームを買ってもらえるかどうかはBさんの成績によって決まる。

# ～上 ~상(~라는 측면에서, ~라는 관점에서)

접속　명사＋上

어떤 상황을 이해하는 근거나 배경을 나타낸다.

- **教育上** 교육상: 교육적인 관점에서
- **仕事上** 업무상: 업무적인 측면에서
- **外見上** 외관상: 겉보기에는, 외관이라는 측면에서
- **歴史上** 역사상: 역사적인 관점에서

**制度上の問題点を明らかにする必要がある。**
제도상 문제점을 분명하게 밝힐 필요가 있다.

**歴史上の出来事を調べる。**
역사상 사건을 조사한다.

## プチ会話

A 鈴木課長、この経費なんですが、何とか処理していただけませんか。

B すみません。会社の規定上、領収書がないと処理できないんです。

A そこを何とかお願いしますよ。

B 領収書さえあれば問題ないのですが。例外は認められませんので、すみません。

| | |
|---|---|
| 経費 경비 | |
| 処理 처리 | |
| 規定 규정 | |
| 領収書 영수증 | |
| 問題 문제 | |
| 例外 예외 | |
| 認める 인정하다 | |
| 社内 사내 | |
| 記載 기재 | |
| 経理部 경리부 | |
| 判断 판단 | |
| 従う 따르다 | |
| 詳細 자세한 내용 | |

質問 会話の内容と合っているものはどれか。

① 経費処理に関する項目は社内規定の始めの方に記載されている。

② 会社の規定によると、領収書がない場合は経理部の判断に従うことになっている。

③ 会社の規定によると、領収書がなければ経費処理は認められないことになっている。

④ 会社の規定には経費処理についての詳細が記載されていない。

問題1　次の文の（　　　　）に入れるのに最もよいものを、１・２・３・４から一つ選びなさい。

**1** スポーツなら何でもできる山田さん（　　　　）、きっとスキーも上手でしょう。

1 のことだから　　　　2 をとおして　　　　3 はもちろん　　　　4 だとしても

**2** 難しいとは思うけど、（　　　　）次第では田中さんも受け入れてくれるかもしれない。

1 頼む　　　　2 頼んだ　　　　3 頼み方　　　　4 頼んだから

**3** 危ないところへは行かないように何度注意した（　　　　）。

1 ものか　　　　2 ことか　　　　3 そうか　　　　4 はずか

**4** 商品が高すぎて売れない場合には（　　　　）。

1 値下げするおそれがある　　　　2 値下げすることはない
3 値下げすべきではない　　　　4 値下げせざるをえない

**5** 田中教授の授業では、毎週レポートを（　　　　）。

1 出すにちがいない　　　　2 出すことになっている
3 出そうではないか　　　　4 出そうとしている

**6** 未成年の飲酒は、法律（　　　　）認められていない。

1 上　　　　2 次第　　　　3 一方　　　　4 最中

問題2　次の文の　_＿★＿_　に入る最もよいものを、1・2・3・4から一つ選びなさい。

**1**　山下さんとの約束では、＿＿＿　＿＿＿　_★_　＿＿＿　いる。

　　1 駅で会う　　　　　　2 ことに　　　　　　3 3時に　　　　　　4 なって

**2**　この製品は、＿＿＿　＿＿＿　_★_　＿＿＿　できるでしょう。

　　1 いろいろな　　　　　2 アイデア　　　　　3 次第で　　　　　　4 使い方が

**3**　＿＿＿　_★_　＿＿＿　＿＿＿　親たちと学校側が話し合いを行った。

　　1 問題など　　　　　　2 について　　　　　3 学校生活や　　　　4 生徒指導上の

**4**　この問題に ＿＿＿　＿＿＿　_★_　＿＿＿　えない。

　　1 言わざるを　　　　　2 彼の考えは　　　　3 間違っていると　　4 対する

**5**　会社の経営が苦しいとき、山田さんに ＿＿＿　_★_　＿＿＿＿＿＿　いる
ことか。

　　1 どんなに　　　　　　2 感謝して　　　　　3 もらって　　　　　4 助けて

**6**　A「山下さんはまだ来てないんだね。」
　　B「時間をよく守る ＿＿＿　_★_　＿＿＿　＿＿＿　思うよ。もうちょっと
　　　待ちましょう。」

　　1 山下君の　　　　　　2 ことだから　　　　3 遅れる　　　　　　4 はずがないと

# 〜すら ~조차

**접속** 명사 + すら

최소한의 내용을 예를 들어 나타내는 표현으로, 뒤에 부정적인 내용을 유도한다. 놀람이나 불만 등을 나타내는 문장에서 사용되는 경우가 많다. 「〜さえ」와 같은 의미이지만, 문어체에 가깝다.

**喉が痛くて、水すら飲めない。**
목이 아파서 물조차 마실 수 없다.

**彼は、事前に連絡すらせずに会社を休んだ。**
그는 미리 연락조차 하지 않고 회사를 쉬었다.

---

### プチ会話

A あぁ、やっと終わった。

B ついに直りましたか。

A この機械を修理するのに今日は食事をする時間すらまともになかったよ。

B 本当にありがとうございました。 お礼に今夜、何かごちそうさせてください。

**質問** 会話の内容と合っているものはどれか。

① Aさんは修理が終わるまでは食事をしてはいけないとBさんに言われていた。

② Aさんは空腹の状態で作業していたので、思ったよりも修理に時間がかかってしまった。

③ Aさんは食事の時間を忘れてしまうくらい、機械の修理に集中していた。

④ Aさんは機械を直すのに忙しくて、今日はゆっくり食事をする時間もなかった。

| 어휘 | |
|---|---|
| やっと | 겨우 |
| ついに | 드디어, 마침내 |
| 直る | 고쳐지다 |
| 機械 | 기계 |
| 修理 | 수리 |
| 食事 | 식사 |
| 時間 | 시간 |
| まともに | 제대로 |
| お礼 | 감사 인사, 답례 |
| 今夜 | 오늘 저녁 |
| ごちそう | 대접 |
| 空腹 | 공복 |
| 状態 | 상태 |
| 作業 | 작업 |
| 集中 | 집중 |
| 忙しい | 바쁘다 |

# ～たところ ~했더니

접속 　동사의 た형+たところ

어떤 동작을 한 결과, 무언가 새로운 일을 발견하거나 알게 되었다는 의미를 타낸다. 기초 문법 중 '~했더니'의 의미를 나타내는 「～たら」를 대체할 수 있는 표현이다.

**会場の問い合わせをしたところ、地図を送ってくれた。**
회장 문의를 했더니 지도를 보내 주었다.

**プレゼントの箱を開けてみたところ、人形が入っていた。**
선물 상자를 열어 봤더니 인형이 들어 있었다.

## プチ会話

A　最近肩こりのせいか頭痛がひどいんです。

B　大丈夫ですか。もしよかったらいい病院紹介しましょうか。

A　本当ですか。

B　私も課長に勧められて行ってみたところ、すぐ調子が良くなって。それ以来定期的に通っているんです。

質問　会話の内容と合っているものはどれか。

① Bさんは課長が紹介してくれた病院に行ってみたら、体調が良くなった。

② Bさんは課長が紹介してくれた病院に行こうとしたが、その前に体調が回復した。

③ Bさんは課長が紹介してくれた病院に行ってみたが、あまり効果はなかった。

④ Bさんは課長が紹介してくれた病院のおかげで体調が良くなったわけではないと思っている。

肩こり 어깨 결림
頭痛 두통
病院 병원
紹介 소개
勧める 추천하다
調子 상태
～て以来 ~한 이후
定期的 정기적
通う 다니다
体調 몸 상태
回復 회복
効果 효과

～のおかげで
~덕분에

# ～たとたん ~하자마자, ~한 순간

**접속**　동사의 た형＋たとたん

어떤 일이 이루어지자마자 다른 일이 '갑자기' 발생했다는 상황을 나타낸다. 갑작스러운 변화에 대해 놀라움을 표현하고자 하는 의도로 사용되는 경우가 많기 때문에, 처음부터 예측하고 있었던 행동에 대해서는 사용하지 않는다. 이 문형은 접속 형태가 중요하므로 「した＋とたん(~하자마자)」로 기억해 두도록 하자. 조사 「～に」를 붙여서 「～たとたんに」의 형태로 사용하기도 한다.

**椅子から立ち上がったとたん、めまいがした。**
의자에서 일어나자마자 현기증이 났다.

**家を出たとたんに雨が降ってきた。**
집을 나서자마자 비가 내렸다.

## プチ会話

**A** あれ、今日も池田君、来ないの？

**B** うん、誘ってみたんだけど忙しいみたいだよ。

**A** 忙しいって、どうせまた彼女とデートなんでしょ。

**B** 彼女ができたとたん、急に付き合いが悪くなったよね。

**質問** 会話の内容と合っているものはどれか。

① 池田君は彼女と付き合い始めた直後から、性格が悪くなってしまった。

② 池田君は彼女ができる少し前から、周りの人と距離を置くようになった。

③ 池田君は彼女と付き合い始めた直後から、他の予定は断るようになった。

④ 池田君は人付き合いが面倒なので、彼女を理由に誘いを断っている。

誘う 권하다, 초대하다
忙しい 바쁘다
どうせ 어차피
彼女 여자 친구
デート 데이트
急に 갑자기
付き合い 교제
直後 직후
性格 성격
周り 주위, 주변
距離 거리
置く 두다
断る 거절하다
人付き合い 교제
理由 이유

# 〜つつ ① ~하면서 ② ~하지만

접속 　동사의 ます형+つつ

① ~하면서(동시 진행): 두 가지 동작이 동시에 이루어지는 상황을 나타낸다. 매우 딱딱한 문어체 표현이다.
② ~하지만(역접): 상반되는 상태나 동작이 동시에 존재한다는 의미를 갖는다. 「〜つつ」를 강조하여 「〜つ
　　つも」로 나타내기도 한다.

**桜の花を眺めつつ、楽しくお酒を飲んだ。**

벚꽃을 바라보며 즐겁게 술을 마셨다. 　동시 진행

**カレンダーを眺めつつ、旅行の計画を立てる。**

달력을 보며 여행 계획을 세운다. 　동시 진행

**悪いと思いつつ、うそをついてしまった。**

나쁘다고 생각하면서 거짓말을 해 버렸다. 　역접

**タバコは健康に悪いとは知りつつ、なかなかやめられない。**

담배는 건강에 나쁘다는 것을 알면서도 좀처럼 끊을 수 없다. 　역접

## プチ会話

A 何だか元気ないみたいですが、何かあったんですか。
B 実は昨日、妻の不満が爆発してしまいまして。
A それは大変でしたね。
B 私も育児や家事をしなければと思いつつ、仕事を言い訳に
　妻にばかり任せていたので、反省しているところなんです。

質問 会話の内容と合っているものはどれか。
① Bさんは育児や家事をしているのに奥さんから不満を言われ、
　とても悩んでいる。
② Bさんは育児や家事をしながら仕事もしているので、ストレス
　がたまっている。
③ Bさんは育児や家事をしなければならないと思っていたけれ
　ど、結局しなかった。
④ Bさんは育児や家事をしなくてもいいが、積極的にしている。

不満 불만
爆発 폭발
育児 육아
家事 가사, 집안일
言い訳 핑계
任せる 맡기다
反省 반성

ストレス 스트레스
たまる 쌓이다
結局 결국
積極的 적극적

# ～というものだ (바로) ~인 것이다

접속 　동사・い형용사의 보통형＋というものだ, な형용사의 어간・명사＋というものだ

어떠한 것이 당연하다는 화자(말하는 사람)의 강한 자기 주장을 나타낸다. 충고하거 조언할 때도 사용한다.
'자기주장'이라는 키워드로 기억해 두자.

### 電車の中で大声で電話をするのは非常識というものだ。

전철 안에서 큰소리로 전화를 하는 것은 비상식인 것이다.

### 友達が困っている時に助けるのは当然というものだ。

친구가 난처할 때 돕는 것은 당연한 것이다.

---

**プチ会話**

A 部長、この度は本当に申し訳ございませんでした。

B 反省しているのなら、もう何度も謝るのはやめなさい。

A でも、私のせいで…。

B 部下のミスの責任を取るのが上司というものだよ。

質問　会話の内容と合っているものはどれか。

① 部下のミスは上司の責任というのはこの会社だけのルールだ。

② 部下がミスをしたら上司がその責任を取るのが当然のことだ。

③ 部下が自分のミスは自分で責任を取れるように、上司はよく指導しなければならない。

④ 部下のミスは上司が責任を取るのが昔は普通だったが、今は時代が変わってきている。

この度 이번
謝る 사과하다

～のせいで ~탓에
責任を取る
책임을 지다

ルール 규칙
当然 당연
指導 지도
昔 옛날
普通 보통
時代 시대
変わる 달라지다

# 〜というより ~라기보다

접속 동사・い형용사・な형용사・명사의 보통형＋というより

단, な형용사와 명사에 だ는 붙지 않는 경우가 많다.

「〜というより」 앞뒤에 오는 두 가지 내용을 비교하여, 뒤의 내용쪽으로 표현하는 것이 더 적당하다는 의미를 나타낸다.

**この映画はおもしろいというより怖い。**

이 영화는 재미있다기보다는 무섭다.

**あの人は学者というより政治家に近い。**

저 사람은 학자라기보다는 정치가에 가깝다.

---

## プチ会話

A 私、最近この俳優のこと気になってるんだ。

B この人知ってる。男性だけどきれいな顔してるよね。

A そうそう。この顔はかっこいいというより美しいよね。

B うん、女性でもなかなかこんなにきれいな顔立ちの人は
いないよ。

質問 会話の内容と合っているものはどれか。

① その俳優の顔はきれいという言い方よりも美しいと表現する方
が合っている。

② その俳優の顔はかっこいいという言い方よりも美しいと表現す
る方が合っている。

③ Aさんはかっこいい顔よりは美しい顔の方がタイプだ。

④ Bさんは自分よりもその俳優の方がきれいな顔立ちをしている
ので、悔しいと思っている。

気になる
궁금하다

男性 남성

かっこいい
멋지다, 근사하다

美しい 아름답다

女性 여성

顔立ち 용모, 생김새

言い方
표현, 말하는 방식

表現 표현

タイプ 타입

悔しい 분하다

問題1　次の文の（　　　　　）に入れるのに最もよいものを、1・2・3・4から一つ選びなさい。

**1**　狭い道にバイクを置いたままにするのは迷惑（　　　　　）。

1 というものだ　　　2 というからだ　　　3 というだけだ　　　4 というはずだ

**2**　マニュアルの説明通りに（　　　　　）、うまくいった。

1 やってみるところ　　　　　　　　　2 やってみたところ

3 やってみるばかり　　　　　　　　　4 やってみたばかり

**3**　彼は、病気が悪化して、自分一人で食事（　　　　　）。

1 せざるをいない　　　　　　　　　2 するにちがいない

3 するしかない　　　　　　　　　　4 すらできない

**4**　彼は食べるのがとても早い。食べていると（　　　　　）飲み込んでいるような感じだ。

1 しても　　　　　2 したら　　　　　3 いうより　　　　　4 いったら

**5**　この旅館ではすばらしい景色を（　　　　　）つつ温泉に入れます。

1 楽しみ　　　　2 楽しんで　　　　3 楽しんだ　　　　4 楽しむ

**6**　あわてて教室を（　　　　　）とたんに、ひろし君にぶつかってしまった。

1 飛び出す　　　　2 飛び出した　　　　3 飛び出して　　　　4 飛び出そう

問題2 次の文の ★ に入る最もよいものを、1・2・3・4から一つ選びなさい。

1 ダイエット ＿＿＿＿ ＿＿＿＿ ★ ＿＿＿＿ つい食べてしまう。

1 甘いものを 　　　2 しようと 　　　3 思いつつ 　　　4 見ると

2 毎日家から駅まで ＿＿＿＿ ＿＿＿＿ ★ ＿＿＿＿ 健康のためだ。

1 バスに 　　　2 歩くのは 　　　3 節約というより 　　　4 乗らずに

3 迷子の子供は ＿＿＿＿ ＿＿＿＿ ★ ＿＿＿＿ とたんに泣き出した。

1 迎えに 　　　2 見た 　　　3 来た 　　　4 母親の顔を

4 人の話も聞かず、自分の主張だけ ＿＿＿＿ ＿＿＿＿ ★ ＿＿＿＿ ものだ。

1 それは 　　　2 通そうとする 　　　3 なんて 　　　4 わがままという

5 レポートを書くために、インターネットで検索して ＿＿＿＿ ★ ＿＿＿＿ ＿＿＿＿ 資料がいくつか見つかった。

1 それに 　　　2 ところ 　　　3 関連する 　　　4 みた

6 課長「山田君。この棚の資料、ぜんぜん整理してないみたいだね。
　　　＿＿＿＿ ＿＿＿＿ ★ ＿＿＿＿ あるし。」
　　山田「申し訳ありません。すぐに整理いたします。」

1 ファイルも 　　　2 名前すら 　　　3 ない 　　　4 ついて

# 〜といった ~와 같은

접속　명사＋といった

「〜ような」처럼 예를 들어 나타낼 때 사용한다. 「ＡやＢといった」의 형태로 사용되는 경우가 많다.

> **コロッケやトンカツといった揚げ物料理が好きです。**
> 고로케나 돈가스 같은 튀김 요리를 좋아합니다.

> **この会社は石けんや洗剤といったさまざまな日用品を生産している。**
> 이 회사는 비누나 세제 같은 여러 생활용품을 생산한다.

---

### プチ会話

A お土産のお菓子なんですが、よかったらどうぞ。

B わざわざありがとうございます。夫がとても喜ぶと思います。

A 旦那さん、甘い物好きなんですか。

B はい、私よりも夫の方がチョコレートやクッキーといった甘い物に目がないんですよ。

質問 会話の内容と合っているものはどれか。

① Bさんの夫は甘い物はあまり食べないが、チョコレートとクッキーは大好きだ。

② Bさんの夫はチョコレートやクッキーなどのお菓子が大好きだ。

③ Bさんの夫はチョコレートとクッキー以外の甘い物が大好きだ。

④ Bさんの夫はチョコレートやクッキーなどの甘い物は少し苦手だ。

お土産 여행 선물
お菓子 과자
わざわざ 일부러
夫 (나의) 남편
喜ぶ 기뻐하다
旦那さん (남의) 남편
甘い物 단것
チョコレート 초콜릿
クッキー 쿠키
目がない 아주 좋아하다

# ～どころか ~은커녕

접속　동사・い형용사의 사전형＋どころか, な형용사의 어간・명사＋どころか

앞쪽에서 제시한 내용을 강하게 부정하여 뒤쪽에서 제시한 내용이 더 정도가 강하다는 의미를 나타낸다.
'뒷부분의 강한 강조'가 이 문형의 포인트이다.

> 「～どころか」는 '～뿐 아니라'라는 의미의 추가, 첨가 용법도 있다.
> 이 경우에도 뒷부분을 강조하는 것에는 변함이 없다.

彼は漢字どころかひらがなも書けない。 그는 한자는커녕 히라가나도 못 쓴다.

今日は忙しくて、休みをとるどころか食事をする時間もなかった。
오늘은 바빠서 쉬기는커녕 식사를 할 시간도 없었다.

この映画は子供どころか、大人まで楽しめる作品です。
이 영화는 아이들뿐 아니라, 어른들까지도 즐길 수 있는 작품입니다. 추가

## プチ会話

A　夏休みはどうだった？
B　ゆっくり休むどころか仕事に追われて大変だったよ。
A　そうだったんだ。てっきり旅行にでも行ってるのかと思ってたよ。
B　僕もそのつもりだったんだけどね。

質問　会話の内容と合っているものはどれか。
① Bさんは夏休みを取ったが、実際は仕事が忙しくてあまり休めなかった。
② Bさんは夏休みにゆっくり休んで戻ってきたが、仕事がたまっていて大変だった。
③ Bさんは夏休みの半分は旅行を楽しんだが、残りの半分は仕事をしていた。
④ Bさんは夏休みを取ったが、仕事が忙しかったので旅行先でも仕事をしていた。

夏休み 여름휴가, 여름 방학
仕事に追われる 일에 쫓기다
てっきり 틀림없이
つもり 생각, 계획
実際 실제
半分 반, 절반
残り 나머지
旅行先 여행지

95

# ～どころではない ~할 상황이 아니다

접속 동사의 사전형＋どころではない, 명사＋どころではない

사정이 있어서 어떤 일을 할 수 있는 상황이 아니라고 강조하여 나타내는 표현이다. 이 때 앞 부분에는 그렇게 할 수 없는 이유를 설명하는 경우가 많다. 회화에서는 「～どころじゃない」의 형태로 쓰인다. '심각한 상황'이라는 키워드로 기억해 두도록 하자.

## 仕事が忙しくて旅行するどころではない。
일이 바빠서 여행할 상황이 아니다.

## 朝からひどい雨で、ピクニックどころではない。
아침부터 비가 많이 와서 소풍 갈 상황이 아니다.

### プチ会話

A 久しぶりに今夜、一杯どうですか。

B 行きたいのはやまやまなんですが、プレゼンの準備があってそれどころではないんです。

A 残念ですが、それなら仕方ないですね。

B また今度誘ってください。

質問 会話の内容と合っているものはどれか。

① Bさんはプレゼンの準備をするところを探している。

② Bさんはあまりお酒が好きではないので、プレゼンの準備を言い訳に誘いを断った。

③ Bさんはプレゼンの準備で忙しいが、お酒は飲みたいので後で合流するつもりだ。

④ Bさんはプレゼンの準備のために、同僚とお酒を飲む時間がない。

久しぶりに
오래간만에

やまやまだ
간절하다

プレゼン
프레젠테이션, 발표

準備 준비

残念だ 아쉽다

仕方ない
어쩔 수 없다

探す 찾다

合流 합류

同僚 동료

# 〜ところに / ところへ ~할 때에

接続　동사의 명사접속형＋ところに / ところへ, い형용사＋ところに / ところへ

형식명사「ところ」에「〜に」,「〜へ」가 붙어서, '때마침 그때에'라는 '시간적 상황'을 강조하여 나타낸다.
「〜ところに」는「〜ところへ」로 바꾸어 사용할 수 있다. 또한「〜ところに」 뒤에는「来る(오다)」,「通りかかる(지나가다)」 등과 같은 장소 이동과 관련된 동사가 오는 경우가 많다.

**テストの勉強をしているところに友達が遊びに来た。**
시험 공부를 하고 있을 때 친구가 놀러 왔다.

**会議をしていたところへ地震が起きた。**
회의를 하고 있을 때 지진이 났다.

---

## プチ会話

A ただいま。

B お帰り。傘持って行かなかったでしょ。すごい雨だけど
大丈夫だった？

A うん、ちょうどいいところに彼氏が車で迎えに来てくれて。

B そうだったの。今度ちゃんと紹介しなさいね。

傘 우산
迎える 맞이하다
ちゃんと 제대로
突然 갑작스러움
濡れる 젖다
偶然 우연히
通りかかる
우연히 지나가다

タイミング 타이밍
済む 끝나다

質問　会話の内容と合っているものはどれか。

① Aさんは傘がなかったので、彼氏に頼んで迎えにきてもらった。

② Aさんは突然の雨に濡れながら帰っていた時、彼氏が偶然通り
かかった。

③ Aさんはタイミング良く彼氏が迎えに来てくれたので、雨に濡
れずに済んだ。

④ Aさんは雨が降る前に彼氏の車で家に帰ることができた。

# ～とともに ~와 함께, ~와 더불어

接続 동사의 사전형+とともに, 명사+とともに

어느 변화를 계기로 다른 변화가 발생한다는 의미를 나타낸다. 함께 어떤 행동을 하거나, 두 가지 모두 같은
상태라는 의미를 나타내는 용법도 있다.

### 人口の増加とともに、住宅問題が深刻になってきた。
인구 증가와 함께 주택 문제가 심각해졌다.

### 春になり、気温が上がるとともに次々と花が咲き始める。
봄이 되어 기온이 올라가면서 차례차례 꽃이 피기 시작한다.

### 家族とともにこの町に来て10年になる。
가족과 함께 이 마을에 온 지 10년이 된다.

---

## プチ会話

A へぇ、最近はこういう歌が流行ってるの？

B うん、今一番人気の歌手なんだ。

A 時代とともに音楽もずいぶん変わったわね。

B おばあちゃんもよかったら聞いてみない？

質問 会話の内容と合っているものはどれか。

① Bさんは時代の変化についていくことができないでいる。
② 時代の流れと音楽のスタイルの変化は関係がない。
③ 時代が変化するにつれて、音楽のスタイルも変化している。
④ 時代の変化と一緒にAさんの音楽の好みも変化している。

流行る 유행하다
一番 가장
人気 인기
歌手 가수
時代 시대
音楽 음악

ずいぶん 제법

おばあちゃん
할머니

流れ 흐름
関係 관계

～につれて
~에 따라

スタイル 스타일
好み 취향
変化 변화

# 〜ないことはない ~못할 것은 없다

接続　동사의 ない형＋ないことはない

'반드시 그런 것은 아니다'라는 의미로, 단정을 피하고 우회적으로 표현하려는 의도로 사용된다. '부분적인 가능성'으로 기억해 두자. 다른 형태로「〜ないこともない」로 나타내기도 한다.

**今すぐ家を出れば電車に間に合わないことはない。**

지금 바로 집을 나서면 전철 시간에 맞지 않는 것도 아니다.

**ぜひ来てほしいと頼まれれば、行かないこともない。**

꼭 와달라는 부탁을 받는다면 못 갈 것도 없다.

## プチ会話

A　パソコン、何とか今日中に直してもらえませんかね。

B　そうですね。できないことはないですが、１〜２時間では終わらないと思いますよ。

A　今日中にさえ受け取ることができれば、時間はかかっても大丈夫です。

B　わかりました。終わり次第、すぐに連絡しますね。

直す 고치다
受け取る 받다
絶対に 절대로

質問　会話の内容と合っているものはどれか。

① Bさんはパソコンを１〜２時間ほどで直せると話した。

② Bさんはパソコンを今日中には直せないかもしれないと話した。

③ Bさんはパソコンを絶対に今日中に直せないとは言えないと話した。

④ Bさんはパソコンを今日中に直さなければならないと話した。

問題1　次の文の（　　　　　　）に入れるのに最もよいものを、1・2・3・4から一つ選びなさい。

**1**　A「あれ、刺身、食べないの？　嫌いなんだ。」
　　B「食べないこと（　　　　　　）ないんですが、あまり好きではありません。」

　　1 さえ　　　　　　　2 まで　　　　　　　3 と　　　　　　　4 は

**2**　店を閉めようとした（　　　　　　）客が入ってきた。

　　1 ことに　　　　　　2 ものに　　　　　　3 ところに　　　　　4 とたんに

**3**　食の欧米化（　　　　　　）、最近は年々米の消費量が減ってきている。

　　1 とともに　　　　　2 としたら　　　　　3 ところに　　　　　4 について

**4**　A「あのう。報告に使う表は作ったんですが、グラフも入れたいんです。
　　　　　教えてくれますか。」
　　B「うーん。ごめん。今忙しくて、それ（　　　　　　）よ。」

　　1 どころじゃないんだ　　　　　　　　　2 がちじゃないんだ

　　3 ぐらいじゃないんだ　　　　　　　　　4 ばかりじゃないんだ

**5**　テーマパークや水族館（　　　　　　）所は子供たちに人気がある。

　　1 とした　　　　　　2 といった　　　　　3 としたら　　　　　4 といったら

**6**　風邪はすぐ治ると言われたが、よくなる（　　　　　　）ますます悪くなって
　　きた。

　　1 ものなら　　　　　2 ばかりか　　　　　3 ことなく　　　　　4 どころか

問題2　次の文の ＿★＿ に入る最もよいものを、１・２・３・４から一つ選びなさい。

**1** 工業化が進み、＿＿＿＿ ＿＿＿＿ ＿★＿ ＿＿＿＿ 生活スタイルはものすごいスピードで変化した。

1 人々の　　　　　　　2 テクノロジーが　　　3 発展すると　　　　　4 ともに

**2** 私は彼にいろいろ ＿＿＿＿ ＿★＿ ＿＿＿＿ ＿＿＿＿ かえってうらまれてしまった。

1 感謝される　　　　　2 協力した　　　　　　3 どころか　　　　　　4 つもりなんだが

**3** 母に電話を ＿＿＿＿ ＿＿＿＿ ＿★＿ ＿＿＿＿ かかってきた。

1 かけようと　　　　　2 ところに　　　　　　3 母から電話が　　　　4 思っていた

**4** インターネットを通して、＿＿＿＿ ＿＿＿＿ ＿★＿ ＿＿＿＿ 楽しむことができる。

1 といった　　　　　　2 映像作品を　　　　　3 ドラマ　　　　　　　4 海外の映画や

**5** 料理ができない ＿＿＿＿ ＿＿＿＿ ＿★＿ ＿＿＿＿ 自信がありません。

1 どうか　　　　　　　2 のですが　　　　　　3 おいしいか　　　　　4 ことはない

**6** 明日までにレポート書き上げないと。今 ＿＿＿＿ ＿＿＿＿ ＿★＿ ＿＿＿＿ よ。

1 どころではない　　2 行く　　　　　　　　3 映画を　　　　　　　4 見に

# 〜において ~에서, ~에 있어서

접속    명사＋において

장소, 시간, 상황 등을 나타내는 데 사용한다. 「〜で」로 대체할 수 있는 경우가 많다. 격식 차린 문장에서 사용하는 문어체 표현이므로, 일상적인 일에서는 잘 사용하지 않는다. 뒤에 명사가 오는 경우 「〜における＋명사」 또는 「〜において＋の＋명사」의 형태로 나타낸다.

## 入学式は大講堂において行われる予定です。

입학식은 대강당에서 거행될 예정입니다.

## 現代における最も深刻な問題の一つに、環境問題がある。

현대에서 가장 심각한 문제 중 하나로 환경 문제가 있다.

### プチ会話

**A** 仕事において大切にしている価値観は何ですか。

**B** そうですね。私はその仕事がワクワクすることかどうかを一つの基準にしています。

**A** ワクワクすることですか。

**B** はい。楽しむ気持ちが一番良いパフォーマンスを生み出すと思うからです。

質問 会話の内容と合っているものはどれか。

① Bさんは仕事をする上で、ワクワクする気持ちを大切にしている。

② Bさんは仕事で一番重要なことは、結果を出すことだと考えている。

③ Bさんは仕事をする時に楽しいかどうかはあまり大事ではないと思っている。

④ Bさんはワクワクする仕事を見つけることは簡単ではないと考えている。

**大切にする**
소중히 여기다

**価値観** 가치관

**ワクワクする**
두근거리다, 설레다

**基準** 기준

**パフォーマンス**
퍼포먼스

**生み出す**
낳다, 산출하다

**重要だ** 중요하다

**結果** 결과

**出す** 내놓다

**見つける** 발견하다

**簡単だ**
간단하다, 쉽다

# 〜に応じて／に応じ ~에 맞춰서

접속　명사+に応じ(て)

어떤 상황이나 조건에 대응하여 그것에 적합한 동작을 하는 경우를 나타낸다. '대응', '상응'이라는 키워드로 기억해 두자.

**所得に応じて税金を払うことになっている。**
소득에 맞춰서 세금을 내게 되어 있다.

**この会社の給料は、能力と実績に応じて決められる。**
이 회사의 급료는 능력과 실적에 맞춰 정해진다.

## プチ会話

A この情報を閲覧する時は、必ず上司の許可を取らなければなりませんか。

B 状況に応じて異なりますが、たいていの場合は上司の許可が必要です。

A そうですか。わかりました。

B もし緊急の場合は、私にご相談いただければ対応いたしますので。

質問 会話の内容と合っているものはどれか。
① 重要な情報を閲覧する場合は、上司ではなくBさんの許可が必要だ。
② 状況に関係なく、その情報を閲覧するには上司の許可が必要だ。
③ 状況に合わせて、上司の許可がなくてもその情報が閲覧できる場合もある。
④ 情報の内容によって、閲覧許可を与える人物が変わる。

情報 정보
閲覧 열람
必ず 반드시
許可を取る 허가를 받다
異なる 다르다
たいてい 대개
緊急 긴급
相談 상담
対応 대응
状況 상황
合わせる 맞추다
〜によって ~에 따라
与える 주다, 부여하다
人物 인물

# ～にかかわらず ~에 관계없이

接続　동사의 사전형＋にかかわらず, 동사의 ない형＋ない＋にかかわらず, 명사＋にかかわらず

앞에 제시된 상황과 관계가 없다는 의미를 나타낸다. '무관계'라는 키워드로 기억해 두도록 하자.

- 年齢にかかわらず 연령에 관계없이　　· 地位にかかわらず 지위에 관계없이
- 天候にかかわらず 날씨에 관계없이

**この店は曜日にかかわらず、いつも人で込んでいる。**
이 가게는 요일에 관계없이 항상 사람으로 붐빈다.

**会議に参加するしないにかかわらず、必ず連絡をください。**
회의에 참석할지 안 할지에 관계없이 반드시 연락을 주세요.

## プチ会話

A 新入社員を選ぶ時のポイントは何ですか。
B 大学名にかかわらずとにかく優秀な人材がほしいので、成績や論文の内容をよく見るようにしています。
A 優秀であれば外国人の採用もお考えですか。
B そうですね。日本語が可能であれば検討したいと思っています。

質問　会話の内容と合っているものはどれか。
① Bさんの会社は大学名も優秀かどうかを判断する一つの基準だと考えている。
② Bさんの会社は優秀な人材であればどこの大学を出たかは重要ではないと考えている。
③ Bさんの会社は性別に関係なく、優秀な人材がほしいと考えている。
④ Bさんの会社は外国人の採用については考えていない。

新入社員 신입사원
選ぶ 고르다, 선택하다
ポイント 포인트
大学名 대학명
優秀だ 우수하다
人材 인재
ほしい 원하다
成績 성적
論文 논문
内容 내용
外国人 외국인
採用 채용
可能 가능
検討 검토
判断 판단
性別 성별

# 〜に限らず ~에 국한되지 않고

接続 명사＋に限らず

「〜限らず」는, 「限る(한정되다, 국한되다)」라는 의미를 지닌 동사의 활용 형태 중 하나로 '국한되지 않고'라는 의미를 나타낸다. 제시된 내용에 국한되지 않고 다른 내용도 존재한다는 '첨가' 또는 '열거'의 의미를 나타낸다. 격식을 차린 문장체에서 주로 사용하는 강조 표현이므로, 회화체에서는 같은 의미인 「〜だけではなく(〜뿐 아니라)」를 사용하면 된다.

**ここは休日に限らず、いつも観光客が多い。**
여기는 휴일뿐만 아니라 항상 관광객이 많다.

**このゲームは子供に限らず、大人にも人気がある。**
이 게임은 아이뿐만 아니라 어른에게도 인기가 있다.

## プチ会話

**A** 高橋さんが今度休職するって聞いたんだけど、本当なのか。

**B** うん、育児休暇取るみたいだよ。

**A** へぇ。男性で育児休暇って、俺たちの時代では考えられなかったよな。

**B** 最近は女性に限らず、男性も育児休暇を取れる時代になってきたからね。

休職 휴직
育児休暇 육아 휴직
使用 사용
反対 반대
少ない 적다

質問 会話の内容と合っているものはどれか。
①最近は女性よりも男性の方が育児休暇を取る時代になってきた。
②最近は女性だけでなく男性も育児休暇を取れるようになってきた。
③最近は女性も男性も育児休暇が自由に取れるが、実際に使用する人は少なくなっている。
④Aさんは男性が育児休暇を取ることに反対している。

# 〜に限り ~에 한하여

　명사＋に限り

특별한 경우에 '한하여(한정적으로)', 예외적으로 어떤 일을 적용하거나 실행한다는 의미를 나타낸다. 공식적으로 설명할 때 사용하는 딱딱한 표현이다.

> このチケットは当日に限り、有効です。
> 이 티켓은 당일에 한하여 유효합니다.

> 3歳以下のお子様に限り、入場料は無料です。
> 3세 이하 어린이에 한해 입장료는 무료입니다.

### プチ会話

A 当店へのご来店は初めてでしょうか。

B はい、そうです。

A 初めてのお客様に限り、ドリンクを一杯サービスさせていただいておりますので、お好きな物をお選びください。

B ありがとうございます。

当店 당점
来店 내점
初めて 처음
ドリンク 드링크, 음료수
一杯 한 잔
サービス 서비스
自由に 자유롭게
特別に 특별히
無料 무료

質問 会話の内容と合っているものはどれか。

① この店では初めて来店したお客さんだけ、自由に好きな飲み物を作ることができる。

② この店では初めて来店したお客さんともう一人がドリンクサービスを受けることができる。

③ この店では初めて来店したお客さんはドリンクサービスを受けることができない。

④ この店では初めて来店したお客さんだけ、特別にドリンクを一杯無料で飲むことができる。

# 〜に際して／に際し ~에 즈음하여

接続 동사의 사전형＋に際し（て）, 명사＋に際し（て）

특별하게 무언가를 시작할 때를 의미한다. '〜할 때에'로 해석하여도 좋다. 비슷한 표현으로 「〜にあたって(〜에 즈음하여)」가 있다.

卒業に際して、卒業論文を提出することになっている。
졸업 즈음하여 졸업 논문을 제출하게 되어 있다.

空港では出発に際して、荷物検査が行われる。
공항에서는 출발 즈음하여 짐 검사를 한다.

## プチ会話

A この度は合格のご連絡をいただき、誠にありがとうございます。

B 入社に際して、まずは雇用契約書の締結が必要となりますので、明日ご来社いただけますでしょうか。

A 承知いたしました。

B それでは14時にお待ちしておりますので、よろしくお願いいたします。

合格 합격
入社 입사
雇用契約書 고용 계약서
締結 체결
来社 내사, 회사를 방문함
持参 지참
先に 먼저

質問 会話の内容と合っているものはどれか。
① 入社日に雇用契約書の締結が必要だ。
② 入社する時に雇用契約書を持参しなければならない。
③ 入社した後に雇用契約書を締結しても問題ない。
④ 入社にあたって、先に雇用契約書を締結しなければならない。

問題1　次の文の（　　　　　　）に入れるのに最もよいものを、1・2・3・4から一つ選びなさい。

**1**　この映画は、年齢に（　　　　　　）だれでも楽しめる。

1 おいて　　　　　　2 かかわらず　　　3 ついて　　　　　　4 よれば

**2**　水道料金は使用量に（　　　　　　）いただきます。

1 応じて　　　　　　2 とって　　　　　3 さきだって　　　4 さいして

**3**　職場の業務だけでなく教室の授業に（　　　　　　）パソコンが使われている。

1 よっても　　　　　2 おいても　　　　3 際しても　　　　4 あたっても

**4**　少子高齢化問題は日本に（　　　　　　）、中国においても問題になりつつある。

1 さきだって　　　　2 応じて　　　　　3 かぎらず　　　　4 すぎず

**5**　このサービスの利用に（　　　　　　）、注意事項をよく読んでください。。

1 つれては　　　　　2 よっては　　　　3 際しては　　　　4 限っては

**6**　商品は到着後1週間以内に（　　　　　　）、返品を受け付けます。

1 かけて　　　　　　2 すぎない　　　　3 ともなって　　　4 限り

問題2　次の文の ___★___ に入る最もよいものを、1・2・3・4から一つ選びなさい。

**1** 車の _____ _____ __★__ _____ いなければならない。

　　1 自動車保険に　　　2 加入して　　　　3 購入に　　　　4 際しては

**2** この日本語学校では、_____ _____ __★__ _____ クラスが分けられています。

　　1 会話の　　　　　　2 漢字と　　　　　3 能力に　　　　4 応じて

**3** インターネット _____ __★__ _____ _____ いくつかあります。

　　1 特に注意する　　　2 上の　　　　　　3 ことが　　　　4 取引において

**4** （スーパーで）

3,000円 _____ __★__ _____ _____ 10%割引いたします。

　　1 お客様　　　　　　2 お買い上げの　　3 以上　　　　　4 に限り

**5** スマートフォンでは _____ _____ __★__ _____ ゲームをしたりと様々なことができる。

　　1 音楽や映画を　　　2 楽しんだり　　　3 限らず　　　　4 電話に

**6** 予定通り、天候に _____ _____ __★__ _____ します。

　　1 ことに　　　　　　2 かかわらず　　　3 試合を行う　　　4 あすの午後2時から

# 〜に先立って／に先立ち <sub></sub>~에 앞서서

**접속**　명사+に先立って / に先立ち

어떠한 일의 전후관계를 표현하는 표현으로, 뒷문장의 내용이 먼저 발생한다는 의미를 나타낸다. 특별한 일에 대하여 사용한다(예: 졸업, 건설, 발표, 판매 등). 「〜にあたって(〜할 때에, 에 즈음해서)」, 「〜に際して(〜할 때에, 〜에 즈음해서)」와 비슷한 표현이지만, 「〜に先立って」는 전후관계가 가장 명확한 표현이다.

**選手団は出発に先立って、空港で記者会見を行った。**
선수단은 출발에 앞서 공항에서 기자회견을 했다.

**ご使用に先立ち、必ず説明書をお読みください。**
사용에 앞서 반드시 설명서를 읽어 주세요.

---

**プチ会話**

A　実は今度、レストランをオープンすることになりました。

B　それはおめでとうございます。

A　オープンに先立ってパーティーを開く予定なんですが、来週の土曜日は空いていますか。

B　もちろんです。ご招待ありがとうございます。

質問　会話の内容と合っているものはどれか。

① Aさんはレストランの正式オープン前にパーティーをする予定だ。

② Aさんはレストランの開店時間前にいつもパーティーをしようと思っている。

③ Aさんはレストランのオープンパーティーについて土曜日にBさんと相談するつもりだ。

④ Aさんはレストランをオープンしたいと思っているので、パーティーで協力者を探すつもりだ。

オープンする
오픈하다

パーティー 파티
開く 열다
空く 비다
招待 초대
正式 정식
開店 개점
協力者 협력자
探す 찾다

# 〜にせよ／にしろ ~라고는 해도

接続 동사・い형용사의 보통형＋にせよ／にしろ, な형용사의 어간・명사＋にせよ／にしろ

어떤 상황을 전제한 후, 설령 그러한 상황이라고 할지라도 그것과 상반되는 행동이나 상태이 따른 다는 것을 강조하여 나타내는 역접 표현의 하나이다. 「たとえ〜ても(설령 〜할지라도)」에 가까운 표현이다. 「〜にせよ」는 「〜にしろ」보다 딱딱한 느낌을 준다.

冗談であるにせよ、そんなことを言ってはいけない。
농담이라고는 해도 그런 말을 하면 안 된다.

上司からの命令にせよ、簡単には引き受けられない。
상사의 명령이라고는 해도 간단히는 받아들일 수 없다.

## プチ会話

**A** 本日は面接のお時間をいただき、どうもありがとうございました。

**B** お疲れ様でした。結果はいずれにせよ、一週間以内にご連絡いたします。

**A** 承知いたしました。

**B** 気をつけてお帰りください。

本日 오늘
面接 면접
結果 결과

いずれ 어느 쪽
以内 이내
落ちる 떨어지다
確認 확인

質問 会話の内容と合っているものはどれか。

① 合格でも不合格でも、面接の結果について一週間以内に連絡がある。

② 面接に合格した場合のみ連絡がある。

③ もし連絡がない場合は、面接に落ちたということだ。

④ 合格か不合格か、一週間後に連絡をして確認する必要がある。

# 〜につれて／につれ ~함에 따라

**접속** 동사의 사전형＋につれ（て）

앞의 내용이 변화함에 따라서, 뒷부분의 내용도 함께 변화한다는 의미를 나타낸다.

**年をとるにつれて、体力は低下する。**
나이를 먹으면서 체력은 떨어진다.

**景気が悪くなるにつれて、失業者が増えてきた。**
경기가 나빠지면서 실업자가 늘어났다.

---

**プチ会話**

A 久しぶり。

B おぉ、久しぶり。彼女と別れたって聞いて心配してたんだけど、元気そうでよかった。

A まだ完全には立ち直れてないんだけど、時間が経つにつれて平気になってきたよ。

B 長く付き合ってたからね。それは時間がかかるよ。

別れる 헤어지다
完全に 완전히
立ち直る
다시 일어나다, 회복하다
経つ
(때가) 지나다, 경과하다
ふられる 차이다
落ち込む 침울해지다
失恋 실연
ショック 쇼크
付き合う
사귀다, 교제하다

**質問** 会話の内容と合っているものはどれか。

① Aさんは長く付き合っていた彼女にふられて、今もとても落ち込んでいる。

② Aさんは失恋のショックからもう立ち直れないと思っている。

③ Aさんは失恋して落ち込んでいたが、時間とともに少しずつ元気になってきた。

④ Aさんは彼女と別れたが、時間が経てばまた彼女と付き合えるだろうと思っている。

# ～に伴って／に伴い ～함에 따라

接続　動詞の辞書形＋に伴って／に伴い、名詞＋に伴って／に伴い

한 쪽의 변화에 따라 다른 쪽도 변화한다는 의미를 나타낸다. 「～したがって」, 「～につれて」와 유사한
표현이다.

じゅうたく ち　　かいはつ　　ともな　　　　　あたら　　　　どう ろ　　つく
**住宅地の開発に伴って、新しい道路が作られた。**

주택지 개발에 따라 새 도로가 만들어졌다.

ふ きゅう　　ともな　　　　　　　　　　　かんたん　　か　　もの
**スマホの普及に伴って、どこでも簡単に買い物ができるようになった。**

스마트폰 보급에 따라 어디에서든 손쉽게 쇼핑할 수 있게 되었다.

## プチ会話

かいしゃ　や　　　き　　　　　　　　　　ほんとう
**A** 会社を辞めるって聞いたんですが、本当ですか。

じつ　　　　　　　　じ ぜん　　つた
**B** 実はそうなんです。事前にお伝えできずすみません。

なに
**A** 何かあったんですか。

おっと　てんきん　ともな　　　かいがい　ひ　こ
**B** 夫の転勤に伴って、海外に引っ越すことになったんです。

**質問** 会話の内容と合っているものはどれか。

おっと　てんきん　　　　　　　　　　べつべつ　　く
① Ｂさんは夫が転勤することになり、別々に暮らさなければなら
　なくなった。

おっと　てんきん　　　　　　　かいがい　い
② Ｂさんは夫の転勤とともに海外に行くことになった。

おっと　てんきん　　　　かんけい　　　かいがい　ひ　こ
③ Ｂさんは夫の転勤とは関係なく、海外に引っ越すことになった。

まえ　かいがい　す　　　　　おも　　　　　　　　　ゆめ
④ Ｂさんは前から海外に住みたいと思っていたので、その夢がつ
　かな
　いに叶う。

や
辞める　그만두다
つた
伝える
전하다, 알리다
てんきん
転勤　전근
かいがい
海外　해외
ひ　こ
引っ越す　이사하다
べつべつ
別々に　따로따로
く
暮らす　생활하다
す
住む　살다
ゆめ
夢　꿈

ついに　드디어
かな
叶う　이루어지다

113

# 〜反面 ~반면

동사・い형용사・な형용사・명사의 명사접속형＋反面

다만, 명사와 な형용사는 명사, な형용사의 어간＋である의 형태를 사용하기도 한다.

어떤 하나의 대상이나 사건에 대하여 서로 상반되는 측면을 나타낸다. 즉, 앞쪽에는 긍정적인 내용이 온다면, 뒤쪽에는 부정적인 내용이 오게되는 것이다. 이 때 주어는 반드시 동일한 것이어야 한다.

## このチケットは安い反面、予約の変更ができない。

이 티켓은 저렴한 반면 예약 변경이 불가능하다.

## 担任の先生は優しい反面、厳しいところもある。

담임 선생님은 다정한 반면 엄격한 부분도 있다.

---

**プチ会話**

**A** 先生、もっとよく効く薬はありませんか。

**B** そうですね。あることはあるんですが。

**A** それなら…。

**B** ただ、その薬は効果が高い反面、副作用も強いんですよ。

効く 효과가 있다
薬 약
効果 효과
副作用 부작용
強い 강하다
勧める 권하다

質問 会話の内容と合っているものはどれか。

① その薬は効果よりも副作用の方が強い。

② その薬は高いし副作用も強いので、Bさんはあまり勧めたくないと思っている。

③ その薬は効果が高い上に副作用にも強く、今のよりもいい薬だ。

④ その薬は効果が高い一方で、副作用が強いという面もある。

# ～ものか ~하나 봐라, ~하지 않겠다

접속　동사・い형용사・な형용사의 명사접속형＋ものか, 명사＋な＋ものか

'결코 그렇지 않다', '결코 그렇게 하지 않겠다'는 강한 부정의 의미를 나타낸다. 무언가에 반발하는 태도를 느끼게 하는 문형이다. 일상적인 회화속에서는 「～もんか」의 형태를 사용하는 경우가 많다.

**あんなまずい店に二度と行くものか。**
그런 맛없는 가기에 두 번 다시 가나 봐라.

**彼の言うことなんか信用するものか。**
그의 말 따위 신용하지 않겠다.

## プチ会話

A あぁ、きつい。あと何キロ残ってる？

B あと５キロだけど、きつかったら歩いても大丈夫だよ。

A せっかくここまで走ったんだから、絶対に歩くもんか。

B わかった。頑張って完走しよう。

質問 会話の内容と合っているものはどれか。

① Aさんは疲れたのでそろそろ歩きたいと思っている。

② Aさんは最後まで絶対に歩かずに走り続けようと思っている。

③ Aさんはもうマラソン大会には出たくないと思っている。

④ Aさんはここまで頑張って走ったので、歩いても大丈夫だと思っている。

残る 남다

きつい 힘들다

歩く 걷다

走る 뛰다

絶対に 절대로

頑張る 열심히 하다

完走 완주

そろそろ 슬슬

最後 마지막, 최후

走り続ける 계속 뛰다

マラソン大会 마라톤 대회

問題1　次の文の（　　　　　）に入れるのに最もよいものを、1・2・3・4から一つ選びなさい。

**1**　どんなに忙しかった（　　　　　）、電話をする時間ぐらいあったはずだ。

1 として　　　　　　2 にしろ　　　　　　3 以上は　　　　　　4 だけに

**2**　経済が発展する（　　　　　）、人々の暮らしは豊かになってきた。

1 にあたって　　　　2 につれて　　　　　3 にくらべて　　　　4 にもかかわらず

**3**　研究会での発表に（　　　　　）、発表者が紹介された。

1 くらべて　　　　　2 応じて　　　　　　3 先立って　　　　　4 とって

**4**　A「歌が上手だね。」
　　B「私の歌が上手だって？上手な（　　　　　）。あなたのほうがずっと
　　　上手だよね。」

1 ことか　　　　　　2 ことだ　　　　　　3 ものか　　　　　　4 ものだ

**5**　プラスチックは、軽くて丈夫な（　　　　　）、熱に弱い。

1 半分　　　　　　　2 反対　　　　　　　3 部分　　　　　　　4 反面

**6**　来週の日曜日にマラソン大会が開かれます。それに（　　　　　）、この道は当日午前10時から午後2時まで通行止めとなります。

1 伴って　　　　　　2 反して　　　　　　3 わたって　　　　　4 比べて

問題2　次の文の　＿★＿　に入る最もよいものを、1・2・3・4から一つ選びなさい。

**1**　郊外に住むのは ＿＿＿＿ ＿＿＿＿ ＿★＿ ＿＿＿＿ 身近にあるというよさもある。

1 不便な　　　　　2 反面　　　　　3 通勤には　　　　　4 自然が

**2**　答案用紙の ＿＿＿＿ ＿＿＿＿ ＿★＿ ＿＿＿＿ よく読んでください。

1 記入要領や　　　2 記入に　　　　3 注意事項を　　　　4 先立ち

**3**　たとえ直接 ＿＿＿＿ ＿★＿ ＿＿＿＿ ＿＿＿＿ 上司として責任がある。

1 かかわっていない　2 部下のミス　　3 にせよ　　　　　4 に対しては

**4**　地震の被害状況 ＿＿＿＿ ＿＿＿＿ ＿★＿ ＿＿＿＿ 次第に明らかになってきた。

1 調査が進む　　　2 被害の深刻さが　3 についての　　　　4 につれて

**5**　町の人口が ＿＿＿＿ ＿★＿ ＿＿＿＿ ＿＿＿＿ 、便利になってきた。

1 銀行やスーパーも　　　　　　　　2 増加するに

3 でき　　　　　　　　　　　　　　4 伴って

**6**　二日酔いで頭が痛いときは、 ＿＿＿＿ ＿＿＿＿ ＿★＿ ＿＿＿＿ と思うが、夜になるとまた飲んでしまう。

1 もう酒　　　　　2 飲む　　　　　3 ものか　　　　　4 なんか

# ～ものだから ~라서, ~이기 때문에

接続 동사・い형용사・な형용사의 명사접속형＋ものだから, 명사＋な＋ものだから

이유, 원인을 나타내는 「～から」의 응용 문형이다. 앞에 오는 내용이 정도가 심해서, 뒷부분의 상태로 되어 버렸다는 것을 나타낸다. 정중하게 말할 때는 「～ものですから」를 사용한다. 주로, 상대방에게 그 상태가 된 이유를 설명하려는 표현의도가 강하므로 '상황 설명'이라는 키워드로 기억해 두면 좋다.

風邪を引いたものだから、アルバイトを休んだ。
감기에 걸렸기 때문에 아르바이트를 쉬었다.

急いでいるものですから、お先に失礼します。
서둘러야 해서 먼저 실례하겠습니다.

### プチ会話

A ただいま。
B お帰りなさい。あれ、お父さん、またおもちゃ買ったの？
A ゆいがあまりにも泣くものだから、つい…。
B もう、本当に孫には弱いんだから。

質問 会話の内容と合っているものはどれか。

① Aさんの孫はほしかったおもちゃを買ってもらえたので、うれしくて泣いた。

② Aさんは孫が可愛いので、Bさんに嘘をついておもちゃを買ってあげた。

③ Aさんは孫がなかなか泣き止まないので、おもちゃを買ってあげた。

④ Aさんの孫はおもちゃがほしかったので、うそ泣きしてAさんにおもちゃを買わせた。

おもちゃ 장난감
買う 사다
あまりにも 지나치게
泣く 울다
孫 손주
弱い 약하다
ほしい 원하다
うれしい 기쁘다
可愛い 귀엽다, 예쁘다
嘘をつく 거짓말을 하다
泣き止む 울음을 그치다
うそ泣き 우는 시늉, 거짓 욺

# 〜ものの ~이지만, ~이기는 하지만

接続　동사·い형용사의 보통형＋ものの, な형용사의 어간＋ものの, 명사＋である＋ものの

앞 부분에서 어떠한 일에 대한 객관적 사실을 서술한 후, 후반부에서는 반드시 그렇지 않다, 반드시 그렇지 않을 수도 있다는 의미를 나타낸다. 「〜が」, 「〜けれども」와 비슷한 의미이지만 「〜ものの」가 더 딱딱한 느낌을 준다.

**熱は下がったものの、食欲がなくて元気が出ない。**

열은 내렸지만 식욕이 없어서 기운이 나지 않는다.

**3日でレポートを書くとは言ったものの、とても書けなかった。**

사흘만에 리포트를 쓴다고 말했지만 도저히 쓸 수 없었다.

## プチ会話

A 昨年まで韓国に駐在されていたそうですね。

B はい。韓国支社に5年いました。

A それでは韓国語でのやり取りも可能ですか。

B 韓国で仕事をしていたものの、日本語ができる社員ばかりだったので、韓国語は全然上達しなかったんです。

駐在 주재
支社 지사
やり取り 주고 받음
可能 가능
全然 전혀
上達する 향상되다
使う 사용하다
機会 기회
働く 일하다

質問　会話の内容と合っているものはどれか。

① Bさんは韓国で仕事をしていた時に、韓国語はもちろん、日本語を使う機会も多かった。

② Bさんは韓国に5年住んでいたので、韓国語が上手だ。

③ Bさんは韓国で働いていたけれども、韓国語はあまり使う機会がなかった。

④ Bさんは韓国で仕事をしていたけれども、日本人とやり取りすることが多かった。

# ～も～ば～も ～도 ~하거니와 ~도

接続 명사＋も＋동사・い형용사・な형용사의 ば형＋명사＋も
단, な형용사의 ば형은 なら를 사용한다.

앞에서 제시한 내용에 추가적인 내용을 제시할 때 사용하는 표현이다. 이때 「～ば」는 '가정'의 의미가 아니라, '열거' 또는 '첨가'의 뜻을 나타낸다. 부정적인 의미를 나타낼 때는 「～も～なければ～も～ない」의 형태로 표현한다.

## 彼女は性格もよければ頭もいい。
그녀는 성격도 좋거니와 머리도 좋다.

## 風邪をひいて、せきも出れば熱も出て本当につらい。
감기에 걸려서 기침도 나거니와 열도 나서 정말 괴롭다.

## 時間もなければお金もない。
시간도 없거니와 돈도 없다.

プチ会話

A 新しい家は見つかりそうですか。

B 週末にいくつか回ってみたんですが、家賃も高ければ
立地も悪い物件ばかりで…。

A そうでしたか。

B 最近の家探し本当に大変ですよ。

見つかる 발견되다
回る 돌다
家賃 집세
立地 입지
物件 물건
家探し 집을 구함
物件 물건
交通の便 교통편
想定内
예상 범위 안에 있음

質問 会話の内容と合っているものはどれか。

① Bさんが見た物件は、場所のわりに家賃は悪くなかった。
② Bさんが見た物件は、家賃は高いが立地はまあまあだった。
③ Bさんが見た物件は、家賃も高いし交通の便もよくなかった。
④ Bさんが見た物件は、家賃も立地も想定内だった。

# ～わりに ~에 비해서

접속  동사・い형용사・な형용사・명사의 명사접속형＋わりに

어떠한 대상에 대하여, 흔히 예상할 수 있는 내용과는 다른 의외의 내용이나 결과가 발생했을 때 사용한다. 역접표현의 하나이다. 의외성을 더욱 강조하여 「～わりには」라고 나타내기도 한다.

> この仕事は、大変なわりに給料があまりよくない。
>
> 이 일은 힘든 것치고는 급료가 그다지 좋지 않다.

> 彼は年齢のわりには若く見える。
>
> 그는 나이에 비해 젊어 보인다.

## プチ会話

A 山田監督の新作を見に行こうと思ってるんだけど、よかったら一緒に行かない？

B ごめん。その映画なら先週もう見て来ちゃった。

A それは残念だな。映画はどうだった？

B うん… 評判のわりにはあまり面白くなかったな。

監督 감독
新作 신작
映画 영화
先週 지난주
残念だ
아쉽다, 유감스럽다
評判 평판
比べる 비교하다
がっかりする
실망하다
違う 다르다
感想 감상

質問 会話の内容と合っているものはどれか。

① 山田監督の新作は評判に比べてあまり面白くなく、Ｂさんは少しがっかりした。

② 山田監督の新作はあまり面白くないという評判だ。

③ 山田監督の新作は評判と違って面白かったとＢさんは思っている。

④ 山田監督の新作の感想を聞いて、Ａさんは見に行くのをやめることにした。

# ～を通して／を通じて ~을 통해서

접속　명사＋を通して / を通じて

어떤 일이 성립할 때의 매개체나 수단을 나타내는 표현으로, 「～を通して」 앞에 오는 명사는 '사람(중개자)'이나 '사물(매개체, 매체)'인 경우가 많다. 두가지는 서로 바꾸어 쓸 수 있지만, 「～を通じて」 쪽이 문어체 느낌이 강하다.

## 秘書を通して社長との面会を申し込んだ。
비서를 통해 사장과의 면담을 신청했다.

## インターネットを通じて世界の情報を手に入れる。
인터넷을 통해 세계 정보를 손에 넣는다.

---

### プチ会話

A　高橋さん、今度結婚するんだって。

B　私もびっくりしたよ。この前まで彼氏ができないって
　　悩んでたのに。

A　聞いた話ではアプリを通して知り合ったらしいよ。

B　へぇ、私にもそのアプリ紹介してほしいな。

びっくりする
놀라다

アプリ
앱, 어플리케이션

知り合う
서로 알게 되다

結婚相手 결혼 상대

利用 이용

出会う 만나다

通う 다니다

手段 수단

人気 인기

質問　会話の内容と合っているものはどれか。

① 高橋さんはアプリを使わなくても結婚相手を見つけることができた。

② 高橋さんはアプリを利用して結婚相手に出会った。

③ 高橋さんはアプリに通っていた時に結婚相手と知り合いになった。

④ 高橋さんが利用したアプリは結婚相手を探す手段として人気だ。

# 〜をもとに ~을 토대로

접속 명사＋をもとに

어떠한 것의 근거나 재료 등의 참고가 되는 것을 나타내는 표현이다. 「もと」의 한자는 '基(기초, 토대)'이다.

**テストの成績をもとにクラスを分ける。**
시험 성적을 토대로 반을 나눈다.

**調査の結果をもとにして報告書を作成した。**
조사 결과를 토대로 보고서를 작성했다.

### プチ会話

A アンケートなんですが、今のところ500枚ほど回収する
ことができました。

B それはご苦労様。500枚もあれば十分だね。

A アンケートの結果はいつまでまとめればよろしいでしょ
うか。

B それをもとに今回のイベントの反省会をする予定だから、
今週中にまとめておいてくれるかな。

質問 会話の内容と合っているものはどれか。

① イベントの反省会を行ってから、アンケートの内容についての
会議を行う予定だ。

② 回答内容が整理でき次第、今回のアンケートについて反省会を
行う予定だ。

③ 今回のイベントとアンケートの中身は関係がない。

④ アンケートの内容を参考にしてイベントの反省会を行う予定だ。

アンケート
앙케트, 설문조사
回収 회수
十分だ 충분하다

イベント 이벤트
反省会
특정 안건을 진행한 뒤
그에 대해 평가하고 개
선책을 모색하는 회의

まとめる 정리하다
内容 내용
行う 행하다
回答 회답, 대답
整理 정리
中身 내용
関係 관계
参考 참고

問題1　次の文の（　　　　　）に入れるのに最もよいものを、1・2・3・4から一つ選びなさい。

**1**　通訳の仕事を引き受けた（　　　　　）、できるかどうか自信がない。

1 ものなので　　　2 ものの　　　　　3 ものなら　　　　4 ものから

**2**　彼は才能のある芸術家で、小説も（　　　　　）絵も書く。

1 書けば　　　　　2 書いたら　　　　3 書くとは　　　　4 書かず

**3**　A「この店の料理、値段の（　　　　　）おいしいよ。」
　　B「うん、こんなに安いのにね。」

1 かわりに　　　　2 わりには　　　　3 からには　　　　4 かぎりに

**4**　趣味（　　　　　）新しい仲間と出会うこともある。

1 をはじめ　　　　2 にわたり　　　　3 にともなって　　　4 をつうじて

**5**　この記事は、ある論文の実験結果を（　　　　　）書かれている。

1 通して　　　　　2 問わず　　　　　3 こめて　　　　　4 もとに

**6**　疲れていた（　　　　　）、ついうとうと眠ってしまった。

1 ものでも　　　　2 ことでも　　　　3 ものだから　　　4 ことだから

問題2　次の文の ___★___ に入る最もよいものを、1・2・3・4から一つ選びなさい。

**1** 彼は、_____ _____ ___★___ _____ 小説を書いた。

　　1 旅行中に　　　　2 起きた　　　　　3 出来事を　　　　4 もとに

**2** 留学 _____ ___★___ _____ _____ ことを学ぶことができた。

　　1 多くの　　　　　2 異文化に　　　　3 を通して　　　　4 触れ

**3** 出かけようとしていたところに _____ _____ ___★___ _____ しまいました。

　　1 約束に　　　　　2 お客が来た　　　3 遅れて　　　　　4 ものだから

**4** 山田先生は _____ _____ ___★___ _____ 世間に名前が知られていない。

　　1 業績が　　　　　2 ある　　　　　　3 立派な　　　　　4 わりに

**5** 機械の _____ _____ ___★___ _____ 難しい言葉だらけでなかなか理解できなかった。

　　1 使い方の　　　　2 説明書を　　　　3 ものの　　　　　4 読んでみた

**6** 駅前のレストランは _____ _____ ___★___ _____ いつも込んでいる。

　　1 味も　　　　　　2 値段も　　　　　3 安ければ　　　　4 いいので

# STEP 3

# 〜うえに ~인데다가, ~에 더하여

**접속** 동사·い형용사·な형용사·명사의 명사접속형 + うえに

앞쪽에 제시된 것뿐 아니라, 다른 것도 추가적으로 존재한다는 의미를 나타내는 '추가, 첨가'의 용법이다. 앞의 내용보다 뒤쪽에 오는 내용을 강조한다. 문장의 흐름상, 앞쪽 내용이 긍정적인 것일 때, 뒤쪽의 내용도 긍정적인 표현이 와야 한다. 반대로 부정적인 내용이 앞에 오면 뒤쪽의 내용도 부정적인 내용이어야 한다.

> 今日は寒いうえに風も強い。
>
> 오늘은 추운데다가 바람도 세다.
>
> 今働いている会社は給料が安いうえに、労働時間が長い。
>
> 지금 일하고 있는 회사는 급료가 낮은데다가 노동 시간이 길다.

---

### プチ会話

A 昨日のデート、どうだった？

B それがさ、予約したレストランがちょっと微妙だったんだよね。

A 微妙だったってどういうこと？

B 高いうえに味もあまりおいしくなくて、がっかりだったよ。

予約 예약
微妙だ 미묘하다
味 맛
値段 가격
相応 상응, 걸맞음
加える 더하다

質問 会話の内容と合っているものはどれか。

① そのレストランの味は値段相応だった。

② そのレストランは値段のわりに味はよかった。

③ そのレストランは高かったものの、味はなかなかだった。

④ そのレストランは高かったことに加え、味もおいしくなかった。

# 〜か〜ないかのうちに 〜하자마자, 〜하기가 무섭게

接続　동사의 사전형＋か＋동사의 ない형＋ないかのうちに

앞쪽과 뒤쪽의 동작이 거의 동시에 발생하는 경우를 나타낸다. 실제로는 앞쪽의 동작이 이루어지기 직전에 뒤쪽의 일이 발생하는 경우에도 사용한다.

**彼は目覚ましが鳴るか鳴らないかのうちに目を覚ました。**

그는 알람 시계가 울리기 무섭게 눈을 떴다.

**ホームに着くか着かないかのうちに電車は出発してしまった。**

플랫폼에 도착하자마자 전차는 출발해 버렸다.

## プチ会話

A　あれ、鈴木さんは？

B　鈴木さんならもう帰ったけど。

A　え！ 早すぎじゃない？

B　授業が終わるか終わらないかのうちに教室を出てったよ。

質問　会話の内容と合っているものはどれか。

① 鈴木さんは急用があって早退した。

② 鈴木さんは授業が終わる直前に教室を出た。

③ 鈴木さんは授業が終わるのとほぼ同時に教室を出た。

④ 鈴木さんは授業が終わった直後に急いで教室を出た。

授業 수업
教室 교실
急用 급한 일
早退 조퇴
直前 직전

ほぼ 거의
同時 동시
急ぐ 서두르다

# 〜かねない ~할지도 모른다

接続 　동사의 ます형＋かねない

어떠한 좋지 않은 일이 생길 가능성이 있다는 의미를 나타낸다. 「〜かもしれない」와 비슷한 표현이지만, 「〜かねない」는 부정적인 상황을 예상할 때 사용한다.

**彼ならそのようなひどいことをやりかねない。**

그 남자라면 그런 심한 짓을 할지도 모른다.

**食事をきちんととらないと、体を壊すことになりかねない。**

식사를 제대로 하지 않으면 몸을 상하게 할지도 모른다.

---

プチ会話

A 具合悪そうですが、大丈夫ですか。

B 先週からちょっと胃腸の調子が悪くて。多分、ストレス が原因だと思うんですが。

A 病院に行った方がいいんじゃないですか。放っておくと 大きい病気になりかねませんよ。

B そうですね。念のため病院で診てもらうようにします。

質問 会話の内容と合っているものはどれか。

① ただのストレス性胃腸炎で病気ではないので大丈夫だとAさん はアドバイスした。

② ただのストレス性胃腸炎なので、しばらく安静にしていればよ くなるだろう。

③ ただのストレス性胃腸炎でも、そのままにしておけば大きい病 気に繋がる可能性がある。

④ ただのストレス性胃腸炎だと思っていたが、Bさんは大きな病 気にかかっていた。

胃腸 위장
調子 상태
原因 원인
放っておく 방치하다
病気 병
念のため 만약을 위해서
診る 진찰하다
胃腸炎 위장염
アドバイス 조언
しばらく 한참 동안
安静 안정
繋がる 이어지다
可能性 가능성

# ～からいうと／からいえば ~로 보아

접속  명사＋からいうと／からいえば

무언가를 판단하는 근거나 관점을 제시하는 표현이다. 문장의 뒷부분에는 판단한 내용이나 결론이 따른다.
'판단의 기준'이라는 키워드로 기억해 두자.

> **あのチームの実力からいうと、試合で勝つのは難しいだろう。**
> 저 팀 실력으로 보아 시합에서 이기는 것은 어려울 것이다.

> **教師の立場からいえば、成績よりはやる気の有無が大切だ。**
> 교사 입장에서는 성적보다 하고자 하는 의지가 있는지 없는지가 중요하다.

## プチ会話

A Bさん、カメラに詳しいよね？

B うん。カメラのことなら何でも聞いてよ。

A D社とH社のこのモデルで迷ってるんだけど、どっちが
  いいと思う？

B うーん、値段からいうとD社だけど機能を重視するなら
  H社かな。

カメラ 카메라
詳しい
정통하다, 자세히 알고
있다

モデル 모델
迷う 망설이다
機能 기능
重視 중시
おすすめ 추천
違い 차이

質問 会話の内容と合っているものはどれか。
① 値段を考えるとD社のカメラの方がおすすめだ。
② 値段を考えなければD社のカメラの方がおすすめだ。
③ Aさんは値段よりも機能重視のカメラをほしがっている。
④ このモデルの場合、D社もH社もあまり違いがない。

# 〜からして ~부터

접속  명사+からして

가장 대표적인 것으로 예를 나타내는 '예시' 표현이다. 주의할 것은, 판단의 근거를 나타내는 「〜からすると/〜からすれば(〜로 보아)」의 또 다른 표현인 「〜からして(〜로 보아)」와는 별개의 용법이므로 문장의 흐름을 잘 살펴야 한다는 점이다.

彼の下品な話し方からして気にいらない。
그의 저급한 말투부터 마음에 들지 않는다.

山田さんの企画は、その発想からして独特だ。
야마다 씨의 기획은 그 발상부터 독특하다.

## プチ会話

A 何読んでるの？

B あっ、これ？

A うわぁ、タイトルからして面白くなさそうな本だね。

B ちょっと株の勉強をしようと思ってね。

タイトル 제목
株 주식
予想 예상
中身 내용
興味 흥미

質問 会話の内容と合っているものはどれか。

① Aさんはその本のタイトルから予想すると中身も面白くないだろうと思っている。

② Aさんはその本はタイトルのわりには面白くないかもしれないと思っている。

③ Aさんはその本は中身は面白くないかもしれないが、タイトルはいいと思っている。

④ Aさんはその本になかなか興味を持っている。

# 〜から〜にかけて ~부터 ~에 걸쳐서

接続　명사＋から＋명사＋にかけて

시간이나 공간적인 범위를 대략적으로 나타내는 표현이다. 이때 시간적·공간적 범위의 시작은 「〜から」로, 끝나는 부분은 「〜にかけて」로 나타낸다. 뒤에 명사가 올 때는 「〜から 〜にかけて＋の＋명사」의 형태로 나타낸다.

> 朝7時から8時半にかけて電車が大変込む。
> 아침 일곱 시부터 여덟 시 반까지 전철이 몹시 붐빈다.

> 春から夏にかけて、この辺は花がたくさん咲く。
> 봄부터 여름에 걸쳐서 이 주변에는 꽃이 많이 핀다.

## プチ会話

A　早いものでもう12月ですね。

B　そうですね。これから年末にかけて忙しくなりそうですね。

A　お互い体に気をつけて繁忙期を乗り越えましょう。

B　はい。落ち着いたらまた一杯行きましょう。

質問　会話の内容と合っているものはどれか。

① これから年が明けるまでは仕事が忙しくなりそうだ。
② 12月1日から12月31日までは仕事がとても忙しくなる。
③ これから年末ぐらいまで仕事が忙しくなる予定だ。
④ 年末が過ぎると仕事の繁忙期がやってくる。

年末 연말
お互い 서로
繁忙期
성수기, 제일 바쁜 시기
乗り越える
극복하다
落ち着く 안정되다
過ぎる 지나다

問題1　次の文の（　　　　　　　）に入れるのに最もよいものを、1・2・3・4から一つ選びなさい。

__1__　電気自動車は静かな（　　　　　　　）環境に優しいので、注目されている。

1 あまり　　　　　　2 ものの　　　　　　3 うえに　　　　　　4 あげく

__2__　A「この店、なかなか評判だよ。」
　　　B「店の入り口（　　　　　　　）おしゃれだね。私も気に入ったよ。」

1 をして　　　　　　2 からは　　　　　　3 をめぐって　　　　4 からして

__3__　京都へ行くなら、紅葉がきれいな10月から11月（　　　　　　）の時期が
一番いいです。

1 につれて　　　　　2 にかけて　　　　　3 をこめて　　　　　4 にとって

__4__　毎日終電で帰るような生活を続けていたら、体を壊し（　　　　　　）。

1 きれない　　　　　2 っこない　　　　　3 かねない　　　　　4 ほかない

__5__　経験と人気から（　　　　　　　）、次の代表になるのは彼に決まっている。

1 には　　　　　　　2 こそ　　　　　　　3 いえば　　　　　　4 といって

__6__　弟はよほど疲れていたのか、ふとんに入るか（　　　　　　）かのうちに、
眠ってしまった。

1 入らない　　　　　2 入られる　　　　　3 入ろう　　　　　　4 入るまい

問題2　次の文の　★　に入る最もよいものを、1・2・3・4から一つ選びなさい。

**1**　プロの選手は練習方法 ＿＿＿＿ ＿＿＿＿ ★ ＿＿＿＿ 。

1 からして　　　　　　2 人とは　　　　　　3 普通の　　　　　　4 違うようだ

**2**　この機械は熱に弱くて ＿＿＿＿ ＿＿＿＿ ★ ＿＿＿＿ なりかねない。

1 故障の　　　　　　2 熱を　　　　　　3 冷やさないと　　　　　　4 原因に

**3**　この店は駅から近い ＿＿＿＿ ★ ＿＿＿＿ ＿＿＿＿ サラリーマンの間で人気がある。

1 おいしいので　　　　2 料理も　　　　3 うえに　　　　4 値段が安く

**4**　一つの問題が解決 ＿＿＿＿ ＿＿＿＿ ★ ＿＿＿＿ 本当に大変だ。

1 新しい問題が　　2 次々と起こって　　3 しないかのうちに　　4 するか

**5**　長官は国際会議出席のため、＿＿＿＿ ★ ＿＿＿＿ ＿＿＿＿ 明らかにした。

1 にかけて　　　　　　　　　　　2 ことを
3 アメリカを訪問する　　　　　　4 来月の4日から7日

**6**　A「海外に支店を出す計画はうまくいっていますか。」
　　B「今の状況から ＿＿＿＿ ＿＿＿＿ ★ ＿＿＿＿ 無理でしょうね。」

1 いうと　　　　　　2 のは　　　　　　3 実行する　　　　　　4 直ちにその計画を

# 〜から見ると / から見れば ~로 보아

접속  명사+から見ると / から見れば

무언가를 판단하는 근거나 관점을 제시하는 표현이다. 문장의 뒷부분에는 판단한 내용이나 결론이 따른다.
'판단의 기준'이라는 키워드로 기억해 두자.

この記録から見ると優勝は間違いない。
이 기록으로 보아 우승은 틀림없다.

彼の様子から見るとかなり飲んでいるようだ。
그의 상태로 보아 꽤 마신 듯하다.

プチ会話

A この前、スミスさんに面白い質問をされたんだけど。
B へぇ、どんな質問?
A どうして日本では無料でティッシュがもらえるのかって。
B あはは。外国人から見ると不思議な文化かもしれないね。

質問 会話の内容と合っているものはどれか。
①外国人の立場から考えると、無料でティッシュがもらえるのは不思議なことかもしれない。
②外国人の目から見ると、無料でティッシュを配ることは理解できない。
③外国人はみんな、無料でティッシュがもらえる日本の文化をすばらしいと思っている。
④スミスさんは無料でティッシュを配る文化を母国にも伝えたいと思っている。

質問 질문
無料 무료
ティッシュ 티슈
外国人 외국인
不思議だ 이상하다
文化 문화
立場 입장
配る 나누다
理解 이해
すばらしい 훌륭하다
母国 모국
伝える 전하다

# 〜代わりに ~대신에

**접속** 동사・い형용사・な형용사・명사의 명사접속형＋代わりに

「〜代わりに」는 동사「代わる(대신하다, 대리하다)」에서 파생된 문형이다. 우리말로는 모두 자연스럽게 '〜대신에'라고 해석되지만 내포된 의미는 다양하므로 의미의 차이를 확인해 두자.

① **교환 조건**: 앞과 뒤의 내용이 서로 맞바꾸는 조건이 되는 상황을 나타낸다.
② **대리, 대용**: 어떤 인물을 다른 사람이 대신하거나, 어떤 사물은 다른 물건으로 대체하는 경우를 나타낸다.
③ **반대 상황**: 앞 부분의 내용과 뒷부분의 내용이 서로 상반대는 경우를 나타낸다.

**日曜日出勤する代わりに、明日は休ませてください。**

일요일에 출근하는 대신 내일은 쉬게 해 주세요. 교환 조건

**社長の代わりに田中部長が会見を行った。**

사장님 대신 다나카 부장님이 회견을 진행했다. 대리, 대용

**この辺りは静かな代わりに交通が不便で困る。**

이 주변은 조용한 대신 교통이 불편해서 곤란하다. 반대 상황

---

## プチ会話

A Bさん、もしよかったら私に韓国語を教えてくれませんか。

B もちろん、いいですよ。

A 韓国語を教わる代わりに、私にも何かできることがあったら言ってくださいね。

B それじゃあ、日本語のレポートを作成するのを手伝ってもらえませんか。

**教わる** 배우다
**作成** 작성
**手伝う** 돕다
**交換** 교환
**条件** 조건
**提案** 제안

**質問** 会話の内容と合っているものはどれか。

① Aさんは韓国語を教わる交換条件として、日本語を教えるとBさんに提案した。
② Aさんは韓国語を教わる交換条件として、何がいいかBさんに聞いた。
③ Aさんは韓国語を教える交換条件として、日本語を教えてほしいとBさんにお願いした。
④ Aさんは韓国語を教える交換条件は何もいらないとBさんに伝えた。

# ～気味 ~인 듯한 기분, ~인 듯한 느낌

**접속** 동사의 ます형＋気味, 명사＋気味

평소와는 달리 막연하게 어떤 기분이 들거나 어떤 느낌을 받는다는 의미를 나타낸다. 대체로 부정적인 느낌을 주는 경우가 많다. 気味는 きみ라고 읽지만, 단어에 접속하여 사용될 때는 ぎみ라고 읽는다.

- **風邪気味** 감기 기운, 몸살
- **疲れ気味** 피곤한 느낌
- **遅れ気味** 늦어지는 듯한 느낌

### 最近、忙しい仕事が続いたので少し疲れ気味だ。
요즘 바쁜 일이 계속되어서 좀 피곤한 듯하다.

### 運動不足のせいか、最近ちょっと太り気味だ。
운동부족 탓인지 요즘 좀 살이 찌는 것 같다.

## プチ会話

**A** 顔色悪いけど、大丈夫？

**B** 実は最近、ちょっと貧血気味で。

**A** 本当？ 今日の練習は無理しなくてもいいからね。

**B** ありがとう。ちょっとだけ休んでから行くね。

顔色 안색, 얼굴빛
貧血 빈혈
練習 연습
無理 무리
治る 낫다
苦労 고생
症状 증상

**質問** 会話の内容と合っているものはどれか。

① Bさんは昔から貧血になりやすかった。
② Bさんは最近、少しずつ貧血が治ってきている。
③ Bさんは最近、毎日貧血で苦労している。
④ Bさんは最近、少し貧血の症状がある。

# ～ことに ~하게도

接続 동사의 た형＋た＋ことに, い형용사＋ことに, な형용사의 어간＋な＋ことに

감정을 나타내는 단어 뒤에 붙어서, 그러한 느낌이 강하게 든다는 화자의 감정을 강조하여 나타낸다.
사용되는 단어는 관용적으로 정해져 있기 때문에, 대표적인 패턴을 기억해 두자.

・驚いたことに 놀랍게도 ・困ったことに 곤란하게도 ・うれしいことに 기쁘게도
・悲しいことに 슬프게도 ・不思議なことに 신기하게도 ・残念なことに 유감스럽게도, 아쉽게도

**うれしいことに、来月から給料が上がるそうだ。**
기쁘게도 다음 달부터 급료가 오른다고 한다.

**残念なことに、試験に合格できなかった。**
아쉽게도 시험에 합격하지 못했다.

**驚いたことに、1年に本を1冊も読まない人が多いそうだ。**
놀랍게도 1년에 책을 한 권도 읽지 않는 사람이 많다고 한다.

## プチ会話

A 来週から病気休暇を取られると聞いたんですが、本当ですか。
B はい。実は胃の手術を受けることになりまして。
A そうでしたか。手術とは大変ですね。
B 幸いなことに、早期発見できたので簡単な手術で済みそうです。

病気休暇 병가
胃 위
手術 수술
受ける 받다
幸いだ 다행이다
早期 조기
発見 발견
済む 끝나다
幸運 행운
祈る 빌다

質問 会話の内容と合っているものはどれか。
① Bさんは病気休暇を取ることができ、仕事を辞めずに済んだので幸いだと思っている。
② Bさんは手術は大変だが、病気を早期発見できたことは幸いだと思っている。
③ Bさんは手術のために仕事が休めることを幸いだと思っている。
④ BさんはAさんに幸運を祈ってほしいと頼んだ。

# 〜際 ~때

接続 동사의 사전형＋際, 동사의 た형＋際, 명사＋の＋際

어떤 동작을 하는 '시간, 경우, 기회'를 나타내는 표현으로, とき 보다 상당히 딱딱한 표현이다.
보통 「際に(~때에), 際は(~때에는), 際の(~때의)」의 형태로 사용된다.

**緊急の際は、このボタンを押してください。**
긴급할 때는 이 버튼을 눌러 주세요.

**この際、はっきり言っておきたい。**
이 기회에 확실히 말해 두고 싶다.

---

### プチ会話

**A** 実は来月、事務所を移転することになったんです。こちらが新しい住所です。

**B** ご丁寧にありがとうございます。品川の方に移転されるんですね。

**A** はい。近くにお越しの際には、ぜひお立ち寄りください。

**B** はい。また改めてお伺いいたします。

事務所 사무실
移転 이전
住所 주소
近く 근처
お越し 오심
立ち寄る 들르다
改めて 다시
引っ越す 이사하다
遊ぶ 놀다
手伝う 돕다
頼む 부탁하다

質問 会話の内容と合っているものはどれか。

① AさんはBさんに、品川に引っ越したら新しい事務所に遊びに来てほしいと伝えた。

② AさんはBさんに、品川に来た時は新しい事務所に立ち寄ってほしいと伝えた。

③ AさんはBさんに、品川に引っ越す前に事務所に立ち寄ってほしいと伝えた。

④ AさんはBさんに、事務所を引っ越す時に手伝ってほしいと頼んだ。

# 〜ずにはいられない ~하지 않고서는 있을 수 없다

접속  동사의 ない형+ずにはいられない

어떤 상황 속에서 자신도 모르게 저절로 어떤 일을 하게되어버린다는 의미를 나타낸다. 동사의 ない형에 접속하는 데, する의 경우에는 しずにはいられない가 아니라 せずにはいられない가 된다는 것에 주의한다.

> **この本を読むと、だれでも感動せずにはいられないだろう。**
> 이 책을 읽으면 누구든 감동하지 않을 수 없을 것이다.
>
> **気に入った物を見つけると、買わずにはいられない。**
> 마음에 드는 물건을 발견하면 사지 않고서는 있을 수 없다.

## プチ会話

A 今レポート書いてるところだから、静かにしてもらえないかな。

B あっ、ごめん。この歌聞くと歌わずにはいられなくて。

A その気持ちわかる。でも今は集中したいから、ごめんね。

B ううん、レポート頑張ってね。

歌 노래
歌う (노래를) 부르다
集中 집중
我慢する 참다

質問 会話の内容と合っているものはどれか。

① Bさんはこの歌が聞きたくてしょうがない。

② Bさんはこの歌を聞くことがどうしても我慢できない。

③ Bさんはこの歌を聞くとどうしても一緒に歌いたくなってしまう。

④ Bさんはこの歌を聞くと歌いたくなくなる。

問題**1** 次の文の（　　　　　　　）に入れるのに最もよいものを、１・２・３・４から一つ選びなさい。

**1** 近所で火災があったが、幸いな（　　　　　　　）けが人はいなかった。

1 ように　　　　　　2 とおり　　　　　　3 わけに　　　　　　4 ことに

**2** 彼女の様子（　　　　　　　）たぶん旅行は楽しかったんだろう。

1 から見ると　　　　2 にしては　　　　　3 とともに　　　　　4 にかかわらず

**3** A「ちょっと風邪（　　　　　　　）なので、早めに帰らせていただけませんか。」
B「いいよ。お大事に。」

1 気味　　　　　　　2 くせ　　　　　　　3 せい　　　　　　　4 だらけ

**4** A「新しいケータイ、買ったの？」
B「うん。新製品が出ると（　　　　　　　）いられないんだよね。」

1 買っては　　　　　2 買わずには　　　　3 買うわけには　　　4 買わなくても

**5** ご入場の（　　　　　　　）必ず会員カードをご提示ください。

1 ところに　　　　　2 最中に　　　　　　3 たびに　　　　　　4 際に

**6** 部長「山田さん、午後の会議だけど、私の（　　　　　　　）出てもらえないかな。」
山田「私でいいんでしょうか。」

1 あげく　　　　　　2 とおりに　　　　　3 かわりに　　　　　4 ばかりに

142

問題2　次の文の　＿＿★＿＿　に入る最もよいものを、1・2・3・4から一つ選びなさい。

**1**　詳しいことは今度 ＿＿＿＿ ＿＿＿＿ ＿★＿ ＿＿＿＿ します。

　　1 際に　　　　　　　　2 した　　　　　　　　3 お会い　　　　　　　　4 お話し

**2**　困ったことに ＿＿＿＿ ＿★＿ ＿＿＿＿ ＿＿＿＿ 終了してしまった。

　　1 何時間も　　　　　　2 ファイルを　　　　　3 保存せずに　　　　　　4 作業した

**3**　中山先生の授業は、＿＿＿＿ ＿＿＿＿ ＿★＿ ＿＿＿＿ なっている。

　　1 試験を受ける　　　　　　　　　　　2 よいことに

　　3 レポートを出しても　　　　　　　　4 かわりに

**4**　今日保育園の発表会があった。子どもたちは ＿＿＿＿ ＿＿＿＿ ＿★＿ ＿＿＿＿
　　だったが、一生懸命がんばってくれた。

　　1 人の前で　　　　　2 緊張　　　　　　　3 たくさんの　　　　　4 気味

**5**　お世話になった山田さんが突然 ＿＿＿＿ ＿★＿ ＿＿＿＿ ＿＿＿＿ いられなかった。

　　1 行かずには　　　　2 お見舞いに　　　　3 入院した　　　　　4 と聞いて

**6**　料理を習い始めた ＿＿＿＿ ＿★＿ ＿＿＿＿ ＿＿＿＿ 料理は芸術だ。

　　1 料理歴10年の彼女が　　　　　　　　2 私から

　　3 見れば　　　　　　　　　　　　　　4 作った

# 〜っけ ~였지?, ~더라?

접속　동사·い형용사·な형용사의 보통형＋っけ, 명사＋だ＋っけ

확실하지 않은 것을 상대에게 확인할 때 사용한다. 주로 회화에서 사용한다. 품사로는 종조사에 해당한다.

今日は何曜日だっけ。
오늘은 무슨 요일이었지?

あの人の名前は何だっけ。
저 사람의 이름은 뭐였더라.

## プチ会話

A　部長の誕生日って、来週でしたっけ？

B　はい、来週の水曜日ですよ。うちの母と同じ日なので間違いないです。

A　来週の水曜日ですね。今年のプレゼントは何がいいですかね。

B　そうですね。チームのみんなにも聞いてみましょうか。

たんじょうび
誕生日 생일
らいしゅう
来週 다음 주
はは
母 (나의) 엄마
おな ひ
同じ日 같은 날
まちが
間違いない
틀림없다

プレゼント 선물
せいかく
正確に 정확히
おぼ
覚える 기억하다
かくにん
確認 확인
まちが
間違える 틀리다

質問　会話の内容と合っているものはどれか。

① Aさんは部長の誕生日を正確に覚えていないので、Bさんに確認した。

② Aさんは部長の誕生日を覚えていないふりをした。

③ Aさんは部長の誕生日パーティーの日にちをBさんに聞いた。

④ AさんもBさんも部長の誕生日を間違えていた。

# 〜っこない ~할 리가 없다

**접속**　동사의 ます형 + っこない

절대로 그럴 가능성이 없다고 강하게 부정할 때 사용하는 표현이다. 「〜っこない」는 회화에서 널리 사용되며, 「〜はずがない」에 가까운 의미를 나타낸다.

**彼が禁煙するなんて、そんなのできっこないよ。**

그가 금연을 하다니 그게 가능할 리가 없어.

**今日の会議は2時間では終わりっこない。**

오늘 회의는 두 시간으로 끝날 리가 없다.

## プチ会話

**A** 実は今度、ドラマに出ることになったんだ。

**B** おぉ！ついにやったね。本当におめでとう。

**A** 親にも俳優になんかなれっこないって言われてたけど、
ずっと応援してくれて感謝してるよ。

**B** 僕も自分のことみたいにうれしいよ。

ドラマ 드라마
親 부모
俳優 배우
応援 응원
感謝 감사
両親 부모
周り 주위, 주변
反対 반대

質問　会話の内容と合っているものはどれか。

① Aさんの両親のおかげでAさんは俳優になることができた。

② Aさんの両親は周りの人々にAさんが俳優になれるはずがない
と言われてきた。

③ Aさんの両親は周りの反対にも関わらず、Aさんのことをずっ
と応援してきた。

④ Aさんの両親はAさんが俳優になれるはずがないと思っていた。

# ～つつある ~하고 있다, ~하는 중이다

접속 　동사의 ます형＋つつある

어떤 동작이나 상태가 일정한 방향으로 지속적으로 변화하고 있다는 의미를 나타낸다.

新しいビルが完成しつつある。

새 빌딩이 완성되고 있다.

窓から山の向こうに沈みつつある夕日を眺める。

창으로 산 너머 저물어 가는 저녁해를 바라본다.

## プチ会話

A　何を聞いてるんですか。

B　これですか。スペイン語のラジオですよ。

A　へえ、スペイン語の勉強を始めたんですか。

B　昔、勉強していたんですが、忘れつつあるのでまた
　　始めようと思いまして。

質問　会話の内容と合っているものはどれか。

① Bさんはスペイン語を初めて勉強することにした。

② Bさんはスペイン語を完全に忘れてしまった。

③ Bさんはスペイン語をだんだん忘れてきている。

④ Bさんは昔はスペイン語がぺらぺらだった。

スペイン語 스페인어

ラジオ 라디오

勉強 공부

始める 시작하다

完全に 완전히

忘れる 잊다

だんだん 점점

ぺらぺら
술술, 유창하게 말하는 모양

# 〜て以来 ~한 이래로, ~하고 나서 계속

접속　동사의 て형 + て以来

동작의 순서를 나타내는 「〜てから」와 거의 비슷한 의미이지만, 「〜て以来」는 과거에 어떤 일이 발생한 후 지금까지도 계속되고 있다는 연속성이 강조되는 표현이다.

> ### 彼女は入学して以来、一日も休んでいない。
> 그녀는 입학한 이후로 하루도 쉬지 않았다.

> ### 退院して以来、家で静かに暮らしています。
> 퇴원한 이후로 쭉 집에서 조용히 생활하고 있습니다.

## プチ会話

A　来週の同窓会、鈴木君も来るみたいだよ。
B　本当？ 鈴木君が参加するなんて珍しいね。
A　うん。鈴木君に会うの、いつぶりだろう。
B　私なんて、卒業して以来、一回も会ってないかも。

同窓会 동창회
参加する 참가하다
珍しい
드물다, 희귀하다
卒業する 졸업하다
秘密 비밀

質問　会話の内容と合っているものはどれか。
① Bさんは卒業してから鈴木君には会いたくないと思っていた。
② Bさんは卒業してから一回だけ鈴木君に会った。
③ Bさんは卒業してからずっと鈴木君に会っていない。
④ Bさんは卒業してから鈴木君に会ったことを秘密にしている。

# ～と思うと／と思ったら ~라고 생각했더니

접속　동사의 た형＋た＋と思うと／と思ったら

어떤 일이 발생한 직후에 다른 일이 발생하는 상황을 묘사하는 표현이다. 화자의 놀람이나 의외라는 느낌이 포함되어 있으며, 화자의 행동에는 사용하지 않는다. 「～と思ったら」외에 「～かと思うと、～かと思ったら」와 같은 응용 형태로 사용되기도 한다.

空が暗くなったと思ったら、突然雨が降り出した。
하늘이 어두워진다고 생각했더니 갑자기 비가 내리기 시작했다.

桜の花が咲いたかと思うと、もう散ってしまった。
벚꽃이 핀다고 생각했더니 벌써 져 버렸다.

## プチ会話

**A** 最近、お疲れのようですが、大丈夫ですか。

**B** 子どもが夜なかなか寝てくれなくて、寝不足なんです。

**A** お子さん、先月生まれたばかりでしたよね。

**B** はい。ようやく寝たと思ったら、すぐに起きてしまって。

なかなか 좀처럼
寝る 자다
寝不足 수면 부족
先月 지난달
目が覚める
눈이 떠지다

～ふり ～척

質問　会話の内容と合っているものはどれか。

① Bさんは寝ても子どもが心配ですぐに起きてしまう。

② Bさんは寝てもすぐに目が覚めてしまうので、寝不足だ。

③ Bさんの子どもは寝てもすぐに起きてしまう。

④ Bさんの子どもは寝たふりをするのが上手だ。

# ～とはいえ ~라고는 해도

접속　동사・い형용사・な형용사・명사의 보통형＋とはいえ
단, な형용사와 명사에 だ는 붙지 않는 경우가 많다.

역접 표현의 하나로, 앞에서 말한 것과 달리 다소 모순되거나 대립되는 내용을 제시할 때 사용한다.
「～といっても」와 거의 같은 의미이지만, 「～とはいえ」쪽이 더 딱딱한 표현이다.

**春とはいえ、まだまだ寒い日が続いています。**
봄이라고는 해도 아직 추운 날이 계속되고 있습니다.

**もう過去のこととはいえ、簡単には許すことはできない。**
이미 과거의 일이라고는 해도 간단히는 용서할 수 없다.

## プチ会話

A　外国での生活は大変じゃないですか。
B　外国とはいえ、韓国は日本から近いですし、文化も似ているので、比較的暮らしやすいと思います。
A　それはよかったです。
B　昔、アメリカに住んでいた頃はもっと大変でしたよ。

外国 외국
生活 생활
近い 가깝다
文化 문화
似る 비슷하다
比較的 비교적
暮らしやすい
살기 편하다, 살기 좋다

アメリカ 미국
頃 ~즈음
思い浮かぶ
떠오르다
部分 부분
苦労 고생

質問　会話の内容と合っているものはどれか。
① 外国の中で暮らしやすい国といえば、Bさんはまず最初に韓国を思い浮かべる。
② 韓国は外国だけれども、日本と似ている部分が多いので、Bさんは住みやすいと思っている。
③ 外国なので韓国での生活は大変なことが多く、Bさんは苦労している。
④ Bさんは近くて文化が似ている国は外国とは言えないと思っている。

問題1　次の文の（　　　　　　　）に入れるのに最もよいものを、1・2・3・4から一つ選びなさい。

**1**　息子は、さっき学校から帰ってきた（　　　　　　　）思うと、もう外で遊んでいる。

　　1 かと　　　　　　　2 とは　　　　　　　3 ばかりに　　　　　4 とたんに

**2**　急いで走っても終電には間に合い（　　　　　　　）。

　　1 わけがない　　　　2 っけ　　　　　　　3 っこない　　　　　4 のみだ

**3**　世界経済は、予想よりも速いペースで（　　　　　　　）ようだ。

　　1 回復しがたい　　　　　　　　　　　2 回復しつつある
　　3 回復しきれない　　　　　　　　　　4 回復しがちである

**4**　たとえ友人だ（　　　　　　　）、午前2時に電話をかけるのは、少し非常識だろう。

　　1 だけあって　　　　2 とはいえ　　　　　3 とすれば　　　　　4 と思ったら

**5**　A「来週、工場見学に行くのは何人でした（　　　　　　　）。」
　　B「はい。15人です。」

　　1 っか　　　　　　　2 って　　　　　　　3 っけ　　　　　　　4 っこない

**6**　（学校の説明会で）
　　校長「この学校についてお話ししたいと思います。本校は、1970年に
　　　　（　　　　　　　）以来、心の教育を重視してきました。」

　　1 創立する　　　　　2 創立した　　　　　3 創立しよう　　　　4 創立して

問題2 次の文の ___★___ に入る最もよいものを、1・2・3・4から一つ選びなさい。

**1** 最後に映画館で _____ _____ ___★___ _____ だっけな？

1 いつ　　　　　　　2 見た　　　　　　　3 映画を　　　　　　4 のは

**2** 弟は今日 _____ ___★___ _____ _____ 遊びに出ていってしまった。

1 友達が来て　　　　2 こそ　　　　　　　3 勉強するかと　　　4 思うと

**3** 会社に就職し、一人暮らしを _____ ___★___ _____ _____ ばかりしている。

1 ずっと　　　　　　2 外食　　　　　　　3 始めて　　　　　　4 以来

**4** 勉強において、予習と復習が _____ _____ _____ ___★___ _____ 大変なことだ。

1 毎日続ける　　　　2 のは　　　　　　　3 とはいえ　　　　　4 大切

**5** 友達に、「あなたの _____ _____ ___★___ _____ あきらめなさい」と言われた。

1 今回の試験には　　　　　　　　　　　2 受かりっこないんだ

3 実力じゃ　　　　　　　　　　　　　　4 から

**6** 最近 _____ _____ ___★___ _____ このままだと体を壊してしまうかもしれない。

1 リズムが　　　　　　　　　　　　　　2 忙しくて

3 生活の　　　　　　　　　　　　　　　4 崩れつつあるから

# ～ないことには ~하지 않고서는

접속   동사의 ない형+ないことには

앞에 오는 내용이 성립되지 않으면, 뒤에 오는 내용이 성립하지 않는다는 의미를 나타낸다. 이때 후반부에는 부정적인 표현이 따른다.

## 事実を確認しないことには、なんとも言えない。
사실을 확인하지 않고서는 아무 말도 할 수 없다.

## 彼がどんな人か、実際会ってみないことには分からない。
그가 어떤 사람인지 실제로 만나 보지 않고서는 알 수 없다.

プチ会話

A あぁ、今回もだめだったか。
B 宝くじですか。毎回懲りないですね。
A なかなか当たりませんが、買わないことには当たらないので。
B それはそうですが。

質問 会話の内容と合っているものはどれか。

① 宝くじを買ってもなかなか当たらないので、Aさんは買うのを辞めようと思っている。
② 宝くじを買わなければ当たることはないので、Aさんは毎回あきらめずに買っている。
③ 宝くじをしばらく買わないことが当たる秘訣だとAさんは考えている。
④ 宝くじを買ったつもりでお金を貯めようとAさんは考えている。

だめだ 안되다
宝くじ 복권
毎回 매회, 매번
懲りる 질리다
当たる 당첨되다
買う 사다
あきらめる 단념하다, 포기하다
秘訣 비결

# ～など／なんか／なんて
~ 같은 것, ~같은 경우, ~따위

接続 명사 + など / なんか / なんて

비슷한 대상 중에서 가장 대표적인 예를 드는 예시 표현이다. 예시된 대상 외에도 여러 가지가 존재한다는 의미를 암묵적으로 나타낸다. 또한 얕잡아 보는 듯한 느낌을 줄 때도 사용한다. 이 표현들 중에 など가 가장 격식 차린 표현이다.

### 気分転換にドライブなどいかがですか。
기분 전환으로 드라이브 같은 건 어떻습니까?

### 季節の花なんかおみやげにどうでしょうか。
계절 꽃 같은 건 선물로 어떨까요?

### こんな簡単な仕事なんて一日でできる。
이런 간단한 일 같은 건 하루면 충분해.

## プチ会話

A 今年の社員旅行はどこがいいですかね。

B そうですね。今年は韓国なんてどうでしょう。

A 海外ですか。

B はい。今まで国内ばかりだったので、たまには海外も

いいんじゃないですか。

海外 해외
国内 국내
提案 제안
例えば 예를 들어
主張 주장
以外 이외

質問 会話の内容と合っているものはどれか。
① Bさんは今年の社員旅行は今までどおり国内がいいと提案した。
② Bさんは今年の社員旅行は例えば韓国はどうかと提案した。
③ Bさんは今年の社員旅行は絶対に韓国に行きたいと主張した。
④ Bさんは今年の社員旅行は韓国以外はどうかと提案した。

# 〜に代わって／に代わり ~을 대신하여

接続 명사＋に代わって／に代わり

어떠한 대상을 대신하여 어떤 동작을 한다는 의미를 나타낸다. 흔히 사람을 나타내는 명사 뒤에 붙는 경우가 많다. 「〜代わりに」와 마찬가지로 동사 代わる에서 파생된 문법이다.

にゅういん
入院した社長に代わって、副社長があいさつした。
입원한 사장을 대신하여 부사장이 인사했다.

かぜ　はは　か
風邪の母に代わって、図書館へ本を返しに行ってきた。
감기에 걸린 엄마를 대신하여 도서관에 책을 돌려주려 다녀왔다.

## プチ会話

A あれ？ 営業部からは木村課長が出席されるんじゃなかったの？

B その予定だったのですが、急用で急遽出席できなくなってしまって。

A そうか。それじゃあ、木村課長に代わって君が？

B はい。本日はよろしくお願いいたします。

えいぎょう ぶ
営業部 영업부
しゅっせき
出席 출석, 참석
よ てい
予定 예정
きゅうよう
急用 급한 일
きゅうきょ
急遽 갑자기
だい り
代理 대리
けっせき
欠席 결석, 불참

質問 会話の内容と合っているものはどれか。
① Bさんは木村課長の代理として会議に出席する予定だ。
② Bさんは木村課長が欠席することを伝えるために来ただけだ。
③ Bさんの代わりに木村課長が会議に出席することになった。
④ Bさんに木村課長の代わりはできないとAさんは思っている。

# 〜に加えて／に加え ~에 더하여, ~에 덧붙여

접속　명사＋に加え（て）

앞에 제시된 내용과 유사한 내용을 추가할 때에 사용하는 표현이다. 동사 「加える(더하다, 추가하다)」에서 파생된 문법으로 '추가'라는 키워드로 기억해 두도록 하자.

雨に加えて風も強くなってきた。

비에 더해 바람도 거세졌다.

バス代に加えて、電車代まで値上がりした。

버스요금에 더해 전철 요금까지 인상했다.

## プチ会話

A　まだ帰らないんですか。

B　はい。報告書の提出に加えて、提案書の作成も残っていて。

A　そうですか。提案書は明日でもまだ間に合うので、あまり無理しないでくださいね。

B　ありがとうございます。あと1時間だけ頑張ります。

報告書 보고서
提出 제출
提案書 제안서
作成 작성
残る 남다
間に合う
(시간에) 맞다
残業 잔업, 야근

質問　会話の内容と合っているものはどれか。

① Bさんは報告書の提出が終わったので、これから提案書の作成を始めるつもりだ。

② Bさんは報告書の提出だけでなく、提案書も作成しなければならない。

③ Bさんは報告書の提出だけでよかったのに、Aさんに提案書の作成を頼まれてしまった。

④ Bさんは報告書も提案書も今日中に提出しなければならないため、残業している。

# ～にしたら／にすれば ~라면(~입장이라면)

**접속** 명사＋にしたら／にすれば

사람을 나타내는 명사에 붙어서 그 사람의 입장이나 사고방식에 근거한 판단을 나타낸다.

がくせい
**学生にすれば、試験は易しければ易しいほどいいだろう。**

학생 입장이라면 시험은 쉬우면 쉬울수록 좋을 테지.

かれ はなし ほか ひと わたし
**彼の話は、他の人にはおもしろくても、私にすればつまらないものだった。**

그의 이야기는 다른 사람에게는 재미있어도 내게는 지루한 것이었다.

## プチ会話

A もしかして、ゆいと何かあった？

B え、わかる？ 実は昨日、厳しく言いすぎちゃったんだよね。

A また？ あなたにしたら愛情かもしれないけど、娘にとってはそうじゃないこともあるんだから。

B わかってはいるんだけどね。

厳しい 엄하다
言いすぎる
말을 지나치게 하다
愛情 애정
足りない 부족하다
けんか 싸움
与える
주다, 부여하다
伝わる 전해지다

質問 会話の内容と合っているものはどれか。

① Bさんに愛情が足りないのでいつも娘とけんかをしてしまう。

② Bさんは娘に十分愛情を与えているとAさんは思っている。

③ Bさんの立場から考えると愛情だとしても、娘はそう思わないこともある。

④ Bさんの愛情は娘にいつか伝わるはずだ。

# 〜に沿って／に沿い ~을 따라

**接続**　명사＋に沿って／に沿い

이미 존재하는 것에 기준을 두고 이동하거나 행동할 때에 사용하는 표현이다. 동사 沿う에서 파생된 문법으로 다음의 뜻을 확인해 두도록 하자.

> 🔊 沿う : ① 강이나 도로와 같은 선 모양의 길게 존재하는 것을 따라 나란히 이동하다
> ② 어떤 기준으로부터 벗어나지 않고 행동하다

## 道に沿って土産物を売る店が並んでいる。

길을 따라 토산물을 파는 가게가 늘어서 있다. `이동방향`

## 小論文は出されたテーマに沿って、書いてください。

소논문은 주어진 주제에 따라 써 주세요. `방침`

---

**プチ会話**

**A** 急に手伝ってもらうことになってごめんね。

**B** ううん、どうせ暇だったし。それで、何すればいい？

**A** 簡単な作業だけど、このマニュアルに沿って、データを入力してもらえるかな。

**B** 了解。

**質問** 会話の内容と合っているものはどれか。

① AさんはBさんにデータ入力のマニュアルを作ってほしいと頼んだ。

② AさんはBさんにマニュアルを見ないでデータを入力してほしいと頼んだ。

③ AさんはBさんにマニュアルに従ってデータを入力してほしいと頼んだ。

④ AさんはBさんにマニュアルはあるが、簡単なら見なくてもいいと言った。

暇だ 한가롭다

マニュアル 매뉴얼

データ 데이터

入力する 입력하다

作る 만들다

頼む 부탁하다

〜に従って
〜에 따라

**쪽지 시험 18**

問題1　次の文の（　　　　　）に入れるのに最もよいものを、1・2・3・4から一つ選びなさ
い。

**1**　A「今日のお昼ご飯は何がいいかな。」

B「うーん。スパゲッティ（　　　　　）どう？」

1 なんか　　　　　　2 こそ　　　　　　3 だって　　　　　　4 さえ

**2**　矢印（　　　　　）ろうかを進んでください。

1 をこめて　　　　2 を通じて　　　　3 にともなって　　　4 に沿って

**3**　コンピューターは人に（　　　　　）、さまざまな業務を処理している。

1 なって　　　　　2 代わり　　　　　3 対して　　　　　4 応じて

**4**　実際に商品を（　　　　　）、買うか買わないか決められない。

1 見ながら　　　　2 見た際に　　　　3 見てはじめて　　　4 見ないことには

**5**　本大学の大学入試センターでは、筆記試験（　　　　　）、面接試験を実施して
います。

1 にかけて　　　　2 に対して　　　　3 に加えて　　　　4 に限って

**6**　夜10時は、早寝早起きの彼女（　　　　　）、もう寝ている時間だ。

1 にしたが　　　　2 にしたら　　　　3 にしたから　　　　4 にしたものの

問題2　次の文の　★　に入る最もよいものを、1・2・3・4から一つ選びなさい。

**1**　子どもを外国へ＿＿＿＿＿ ＿＿＿＿＿ ＿★＿ ＿＿＿＿＿ ことだろう。

1 親にしたら　　　　　2 本当に心配な　　　　3 留学させる　　　　4 のは

**2**　彼は平気でうそをつく。もう二度と ＿＿＿＿＿ ＿＿＿＿＿ ＿★＿ ＿＿＿＿＿ 信じられない。

1 彼の　　　　　　　2 こと　　　　　　　　3 言う　　　　　　　4 なんか

**3**　道路の整備は、＿＿＿＿＿ ＿＿＿＿＿ ＿★＿ ＿＿＿＿＿ ことになっている。

1 政府が　　　　　　　　　　　　　2 立てた
3 長期計画に沿って　　　　　　　　4 進められる

**4**　今回発売されたＡ社の製品は、＿＿＿＿＿ ＿＿＿＿＿ ＿★＿ ＿＿＿＿＿ あるので人気がある。

1 加えて　　　　　2 実用性も　　　　　　3 デザインの　　　　4 よさに

**5**　部長が ＿＿＿＿＿ ＿★＿ ＿＿＿＿＿ ＿＿＿＿＿ 会議は始まらない。

1 部長が　　　　　　　　　　　　　2 資料を
3 来ないことには　　　　　　　　　4 持っているので

**6**　最近、メールに ＿＿＿＿＿ ＿＿＿＿＿ ＿★＿ ＿＿＿＿＿ 普及してきた。

1 ラインの　　　　　　　　　　　　2 ような
3 コミュニケーション手段が　　　　4 代わって

# 〜に反して／に反し ① ~에 반하여 ② ~와 반대로

**접속**　명사＋に反し（て）

'원칙이나 규칙'과 같은 단어 뒤에 붙어서, 원칙에 어긋난 결과가 나타난다는 의미를 나타내거나 '예상이나 예측' 등의 미래를 예측하는 단어 뒤에 붙어서, 결과가 예상과 반대가 되는 내용을 나타낸다.

> みんなの予想に反して試験は難しかった。
>
> 모든 사람의 예상을 뒤엎고 시험은 어려웠다.

> 午後から晴れるという天気予報に反して雨が降り続いている。
>
> 오후부터 갠다는 일기예보와 반대로 비가 계속 내리고 있다.

---

**プチ会話**

A　配属はどうだった？

B　企画部に行きたかったんだけど、希望に反して営業部

　　だったよ。

A　なかなか最初から希望通りにはいかないものだよ。

B　そうだね。まずは与えられた環境で頑張るしかないね。

質問　会話の内容と合っているものはどれか。

① Bさんは第一志望は企画部だったが、営業にも少し関心があった。

② Bさんは営業部に行きたいという希望が叶った。

③ Bさんは最初、企画部に行くことが決まっていたが、営業部に

　　変えてもらった。

④ 営業部への配属はBさんの希望とは違った。

はいぞく　配属 배속
きかくぶ　企画部 기획부
きぼう　希望 희망
えいぎょうぶ　営業部 영업부
さいしょ　最初 최초, 처음
〜通り　~대로
かんきょう　環境 환경
だいいちしぼう　第一志望 제1지망
すこ　少し 조금
かんしん　関心 관심
かな　叶う 이루어지다
決まる 정해지다
か　変える 바꾸다

# 〜にほかならない ~에 다름아니다, 바로 ~이다

접속  명사＋にほかならない

앞에 제시된 것을 매우 강하게 강조하여, 다른 선택지는 없이 그것만이 가장 적절하다고 단정하는 표현이다.

**今回の失敗の原因は、準備不足にほかならない。**
이번 실패 원인은 준비 부족이다.

**経済とは国民の日々の暮らし方にほかならない。**
경제란 국민 매일의 생활 방식이나 다름없다.

## プチ会話

A　コンクール入賞おめでとう。

B　ありがとうございます。入賞できたのも、先生のご指導
　　があったからにほかなりません。

A　努力の成果ですよ。これからもいい演奏を聞かせてくだ
　　さいね。

B　はい。今後ともご指導よろしくお願いいたします。

コンクール 콩쿠르
入賞 입상
指導 지도
努力 노력
成果 성과
演奏 연주
賞 상
感謝 감사
以外 이외
理由 이유

質問　会話の内容と合っているものはどれか。

① Bさんは先生の指導があればもっと上の賞をとることができた
　と思っている。

② Bさんは先生の指導がなければ絶対に入賞できなかったと感謝
　している。

③ Bさんは先生の指導がなかったとしても入賞できたと思っている。

④ Bさんは先生の指導以外にも入賞できた理由があると思っている。

# 〜にもかかわらず ~에도 불구하고

접속 　동사・い형용사・な형용사・명사의 보통형＋にもかかわらず
단, な형용사와 명사에 だ는 붙지 않는다.

앞 부분에 제시된 상황으로부터 당연히 예상되는 결괴가 있는데도, 뒷부분에 의외의 상황, 또는 반대되는 내용이 올 때 사용한다. 역접의 의미를 나타내는 조사「〜のに」에 가까운 표현이다.

**一生懸命練習したにもかかわらず、試合に負けてしまった。**
열심히 연습했는데도 불구하고 시합에 지고 말았다.

**海外旅行は不景気にもかかわらず、増える一方だ。**
해외여행은 불경기인데도 불구하고 늘어나는 추세이다.

### プチ会話

A　あれ？おかしいな。

B　どうしたんですか。

A　このパソコンなんですが、昨日直してもらったにもかかわらず、またフリーズしてしまって。

B　ちょっと見せてください。

おかしい 이상하다

パソコン 컴퓨터

フリーズする
다운되다, 멈추다

修理 수리

調子 상태

質問 会話の内容と合っているものはどれか。

① Aさんのパソコンは昨日直してもらったので、使いやすくなった。

② Aさんのパソコンは昨日から修理してもらっているところだ。

③ Aさんのパソコンは修理してもらったのに調子が良くない。

④ Aさんのパソコンは昨日Bさんが修理してくれた。

# ～に基づいて／に基づき ~에 근거하여, ~을 바탕으로

接続 　명사+に基づいて／に基づき

제시된 내용을 근거로 하여 어떠한 동작이나 상황이 발생할 때 사용한다. 조사 に에 동사「基づく(근거하다, 기초를 두다)」가 결합된 표현이다.

**この映画は実際にあった事件に基づいて作られた。**

이 영화는 실제 있었던 사건을 바탕으로 만들어졌다.

**教育は平等の原則に基づいて行われなければならない。**

교육은 평등의 원칙을 바탕으로 행해져야 한다.

## プチ会話

A 部長、新しい試作品ができたんですが、ご確認いただけ
　ますか。

B この前のアンケート結果、きちんと反映されているだろ
　うね？

A はい。モニターの方々からの意見に基づいて、重さとデ
　ザインを変更してみました。

B わかった。それじゃあ、今日の午後に打ち合わせの時間
　を取ろうか。

質問 会話の内容と合っているものはどれか。

① Aさんはモニターから意見をもらったが、どれもいい意見ばか
　りだった。

② Aさんはモニターの意見を参考にしたかったが、どれも納得で
　きなかった。

③ Aさんはモニターの意見を基に試作品を改良した。

④ Aさんはモニターの意見を参考にしながら、試作品に自分のア
　レンジを加えてみた。

試作品 시작품
確認 확인

アンケート
앙케트, 설문조사
結果 결과
反映 반영

モニター 모니터
方々 분들
意見 의견
重さ 무게

デザイン 디자인
変更 변경
打ち合わせ
사전협의
参考 참고
納得 납득
改良 개량

アレンジ 변형, 각색
加える 더하다

# ～ぬきで ~제외하고, ~빼고

접속  명사＋ぬきで

원래라면 당연히 있어야 하는 대상을 제외하거나 뺀 채, 어떠한 일을 진행시킨다는 의미를 나타낸다. 「～ぬき」에 조사를 붙여 「～ぬきの(～을 제외한)」, 「～ぬきにして(～는 제외하기로 하고)」의 형태로도 사용한다. 동사 「抜く(빼다, 제거하다)」에서 파생된 문법이므로, '제외'라는 키워드로 기억해 두도록 하자.

**今日は時間がなかったので、朝食ぬきで会社へ来た。**

오늘은 시간이 없었기 때문에 아침밥을 먹지 못하고 회사에 왔다.

**あのレストランのランチは、税ぬきで1,200円です。**

저 레스토랑 런치는 세금 제외하고 1,200엔입니다.

---

プチ会話

A あのさ、今日の飲み会なんだけど、急な仕事が入っちゃって。

B ええ、久しぶりの同期会でみんな楽しみにしてるのに。

A 本当にごめん。悪いんだけど、今日は僕ぬきで集まってもらえるかな。

B 残念だけど、仕方ないね。

質問 会話の内容と合っているものはどれか。

① Aさんが仕事で参加できなくなったので、飲み会は延期されることになった。

② Aさんが飲み会に参加できないという話を聞いて、Bさんも行きたくなくなってしまった。

③ 久しぶりの同期会なので、Aさんは遅くなっても参加する予定だ。

④ 今日の飲み会はAさんを除いた同期で集まる予定だ。

飲み会 술자리, 회식
同期会 동기 모임
楽しみにする 기대하다
集まる 모이다
残念だ 아쉽다
仕方ない 어쩔 수 없다
参加 참가, 참석
延期 연기
除く 제외하다
同期 동기

# 〜ぬく (끝까지) ~하다

**접속**  동사의 ます형＋ぬく

어떠한 일을 끝까지 노력하여 완수한다는 의미를 주로 나타낸다. 단순히 그 동작을 철저하게 한다는 경우에도 사용한다. '완수'라는 키워드로 기억해 두자.

> 何でも最後までやりぬくことが大切だ。
>
> 무엇이든 마지막까지 해내는 것이 중요하다.
>
> 選手たちは、約42キロのマラソンコースを走りぬいた。
>
> 선수들은 약 42km의 마라톤 코스를 끝까지 다 뛰었다.
>
> いろいろと考えぬいて、計画を中止するという結論を出した。
>
> 여러 가지 생각해 본 끝에 계획을 중지하겠다는 결론을 냈다.

### プチ会話

A　いよいよ来週から決勝リーグですね。

B　はい。原さんはどのチームを応援しているんですか。

A　もちろんうちの母校ですが、さすが予選を勝ちぬいてきたチームだけあって、どこが優勝してもおかしくないですね。

B　そうですね。今年は特に面白い試合になりそうです。

質問 会話の内容と合っているものはどれか。

① Ａさんの母校は予選リーグを最後まで勝って、決勝リーグに進んだ。

② Ａさんの母校は強いチームなので、来週の決勝リーグから出場する予定だ。

③ Ａさんの母校は予選で負けてしまったが、運よく決勝リーグに進むことができた。

④ Ａさんは母校を応援したいが、予選リーグを勝ち続けることができなかった。

いよいよ 드디어
決勝リーグ
결승 리그
応援 응원
母校 모교
予選 예선
優勝 우승
おかしい 이상하다
進む 나아가다
出場 출장
負ける 지다
運 운

問題1　次の文の（　　　　　）に入れるのに最もよいものを、1・2・3・4から一つ選びなさい。

---

**1** このコースの内容は生徒との話し合いに（　　　　　）決定される。

1 限って　　　　　2 反して　　　　　3 対して　　　　　4 基づいて

---

**2** サッカー大会の当日、激しい雨が降っている（　　　　　）試合は続けられた。

1 に際して　　　　2 にしたら　　　　3 にもかかわらず　　4 にもとづき

---

**3** 彼は「私自身、仕事（　　　　　）の人生はまったく考えられません」と語った。

1 ぬき　　　　　　2 しだい　　　　　3 かけ　　　　　　4 あまり

---

**4** 彼はとても意志の強い人で、最後まで自分の信念を（　　　　　）。

1 守りぬいた　　　2 守りかけた　　　3 守りすぎた　　　4 守りかねた

---

**5** 新商品がヒットしたのは、関係者の協力のおかげ（　　　　　）。

1 でもない　　　　2 にすぎない　　　3 にほかならない　　4 にかわらない

---

**6** 親の期待に（　　　　　）、彼は進学しないで就職することを決めた。

1 伴って　　　　　2 反して　　　　　3 際して　　　　　4 通じて

問題2　次の文の ＿＿★＿＿ に入る最もよいものを、1・2・3・4から一つ選びなさい。

**1**　駅の構内は禁煙だが、＿＿＿＿ ＿＿＿＿ ＿★＿ ＿＿＿＿ いる人もいる。

1 規則に　　　　　　　2 タバコを　　　　　3 吸って　　　　　4 反して

**2**　A「鈴木さんが今月で会社辞めるらしいよ。」
　　B「あの人も ＿＿＿＿ ＿★＿ ＿＿＿＿ ＿＿＿＿ 決めたんだろうね。」

1 会社を　　　　　　　2 やめることを　　　3 ずいぶん　　　　4 悩みぬいて

**3**　ここはなかなか魅力的な街だ。今回は ＿＿＿＿ ＿＿＿＿ ＿★＿ ＿＿＿＿ みたいものだ。

1 仕事ぬきで　　　　　2 来たが　　　　　　3 出張で　　　　　4 もう一度来て

**4**　校則 ＿＿＿＿ ＿＿＿＿ ＿★＿ ＿＿＿＿ 学生がいる。

1 禁止されている　　　　　　　　　　　2 アルバイトをしている

3 により　　　　　　　　　　　　　　　4 にもかかわらず

**5**　相談者からの ＿＿＿＿ ＿＿＿＿ ＿★＿ 、＿＿＿＿ アドバイスができない場合がある。

1 一方的な　　　　　　2 適切な　　　　　　3 情報に基づいて　　4 判断する場合

**6**　レポートを書くのに2週間もあったんだから、＿＿＿＿ ＿★＿ ＿＿＿＿ ＿＿＿＿ ほかならない。

1 言い訳に　　　　　　2 時間が　　　　　　3 足りなかった　　　4 というのは

# 〜のみならず ~뿐 아니라

接続 동사・い형용사＋のみならず, な형용사＋である＋のみならず, 명사＋のみならず

일종의 첨가를 나타내는 표현으로, 주로 글에서 쓰인다. 「〜だけでなく」의 딱딱한 표현으로 이해하면 된다.

> **彼女は英語のみならずフランス語も上手だ。**
> 그녀는 영어뿐 아니라 프랑스어도 잘한다.

> **このスカーフは色がいいのみならず、デザインもいい。**
> 이 스카프는 색이 좋을 뿐 아니라 디자인도 좋다.

プチ会話

A 韓国でこのキャラクターをよく見かけますが、人気なんですか。

B はい。子ども番組のキャラクターなんですが、子どものみならず大人にも人気なんです。

A へぇ、そうなんですね。

B 私もケータイの待ち受け画面がそのキャラクターですよ。

質問 会話の内容と合っているものはどれか。

① そのキャラクターは子どもには人気がないが、大人には人気だ。

② そのキャラクターは子どもと大人の両方に人気がある。

③ そのキャラクターは子どもたちの間でのみ人気を得ている。

④ そのキャラクターは子ども番組にはふさわしくないキャラクターだ。

---

キャラクター
캐릭터

人気 인기

子ども番組
어린이 프로그램

大人 어른

待ち受け画面
배경화면

両方 양방

得る 얻다

ふさわしい
어울리다

# 〜ばかりに ~탓에

接続 동사・い형용사・な형용사・명사의 보통형＋ばかりに
단, 현재형일 때는 な형용사의 어간・명사＋である＋ばかりに의 형태로 접속한다.

어떠한 것이 원인이 되어, 좋지 않은 일이 발생한다는 의미를 나타낸다. 문장 전체적으로 후회나 유감스런 기분을 나타내려는 의도에서 사용한다. '부정적인 원인'이라는 키워드로 기억해 두자.

**ゆうべ窓を開けて寝たばかりに、風邪をひいてしまった。**

어젯밤 창문을 열고 잔 탓에 감기에 걸리고 말았다.

**その問題ができなかったばかりに、試験に合格できなかった。**

그 문제를 못 푸는 바람에 시험에 합격하지 못했다.

## プチ会話

**A** 昨日のお店、どうだった？

**B** ネットの評判を信じたばかりに、痛い目にあったよ。

**A** え？ どういうこと？

**B** 料理も写真と全然違うし味もいまいちで、がっかりだったよ。

質問 会話の内容と合っているものはどれか。

① Bさんはネットの評判を頼りにしなかったので、お店選びに苦労した。

② Bさんはネットの評判を無視したので、ひどい経験をした。

③ Bさんはネットの評判を信じたせいで、お店選びに失敗した。

④ Bさんは他のグルメサイトを参考にすれば良かったと思っている。

お店 가게

ネット 인터넷

評判 평판

信じる 믿다

痛い目にあう
호되게 당하다, 나쁜 경험을 하다

料理 요리

写真 사진

違う 다르다

いまいちだ 별로다

がっかり 실망

頼り 의지

無視 무시

ひどい
너무하다, 심하다

失敗 실패

グルメサイト
맛집 사이트

# ～向<ruby>向<rt>む</rt></ruby>け ~용, ~대상

접속　명사＋向け

주된 목표가 되는 대상을 나타낸다. 문장에서는 주로 판매 대상이나 수요층을 나타낼 때 사용한다. 동사 「向ける(향하다)」에서 파생된 문법이다.

> ## この工場<ruby>工場<rt>こうじょう</rt></ruby>ではアメリカ向<ruby>向<rt>む</rt></ruby>けの自動車<ruby>自動車<rt>じどうしゃ</rt></ruby>を生産<ruby>生産<rt>せいさん</rt></ruby>している。
> 이 공장에서는 미국 수출용 자동차를 생산한다.
>
> ## このアニメは子<ruby>子<rt></rt></ruby>ども向<ruby>向<rt>む</rt></ruby>けだが、大人<ruby>大人<rt>おとな</rt></ruby>が見<ruby>見<rt>み</rt></ruby>てもおもしろい。
> 이 애니메이션은 아동용이지만 어른이 봐도 재미있다.

## プチ会話

**A** あれ？ こんなとこにゲストハウスなんてあったっけ？

**B** できたばかりなのかな。たしか、前<ruby>前<rt>まえ</rt></ruby>は普通<ruby>普通<rt>ふつう</rt></ruby>の民家<ruby>民家<rt>みんか</rt></ruby>だった
ような。

**A** 最近<ruby>最近<rt>さいきん</rt></ruby>は外国人観光客<ruby>外国人観光客<rt>がいこくじんかんこうきゃく</rt></ruby>向<ruby>向<rt>む</rt></ruby>けの宿泊施設<ruby>宿泊施設<rt>しゅくはくしせつ</rt></ruby>がどんどん増<ruby>増<rt>ふ</rt></ruby>えてる
よね。

**B** うん。特<ruby>特<rt>とく</rt></ruby>にゲストハウスは外国人<ruby>外国人<rt>がいこくじん</rt></ruby>だけじゃなく、日本人<ruby>日本人<rt>にほんじん</rt></ruby>
も利用<ruby>利用<rt>りよう</rt></ruby>する人<ruby>人<rt>ひと</rt></ruby>が多<ruby>多<rt>おお</rt></ruby>いらしいよ。

質問<ruby>質問<rt></rt></ruby> 会話<ruby>会話<rt>かいわ</rt></ruby>の内容<ruby>内容<rt>ないよう</rt></ruby>と合<ruby>合<rt>あ</rt></ruby>っているものはどれか。

① 最近<ruby>最近<rt>さいきん</rt></ruby>、外国人観光客<ruby>外国人観光客<rt>がいこくじんかんこうきゃく</rt></ruby>を対象<ruby>対象<rt>たいしょう</rt></ruby>にしてつくられた宿泊施設<ruby>宿泊施設<rt>しゅくはくしせつ</rt></ruby>が増<ruby>増<rt>ふ</rt></ruby>えて
いる。

② 最近<ruby>最近<rt>さいきん</rt></ruby>の宿泊施設<ruby>宿泊施設<rt>しゅくはくしせつ</rt></ruby>は外国人専用<ruby>外国人専用<rt>がいこくじんせんよう</rt></ruby>にも関<ruby>関<rt>かか</rt></ruby>わらず、日本人<ruby>日本人<rt>にほんじん</rt></ruby>でも利用<ruby>利用<rt>りよう</rt></ruby>す
る人<ruby>人<rt>ひと</rt></ruby>が多<ruby>多<rt>おお</rt></ruby>い。

③ 最近<ruby>最近<rt>さいきん</rt></ruby>できた宿泊施設<ruby>宿泊施設<rt>しゅくはくしせつ</rt></ruby>は外国人専用<ruby>外国人専用<rt>がいこくじんせんよう</rt></ruby>の施設<ruby>施設<rt>しせつ</rt></ruby>が多<ruby>多<rt>おお</rt></ruby>い。

④ 最近<ruby>最近<rt>さいきん</rt></ruby>、民家<ruby>民家<rt>みんか</rt></ruby>を宿泊施設<ruby>宿泊施設<rt>しゅくはくしせつ</rt></ruby>に改装<ruby>改装<rt>かいそう</rt></ruby>するところが増<ruby>増<rt>ふ</rt></ruby>えている。

ゲストハウス
게스트하우스

たしか 확실히
前<ruby>前<rt>まえ</rt></ruby> 전
普通<ruby>普通<rt>ふつう</rt></ruby> 보통
民家<ruby>民家<rt>みんか</rt></ruby> 민가
外国人<ruby>外国人<rt>がいこくじん</rt></ruby> 외국인
観光客<ruby>観光客<rt>かんこうきゃく</rt></ruby> 관광객
宿泊<ruby>宿泊<rt>しゅくはく</rt></ruby> 숙박
施設<ruby>施設<rt>しせつ</rt></ruby> 시설
どんどん 점점
増<ruby>増<rt>ふ</rt></ruby>える 늘다
利用<ruby>利用<rt>りよう</rt></ruby> 이용
対象<ruby>対象<rt>たいしょう</rt></ruby> 대상
専用<ruby>専用<rt>せんよう</rt></ruby> 전용
～にも関<ruby>関<rt>かか</rt></ruby>わらず
~에도 불구하고
改装<ruby>改装<rt>かいそう</rt></ruby> 개장

# ～もかまわず ~도 개의치 않고, ~도 상관하지 않고

명사 + もかまわず

앞에 제시된 내용을 신경 쓰지 않고 태연하게 무언가를 할 때 사용한다. 동사「かまう(상관하다, 신경 쓰다)」에 부정을 나타내는「～ず」가 붙어서 파생된 표현이다.

## 弟は雨が降るのもかまわず、自転車で出かけた。
남동생은 비가 내리는 것도 개의치 않고 자전거를 타고 외출했다.

## 彼は親の心配もかまわず遊んでばかりいる。
그는 부모님의 걱정도 개의치 않고 놀기만 한다.

### プチ会話

**A** さっきからあくびばかりしてるけど、どうしたの？

**B** 実は昨日、遅くまで友達にずっと悩みを聞かされてて。

**A** それは大変だったね。

**B** その子、いつも時間もかまわず電話かけてくるから、困るんだよね。

あくび 하품
困る
곤란하다, 난처하다
気にする 신경 쓰다
夢中 열중
優しい
상냥하다, 다정하다

質問 会話の内容と合っているものはどれか。

① Bさんの友達はいつも時間を気にする人だ。

② Bさんは友達といつも時間を忘れるくらい話に夢中になってしまう。

③ Bさんの友達は何時でも気にせずに電話をかけてくる。

④ Bさんの友達はいつでも電話に出てくれる優しい人だ。

# 〜もの ~라니까

접속 동사・い형용사・な형용사의 보통형＋(んだ)＋もの, な형용사의 어간・명사＋なんだ＋もの

주관적인 이유를 설명하는 회화체 표현이다. 보통은 친숙한 관계에서 주로 사용하며, 회화에서는 「〜もん」으로 나타내기도 한다.

A どうして食べないの？ 왜 안 먹어?

B おいしくないんだもの。 맛없다니까.

A 昨日のパーティー、どうして来なかったの？ 어제 파티 왜 안 왔어?

B だって、知らなかったんだもん。 그게, 몰랐다니까.

---

プチ会話

A ごちそうさま。

B あ、またピーマン残してるの。

A だって苦いんだもん。

B 苦くても栄養たっぷりなんだから、ちゃんと食べなさい。

ピーマン 피망
残す 남기다
苦い 쓰다
栄養 영양
たっぷり 듬뿍
ちゃんと 제대로
におい 냄새
嫌いだ 싫어하다
野菜 채소
お肉 고기

質問 会話の内容と合っているものはどれか。

① Aさんは好きな物を最後に食べたいタイプだ。

② Aさんはピーマンのにおいが嫌いで食べられない。

③ Aさんは苦いのでピーマンが嫌いだ。

④ Aさんは野菜よりもお肉が好きだ。

## ～ものがある ~한 데가 있다

120

**접속** 　동사・い형용사・な형용사의 명사접속형(현재형)＋ものがある

어떤 대상으로부터 어떤 느낌을 받을 때 사용한다. 감탄을 나타내는 경우가 많다.

> **あの人の演説には人を納得させるものがある。**
> 저 사람의 연설에는 사람을 납득시키는 데가 있다.

> **3年間通った学校を卒業するのは、さびしいものがある。**
> 3년간 다닌 학교를 졸업하는 것은 아쉬운 데가 있다.

### プチ会話

A 求人広告を見てご連絡したのですが、未経験でも応募は可能でしょうか。

B 未経験ですか。うちの仕事はある程度の経験がないと厳しいものがありますね。

A そうですか。

B ですが、一度検討したいと思いますので、履歴書をお送りいただけますか。

質問 会話の内容と合っているものはどれか。
① Bさんの会社は未経験者は応募ができないという決まりだ。
② Bさんの会社の仕事は未経験の場合、仕事を覚えるまでにかなり時間がかかりそうだ。
③ Bさんの会社の仕事は未経験者でも簡単にできるため、Aさんは履歴書を送ることにした。
④ Bさんの会社は未経験者のみを募集している。

求人広告 구인 광고
連絡 연락
未経験 경험이 없음
応募 응모
程度 정도
厳しい 어렵다
一度 한번
検討 검토
履歴書 이력서
送る 보내다
決まり 규칙
場合 경우
覚える 기억하다, 익히다
募集 모집

問題1　次の文の（　　　　　　）に入れるのに最もよいものを、１・２・３・４から一つ選びなさい。

**1**　A「明日の約束なんだけど、駅前の喫茶店はどう？」
　　B「あ、あそこは嫌だな。駅前の道路、今工事中でうるさいんだ（　　　　　　）。」

　　1 こと　　　　　　　2 ところ　　　　　　3 もん　　　　　　4 はず

**2**　近年のこの国の経済発展には目覚しい（　　　　　　）。

　　1 ものがある　　　2 どころではない　　3 ほどがある　　　4 ことである

**3**　あの二人は仲が悪くて、人目も（　　　　　　）けんかをしたりする。

　　1 かぎらず　　　　2 とわず　　　　　　3 かまわず　　　　4 かかわらず

**4**　出生率の低下は日本のみならず、（　　　　　　）。

　　1 ほかの国にはない　　　　　　　　　2 ほかの国にもあるようだ
　　3 ほかの国にかぎられている　　　　　4 ほかの国にはありえない

**5**　規則を知らなかった（　　　　　　）、罰金を取られた。

　　1 ばかりに　　　　2 かぎりに　　　　　3 とおりに　　　　4 ところに

**6**　高齢化社会になり、高齢者（　　　　　　）商品が次々と発売されている。

　　1 がちの　　　　　2 ための　　　　　　3 からの　　　　　4 向けの

問題2 次の文の ＿＿★＿＿ に入る最もよいものを、1・2・3・4から一つ選びなさい。

1 農薬を ＿＿＿ ＿＿＿ ＿★＿ ＿＿＿ 守ることにもなる。

　1 農民の健康を　　　　2 環境　　　　　　　3 使わないのは　　　　4 のみならず

2 （不動産屋で）
　「ここは一人暮らし ＿＿＿ ＿★＿ ＿＿＿ ＿＿＿ 仕方がないんです。」

　1 部屋なので　　　　2 向けに　　　　　3 台所が狭いのは　　　4 設計された

3 将来のことを真剣に考えることなく、この ＿＿＿ ＿★＿ ＿＿＿ ＿＿＿
　している。

　　　1 今は　　　　　　2 仕事を選んだ　　　3 ばかりに　　　　4 苦労ばかり

4 子どもが電車の中で ＿＿＿ ＿＿＿ ＿★＿ ＿＿＿ 母親たちはおしゃべりに夢
　中になっていた。

　　　1 他人に　　　　　2 迷惑をかけている　3 騒いで　　　　　4 のもかまわず

5 和食の達人の元で料理を勉強した ＿＿＿ ＿★＿ ＿＿＿ ＿＿＿ ある。

　　1 すばらしい　　　　2 だけあって　　　3 ものが　　　　　4 彼女の料理には

6 A「もう寝ちゃうの？」
　B「今日は ＿＿＿ ＿＿＿ ＿★＿ ＿＿＿ 。」

　　1 疲れてるんだ　　　2 もん　　　　　　3 から　　　　　　4 朝早かった

# ～やら～やら ~라든가 ~라든가, ~하기도 하고 ~하기도 하고

접속  동사·い형용사의 사전형＋やら, 명사＋やら

사물을 나열하거나 열거할 때에 사용하는 표현이다. 내용상으로는 여러 가지 일들이 있어서 힘들다, 복잡하다는 느낌을 나타낸다.

**かばんの中には辞書やらノートやらが入っている。**

가방 안에는 사전이나 노트 등이 들어 있다.

**年末は家を掃除するやら年賀状を書くやらで忙しい。**

연말에는 집을 청소하기도 하고 연하장을 쓰기도 하는 등 바쁘다.

### プチ会話

A 娘さんがご結婚されるそうですね。おめでとうございます。

B ありがとうございます。嬉しいやら寂しいやら、複雑な気持ちですね。

A うちの娘が結婚する時もそうでしたよ。

B 父親はみんな同じですね。

嬉しい 기쁘다
寂しい 쓸쓸하다
複雑だ 복잡하다
気持ち 기분, 마음
父親 아빠, 부친

みんな 모두
祈る 빌다, 기도하다
賛成 찬성

質問 会話の内容と合っているものはどれか。

① Bさんは娘が結婚すると聞いて最初は嬉しかったが、だんだん寂しくなってきた。

② Bさんは娘の結婚を祝ってくれる人もいればそうじゃない人もいて、複雑な気持ちだ。

③ Bさんは娘の結婚を前に、嬉しい気持ちもあれば寂しい気持ちもある。

④ Bさんは娘の結婚に完全には賛成していない。

# 〜（よ）うではないか ~하자, ~하지 않겠는가?

**접속**  동사의 의지형＋ではないか

상대방이나 여러 사람에게 어떠한 제안을 하거나 호소할 때 사용하는 표현이다. 회화체에서는 「〜じゃないか」의 형태로 사용하는 경우가 많다.

**今日はみんなで大いに飲もうじゃないか。**

오늘은 다 같이 실컷 마시자.

**市民一人一人がゴミの問題を真剣に考えようではないか。**

시민 한 명 한 명이 쓰레기 문제를 심각하게 생각해야 하지 않을까.

## プチ会話

**A** 先輩、これからワンゲームどうですか。

**B** いいけど、また負けてもしらないよ。

**A** 今日こそは勝ちますよ。負けた方がラーメンおごるのはどうですか。

**B** その勝負、受けて立とうじゃないか。

先輩 선배

ワンゲーム
게임 한 판

負ける 지다

勝つ 이기다

ラーメン 라면

おごる
쏘다, 대접하다

勝負 승부

受ける 받다

誘い 초대, 권유

不満 불만

乗り気 마음이 내킴

断る 거절하다

質問 会話の内容と合っているものはどれか。

① BさんはAさんに負けてばかりいるので、今日こそは勝ちたいと思っている。

② BさんはAさんの誘いに不満を持っている。

③ BさんはAさんの誘いに乗り気だ。

④ BさんはAさんの誘いを断った。

# ～を契機に ~을 계기로

接続 명사＋を契機に

어떤 일이 시작되는 원인이나 동기를 나타낸다. 뒤에는 변화된 내용이나 결과가 오는데, 보통 긍정적인 내용인 경우가 많다. 「～をきっかけに」와 같은 뜻이지만, 보고서나 신문기사와 같은 중요한 사안을 다룬다는 느낌을 준다. 「～を契機として」로 쓰기도 한다.

その大地震を契機に、各地で地震対策を強化している。

그 대지진을 계기로 각지에서 지진대책을 강화하고 있다.

彼は結婚を契機としてまじめに働くようになった。

그는 결혼을 계기로 성실히 일하게 되었다.

---

プチ会話

A 復職後の仕事にはもう慣れましたか。

B 大変じゃないと言ったらうそになりますが、うちの会社は女性が働きやすい環境だと思うので、助かっています。

A それはよかったです。

B 以前は出産を契機に退職する女性が多かったのですが、社長が変わってから会社の雰囲気も大分変わりましたね。

質問 会話の内容と合っているものはどれか。

① Bさんの会社は出産をきっかけに仕事を辞める女性が多かった。
② Bさんの会社は出産を言い訳に退職する女性が多かった。
③ Bさんの会社は出産するまでという契約で働く女性が多かった。
④ Bさんの会社は今でも出産のために退職する女性が多い。

復職 복직
慣れる 익숙해지다
女性 여성
働きやすい 일하기 편하다
環境 환경
助かる 도움이 되다
出産 출산
退職 퇴직
社長 사장
雰囲気 분위기
大分 상당히, 어지간히
きっかけ 계기
言い訳 핑계
契約 계약

# 〜をこめて ~을 담아

접속  명사＋をこめて

어떠한 감정이나 기분을 담아 어떤 동작을 할 때 사용한다. 동사 「込める(물건을 채우다, 감정을 주입하다)」에서 파생된 문형이다. 대표적인 표현인 「心をこめて(마음을 담아)」로 기억해 두자.

> 母は心をこめて、お弁当を作ってくれた。
> 엄마는 마음을 담아 도시락을 만들어 주었다.

> 感謝の気持ちをこめてお礼の手紙を書いた。
> 감사의 마음을 담아 감사 인사 편지를 썼다.

プチ会話

A どうぞ手に取ってご覧になってください。

B このグラス、とても美しいですね。

A ありがとうございます。うちでは職人が一つ一つ、
心をこめて作っているんです。

B やはり手作りには機械には出せない良さがありますよね。

手に取る
손으로 쥐다
美しい 아름답다
職人 장인
心 마음
手作り 수제
機械 기계
形 모양

質問 会話の内容と合っているものはどれか。

① そのグラスは機械で作った方がもっと美しくなるとBさんは思っている。

② そのグラスは機械を使って美しい形に作られた物だ。

③ そのグラスは手作業の職人には出せない技術を使って作られた物だ。

④ そのグラスは職人がていねいに作った物だ。

# ～をはじめ ~을 비롯하여

접속　명사＋をはじめ

하나의 대표적인 예를 강조하여 제시할 때 사용하는 표현이다. 「～をはじめとして」로 나타내기도 한다.

**鶏肉をはじめ、食品価格が値上がりした。**

닭고기를 비롯하여 식품 가격이 올랐다.

**この店ではハンバーガーをはじめピザやスパゲッティも販売している。**

이 가게에서는 햄버거를 비롯하여 피자나 스파게티도 팔고 있다.

### プチ会話

A　会議の準備は順調かな。

B　はい、あとは午後に発表のリハーサルさえ終われば完了
　です。

A　明日の会議には専務をはじめ、社長や会長も出席される
　そうだから、不備がないようにね。

B　かしこまりました。

順調だ 순조롭다
発表 발표

リハーサル 리허설
完了 완료
専務 전무(님)
社長 사장(님)
会長 회장(님)
出席 출석, 참석
不備
충분히 갖추지 않음
発表 발표

質問　会話の内容と合っているものはどれか。
① 明日の会議には専務や社長、会長は出席しないことになった。
② 明日の会議には専務はもちろん、社長や会長まで出席する予定だ。
③ 明日の会議には専務は出席するが、社長と会長は欠席する予定だ。
④ 明日の会議では、はじめに専務が発表を行う予定だ。

# ～をめぐって ~을 둘러싸고

접속　명사＋をめぐって

주로 분쟁이나 논란의 대상을 나타낼 때 사용한다. '논쟁의 대상'이라는 키워드로 기억해 두자.

**親の遺産相続をめぐって、兄弟が争っている。**

부모님 유산 상속을 둘러싸고 형제가 다투고 있다.

**新しい法案をめぐって、意見が対立している。**

새 법안을 둘러싸고 의견이 대립하고 있다.

## プチ会話

A　そのドラマ、面白いの？ 最近、ずっと見てるよね。

B　うん。韓国で今、一番人気のドラマなんだ。

A　へぇ、どんなストーリーなの？

B　一人の平凡な女性をめぐって、三人のエリートが争うストーリーだよ。

平凡だ 평범하다

エリート 엘리트

争う 경쟁하다, 싸우다

ストーリー 이야기

裁判 재판

起こす 일으키다

アプローチ 어필, 접근

力を合わせる 힘을 합치다

戦う 싸우다

質問　会話の内容と合っているものはどれか。

① そのドラマは一人の女性に対して三人のエリートが裁判を起こす話だ。

② そのドラマは一人の女性に対して三人の男性がアプローチをかける話だ。

③ そのドラマは一人の平凡な女性になりたい三人のエリートの話だ。

④ そのドラマは一人の女性のために三人の男性が力を合わせて戦う話だ。

問題1　次の文の（　　　　　　　）に入れるのに最もよいものを、１・２・３・４から一つ選びなさい。

**1**　彼は、定年退職（　　　　　　　）故郷に戻って農業を始めた。

1 もかまわず　　　　2 を契機に　　　　3 どころか　　　　4 かといって

**2**　（テレビのインタビューで）
農家の人「もうまもなくリンゴの収穫が始まります。心を（　　　　　）作ったりんごを多くの方に食べていただきたいと思っています。」

1 こめて　　　　2 つうじて　　　　3 めぐって　　　　4 もとに

**3**　試験まであと一週間だ。みんな、最後まで（　　　　　）じゃないか。

1 がんばった　　　　2 がんばって　　　　3 がんばる　　　　4 がんばろう

**4**　彼は酔っぱらって、大声で歌い出す（　　　　　）、あばれる（　　　　　）で、本当に迷惑だった。

1 も、も　　　　2 と、と　　　　3 たり、たり　　　　4 やら、やら

**5**　ごみ処理場建設の問題を（　　　　　）、様々な議論が行われた。

1 とって　　　　2 通じて　　　　3 めぐって　　　　4 こめて

**6**　アメリカを（　　　　　）20か国の代表が、東京に集まった。

1 最中に　　　　2 めぐって　　　　3 はじめとして　　　　4 きっかけに

問題2　次の文の　★　に入る最もよいものを、1・2・3・4から一つ選びなさい。

**1** 長官が記者会見で ＿＿＿＿ ＿＿＿＿ ★ ＿＿＿＿ いる。

　　1 さまざまな議論が　　2 起こって　　　　　　3 言った　　　　　　4 一言をめぐって

**2** 結婚式には、家族 ＿＿＿＿ ＿＿＿＿ ★ ＿＿＿＿ 出席した。

　　1 おおぜいの人が　　2 親戚や　　　　　　3 友人など　　　　　　4 をはじめ

**3** 1か月に ＿＿＿＿ ＿＿＿＿ ★ ＿＿＿＿ 気をつけるようになった。

　　1 健康に　　　　　　2 契機に　　　　　　3 わたる　　　　　　4 入院生活を

**4** 平和への ＿＿＿＿ ★ ＿＿＿＿ ＿＿＿＿ コンサートが開かれた。

　　1 祈りを　　　　　　2 2日間に　　　　　　3 こめて　　　　　　4 わたって

**5** A「この雑誌に載っているレストラン、なかなかよさそうだね。
　　　　ぜひ今度 ＿＿＿＿ ＿＿＿＿ ★ ＿＿＿＿ か。」

　　B「いいですね。いつにしましょうか。」

　　1 みんなで　　　　　2 みよう　　　　　　3 行って　　　　　　4 じゃない

**6** 先月は、＿＿＿＿ ＿＿＿＿ ★ ＿＿＿＿ でしたが、無事に過ぎました。

　　1 一か月　　　　　　　　　　　　　2 引っ越しやら

　　3 出張やらで　　　　　　　　　　4 とてもあわただしい

# 해석 및 정답

## STEP 1

### 001 _____ p.12

**A** 엇, 여기 런치 메뉴 가격 올랐네.

**B** 이번 달부터 20엔 올랐나 봐.

**A** 난감하네. 또 점심 식비 절약해야겠어.

**B** 하여간에 급료는 같은데 물가는 오르기만 한다니까.

**회화 내용에 맞는 것은 무엇인가?**

① 급료도 물가도 오르기만 한다.

② 급료는 변하지 않는데 물가는 오르기만 한다.

③ 급료는 변하지 않는데 물가는 내려가서 도움이 된다.

④ 물가는 오르는데 절약해서 그다지 영향은 없다.

### 002 _____ p.13

**A** 기운 없어 보이는데 무슨 일 있어?

**B** 시험 결과가 신경 쓰여서 잠을 못 자겠어.

**A** 그렇게 걱정할 필요 없대도. 성적 톱인 네가 떨어지는 일은 있을 수 없어.

**B** 하지만 그날 너무 긴장해 버려서.

**회화 내용에 맞는 것은 무엇인가?**

① A씨는 아무리 우수한 사람이어도 실패하는 경우가 있다고 생각한다.

② A씨는 B씨가 성적 톱이니까 떨어질 리 없다고 생각한다.

③ A씨는 B씨가 시험에 떨어질지도 모른다고 생각하지만 밝게 격려하고 있다.

④ A씨는 B씨가 시험에 떨어지는 것은 생각할 수 없다고 생각하고 있다.

### 003 _____ p.14

**A** 요즘 피곤해 보이는데 괜찮아요?

**B** 아이가 아직 어려서 한밤중에도 두 시간마다 깨요.

**A** 힘들겠어요. 쉴 수 있을 때 쉬세요.

**B** 고마워요.

**회화 내용에 맞는 것은 무엇인가?**

① B씨의 아이는 밤에는 두 시간밖에 자지 않는다.

② B씨의 아이는 한밤중 두 시에 깬다.

③ B씨의 아이는 두 시간 간격으로 깬다.

④ B씨의 아이는 두 시간 간격으로 일어나야 한다.

### 004 _____ p.15

**A** 실례합니다. 이 앞으로는 못 가나요?

**B** 네. 어제 내린 폭우 때문에 벼랑이 무너질 위험이 있어서 현재 통행금지입니다.

**A** 어떡하지. 곤란하네.

**B** 급하신 데에 죄송합니다.

**회화 내용에 맞는 것은 무엇인가?**

① 이 앞길은 폭우 영향으로 벼랑이 무너져 버렸기 때문에 지나갈 수 없다.

② 이 앞길은 앞으로 벼랑을 무너뜨릴 예정이기 때문에 지나갈 수 없다.

③ 이 앞길은 벼랑이 무너질 가능성이 있기 때문에 지나갈 수 없다.

④ A씨는 벼랑이 무너지면 무섭기 때문에 이 앞길을 지나가고 싶지 않다고 생각한다.

### 005 _____ p.16

**A** 주말에 어딘가에 놀러가지 않을래?

**B** 미안 이번 주말은 좀.

**A** 뭔가 약속이라도 있어?

**B** 실은 쓰는 중인 리포트가 있어서 빨리 끝내고 싶어.

**회화 내용에 맞는 것은 무엇인가?**

① B씨는 주말에 리포트를 쓰기 시작하려고 생각한다.

② B씨는 지금 리포트를 쓰는 도중이다.

③ B씨는 주말에 A씨와 리포트를 쓸 예정이다.

④ B씨의 리포트 제출일은 다음 주이다.

### 006 _____ p.17

**A** 새 매니저와는 만났어요?

**B** 네, 아직 인사밖에 못했지만 전 전 매니저가 좋았네요.

**A** 저도예요. 잘 웃지 않는 사람이어서 뭔가 다가가기 어렵네요.

**B** 동감입니다. 앞으로 좀 마음이 무거워요.

**회화 내용에 맞는 것은 무엇인가?**

① 새 매니저는 편하게 말 거는 것이 어려운 분위기의 사람이다.

② 새 매니저는 잘 웃지 않아서 무서워 보이지만 실은 다정한 사람이다.

③ 새 매니저는 지위가 높아서 쉽게는 가까이 다가갈 수 없다.

④ 새 매니저는 무뚝뚝하지만 인사는 잘 해 준다.

## 쪽지 시험 01
p.18

### 문제1

**1** 3 A "여기 있는 책 좀 빌려도 될까요?"
  B "앗, 그거 아직 읽는 중이에요."

**2** 4 일이 생각대로 진행되지 않아 스트레스가 쌓이기만 한다.

**3** 2 이 꽃은 매일 물을 주지 않아도 괜찮습니다. 대체로 이틀 간격으로 주세요.

**4** 3 회의 중 그가 취한 태도는 내게는 충분히 이해할 수 있는 것이었다.

**5** 2 A "새 기획, 중지래. 사장님 결정은 이해하기 어려워."
  B "나도 전혀 납득할 수 없어."

**6** 1 지금 바로 대책을 세우지 않으면 중대한 사고로 이어질 우려가 있다.

### 문제2

**1** 3 (2431)
  남편은 무엇이든 버리지 않고 챙겨 둬서 집 안은 물건이 늘어나기만 한다.

**2** 4 (2143)
  지금 이 회사의 발전은 뛰어난 인재 육성과 기술 개발 없이는 있을 수 없었을 것이다.

**3** 4 (1243)
  내일은 오후부터 날씨가 나빠진다고 합니다. 특히 저녁부터는 세찬 비가 내릴 우려가 있으니 주의하세요.

**4** 1 (2314)
  늘 조용하고 다정한 다나카 씨가 그런 심한 말을 하다니 믿기 어려운 일이다.

**5** 2 (1423)
  직장에서는 절전 때문에 복도 형광등을 하나 걸러 빼놓아서 좀 어둡다.

**6** 3 (2431)
  내일은 다른 일을 해야 하기 때문에 이 일을 하다 말고 집에 갈 수는 없다.

## 🍵 007
p.20

**A** 어라, 기무라 씨 오늘도 쉬는 거야?

**B** 응, 요즘 자주 쉬는데 무슨 일이라도 있는 걸까.

**A** 부장님이라면 뭔가 알고 계실지도.

**B** 그러네. 나중에 살짝 물어 봐야지.

**회화 내용에 맞는 것은 무엇인가?**

① 기무라 씨는 요즘 쉬는 경우가 많다.

② 기무라 씨는 몸 상태가 나빠서 요즘 자주 쉰다.

③ 기무라 씨는 요즘 그다지 쉬지 않게 되었다.

④ 기무라 씨는 요즘 연락도 하지 않고 쉬는 일이 늘었다.

## 🍵 008
p.21

**A** 다음 분, 오세요.

**B** 실례합니다. 비자 연장 절차에 대해 묻고 싶은 게 있는데요.

**A** 대단히 죄송하지만 여기에서는 알기 어렵습니다. 담당 과가 2층에 있으니 그쪽에서 문의해 주세요.

**B** 그렇습니까? 알겠습니다.

**회화 내용에 맞는 것은 무엇인가?**

① 비자 연장 절차에 대해 A씨는 알고 있지만 담당자가 아니기 때문에 2층으로 안내했다.

② 비자 연장 절차에 대해 A씨는 잘 모른다.

③ 비자 연장 절차에 대해 A씨는 알고 있는 것을 B씨에게 알려 주었다.

④ 비자 연장 절차는 이 시설에서는 불가능하다.

## 🍵 009
p.22

**A** 이 가게는 언제 와도 멋진 음악이 흐르네요.

**B** 실은 LP판을 틀어 놨어요.

**A** 우와, LP판이요?

**B** 뭐든 디지털로 바꾸는 시대니까 더욱이 아날로그의 좋은 점을 알리고 싶어서요.

**회화 내용에 맞는 것은 무엇인가?**

① 디지털화 시대이므로 아날로그 물건은 그다지 필요 없다고 B씨는 생각한다.

② 디지털화 시대 속에서 오히려 아날로그의 멋진 점을 더욱 알리고 싶다고 B씨는 생각한다.

③ 디지털화 시대이지만 아날로그적인 물건이 멋지다고 B씨는 생각한다.

④ 디지털화가 진행되기 때문에 요즘에는 아날로그 물건을 저렴하게 손을 넣을 수 있게 되었다.

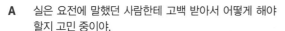

## 010 _____ p.23

**A** 실은 요전에 말했던 사람한테 고백 받아서 어떻게 해야 할지 고민 중이야.

**B** 아, 첫인상 별로 안 좋다고 했던 사람?

**A** 응. 내 경험으로 봐서 첫인상은 꽤 맞으니까 말이야.

**B** 그거 뭔지 알 거 같아.

**회화 내용에 맞는 것은 무엇인가?**

① A씨의 경험으로 생각하면 고백해 준 남성은 좋은 사람이다.

② A씨의 경험으로 생각하면 첫인상은 그다지 맞지 않는다.

③ A씨의 경험으로 판단하면 첫인상은 맞는 경우가 많다.

④ A씨도 B씨도 사람은 외모가 전부라고 생각하고 있다.


## 011 _____ p.24

**A** 어랏, B씨, 이 김치찌개 안 먹어요?

**B** 네. 저한텐 좀 많이 맵네요.

**A** 그래요? 한국인은 매운 건 뭐든 먹을 수 있다고 생각했어요.

**B** 한국인이라고 해서 모두 매운 음식을 잘 먹는 건 아니에요.

**회화 내용에 맞는 것은 무엇인가?**

① 한국인은 매운 음식을 잘 먹는다.

② 한국인이고 매운 음식을 먹을 수 없는 사람은 없다.

③ 한국인 중에는 매운 음식을 잘 못 먹는 사람도 있다.

④ 한국인이고 김치를 싫어하는 사람은 없다.


## 012 _____ p.25

**A** 오늘도 야근이에요? 요즘 늦게까지 열심히 하네요.

**B** 처음 맡게 된 프로젝트라서 제대로 해내고 싶어요.

**A** 믿음직스럽네요. 하지만 무리는 금물이에요.

**B** 고맙습니다. 맡겨진 이상 기대에 부응할 수 있게 열심히 하겠습니다.

**회화 내용에 맞는 것은 무엇인가?**

① B씨는 처음 맡는 프로젝트라서 어떻게 해야 할지 모른다.

② B씨는 처음으로 프로젝트를 맡게 되어서 기대를 저버리고 싶지 않다고 생각한다.

③ B씨는 상사 기대에 부응할 수 있었기 때문에 새 프로젝트를 맡게 되었다.

④ B씨는 정식으로 프로젝트 담당자가 될 수 있게 열심히 하고 싶다고 생각한다.

## 쪽지 시험 02 p.26

**문제1**

[1] 4 우리 팀의 지금 실력으로 보면 승리는 어렵다.

[2] 4 몇 번이나 실패하면 또 실패하지 않을까 자꾸 생각하게 된다.

[3] 2 계약조건 변경에 대해 회사에서 설명을 들었지만 나는 아무래도 납득이 가지 않는다.

[4] 3 덥다고 해서 차가운 것만 마시는 것은 몸에 좋지 않다.

[5] 1 신뢰할 수 있는 동료가 있어야 즐겁게 일을 할 수 있는 것이다.

[6] 3 몇 번이나 논의해서 다 같이 결정한 이상 성공할 수 있게 열심히 하자.

**문제2**

[1] 2 (3421)

휴대전화로 메시지를 보낼 수 있는 지금 시대이기 때문에 더욱 손 편지에 따뜻한 마음을 느끼는 것이다.

[2] 4 (2341)

강연회에서 다나카 씨는 '내 경험으로 보아 잘 듣는다는 말을 듣는 사람은 타인의 이야기를 들을 때 메모를 하고 있었습니다'라고 말했다.

[3] 4 (3142)

새 제도를 도입했지만 현시점에서 적절한지 여부는 아직 판단하기 어려운 상황이라고 할 수 있다.

[4] 3 (1432)

A "여름 방학 때 영국에 어학 연수하러 간다며?"

B "응, 간 이상 열심히 공부하고 올 거야. 실력이 늘지 않으면 갈 의미가 없으니까."

[5] 1 (4312)

미국에 유학한다고 해서 영어를 말할 수 있게 되는 건 아니니, 역시 노력은 필요하다.

[6] 1 (2314)

혼자 살 때의 식사는 영양이 편향되기 쉽기 때문에 균형이 잘 잡힌 식사를 하도록 합시다.


## 013 _____ p.28

**A** 저기, 이 담배 뭐야?

**B** 아, 그건….

**A** 또 숨어서 피웠지? 담배는 끊겠다고 약속한 주제에.

**B** 정말 미안. 이게 마지막이니까.

**회화 내용에 맞는 것은 무엇인가?**

① B씨는 담배를 피우는 모습을 A씨에게 들켜 버렸다.

② B씨는 금연하겠다고 말했으면서 담배를 피우고 말았다.

③ B씨는 담배를 그만두겠다는 약속을 지키고 있다.

④ B씨는 담배를 가지고 있었지만 피우지는 않았다.

## 🐢 014 _____ p.29

**A** 다 수리될 때까지 얼마나 걸릴 것 같아요?

**B** 컴퓨터 부품을 바꿔야 하기 때문에 일주일 정도 걸릴 것 같아요.

**A** 알겠습니다.

**B** 수리가 끝나면 또 연락드리겠습니다.

**회화 내용에 맞는 것은 무엇인가?**

① B씨는 일주일 이내로 수리를 끝내야 한다.

② A씨는 마침 일주일 후에 또 가게에 올 예정이다.

③ 컴퓨터 부품이 도착할 때까지 약 일주일 걸린다.

④ 컴퓨터를 수리하는 데에 일주일 정도 걸린다.

## 🐢 015 _____ p.30

**A** B씨, 잠깐만 이거 쇼핑몰 사이트 아녜요?

**B** 죄송해요. 일이 없어서 그만….

**A** 아무리 한가해도 업무 중에 이런 걸 하는 건 좋지 않아요.

**B** 네, 앞으로 조심하겠습니다.

**회화 내용에 맞는 것은 무엇인가?**

① A씨는 B씨에게 업무 중에 인터넷 쇼핑을 하는 것은 좋지 않다고 주의를 주었다.

② A씨는 B씨에게 일이 한가하면 인터넷 쇼핑을 해도 괜찮다고 말했다.

③ A씨는 B씨에게 업무용 컴퓨터로 인터넷 쇼핑을 하는 것은 좋지 않다고 주의를 주었다.

④ A씨는 B씨에게 업무 중에 인터넷 쇼핑을 할 경우에는 말해 달라고 이야기했다.

## 🐢 016 _____ p.31

**A** 수리 상황은 어떤가요?

**B** 아직 고치는 중인데 시간이 조금 더 걸릴 것 같아요.

**A** 그런가요? 점검은 했었을 텐데 도대체 뭐가 문제였을까요?

**B** 원인만 알면 금방 해결할 수 있다고 생각하지만….

**회화 내용에 맞는 것은 무엇인가?**

① 고장 원인은 아직 모르지만 금방 수리는 끝날 것 같다.

② 고장 원인을 알면 수리도 금방 끝날 것이다.

③ 고장 원인을 알 때까지 수리를 끝낼 수는 없다.

④ 고장 원인은 점검을 잊은 것이었다.

## 🐢 017 _____ p.32

**A** 실례합니다. 전철 안에 가방을 놓고 내렸는데 이쪽으로 오지 않았나요?

**B** 분실물입니까? 아직 여기에는 아무것도 오지 않았습니다.

**A** 그런가요?

**B** 발견되는 대로 연락 드릴 테니, 이 용지에 필요사항을 기입해 주세요.

**회화 내용에 맞는 것은 무엇인가?**

① B씨는 이제 가방을 찾으러 가려고 생각하고 있다.

② B씨는 가방이 발견되면 연락을 해달라고 말했다.

③ B씨는 가방이 발견되면 바로 A씨에게 연락할 생각이다.

④ B씨는 가방이 발견되어도 발견되지 않아도 A씨에게 연락할 생각이다.

## 🐢 018 _____ p.33

**A** 정말 회사 그만두는 거야?

**B** 네, 몹시 고민한 끝에 결정한 거라서 후회는 없습니다.

**A** 그런가. 그렇다면 어쩔 수 없지.

**B** 부장님에게는 많은 상담에 응해 주셔서 정말로 감사하고 있습니다.

**회화 내용에 맞는 것은 무엇인가?**

① B씨는 많이 고민한 것을 후회하고 있다.

② B씨는 많이 고민하면서 퇴직하기로 결정했지만 아직 망설이고 있다.

③ B씨는 그만큼 고민하지 않고 퇴직하기로 결정했다.

④ B씨는 많이 고민했지만 최종적으로 퇴직하기로 결정했다.

## 쪽지 시험 03 _____ p.34

**문제1**

**1** 4 영화를 보고 있는 와중에 지진이 일어나서 몹시 무서웠다.

**2** 2 저 사람은 자신의 실수에는 무른 주제에 타인의 실수에는 엄격하다.

**3** 1 장시간에 걸친 토론 끝에 간신히 합의에 도달했다.

**4** 3 젊을 때는 일에 쫓겨서 집에서 지낼 시간도 없을 정도였다.

**5** 2 A "뉴스 좀 봐봐. 교토는 정말 단풍이 예쁘네. 휴가만 있으면 꼭 갔을 텐데."
　　B "하지만 지금 쉬는 것은 어렵지."

**6** 1 A "다나카 씨 부탁합니다."
　　B "죄송하지만 다나카는 지금 자리를 비웠습니다. 돌아오는 대로 전화 드리라고 전할까요?"

## 문제2

1 2 (4321)

신입사원인 야마다 씨는 중요한 회의를 하고 있는 중에 졸기 시작하고 말았다.

2 2 (1324)

형은 식사에 대해 불평만 하면서 아무것도 직접 만들지 않는다.

3 1 (4213)

나는 진학할지 취직할지 고민했지만 부모님이나 선생님과 논의한 끝에 진학하기로 결정했다.

4 4 (1243)

(슈퍼에서)

점장 "지난주에 발매된 새 상품 판매량이 별로 좋지 않네."

점원 "점장님. 시식 코너 점원 수를 늘리면 어떻습니까? 손님에게 시식만 하게 해도 매출로 이어질 거예요."

5 3 (4132)

손님에게 안내 드립니다. 오늘 할인 판매는 준비한 상품이 다 팔리는 대로 종료되므로 양해 부탁드립니다.

6 4 (3241)

A "최근 일본 초등학생은 밖에서 놀 시간도 없을 정도로 공부 때문에 바쁘다던데요. 댁의 자녀분도 힘들겠어요."

B "우리 집이요? 우리는 느긋하게 시키고 있어요. 아이에게는 노는 것이 공부니까요."

### 🎧 019 _____ p.36

A 와, 이 요리 엄청 맛있다.

B 입에 맞아서 다행이네. 실은 냉장고에 남아 있던 걸로 만든 거야.

A 역시 혼자 산 지 오래된 만큼 요리 잘하는구나.

B 그렇지 뭐.

**회화 내용에 맞는 것은 무엇인가?**

① B씨는 요즘 창작 요리에 꽂혀 있다.

② B씨는 마치 혼자 산 지 오래된 사람처럼 요리를 잘한다.

③ B씨는 혼자 오래 살았기 때문에 요리를 만드는 것에 익숙해져 있다.

④ B씨는 혼자 산 지 오래되었을 뿐 요리는 거의 못한다.

### 🎧 020 _____ p.37

A 잠깐 나갔다 올게.

B 아, 잠깐 기다려봐. 외출하는 김에 엽서 부쳐 주면 좋겠는데.

A 응, 알겠어.

B 고마워. 지금 가지고 올게.

**회화 내용에 맞는 것은 무엇인가?**

① B씨는 A씨가 외출하는 기회를 이용하여 엽서를 부칠 계획이다.

② A씨는 B씨에게 외출할 때에 엽서를 부쳐 달라고 부탁했다.

③ B씨는 이제 엽서를 부치러 나갈 예정이다.

④ A씨는 서두르고 있어서 엽서는 다음에 부칠 예정이다.

### 🎧 021 _____ p.38

A 아까부터 안절부절못하네. 좀 진정해봐.

B 입시 결과가 너무 신경 쓰여. 오늘 합격 발표잖아.

A 최선을 다했으니까 분명 괜찮을 거야.

B 그러면 다행이지만….

**회화 내용에 맞는 것은 무엇인가?**

① B씨는 입시 결과가 너무 궁금해서 발표를 보러 갈 준비를 하고 있다.

② B씨는 입시 결과가 궁금하긴 하지만 티 나지 않게 참고 있다.

③ B씨는 입시 결과가 참을 수 없을 만큼 궁금하다.

④ B씨는 입시 결과에 관심이 없는 척을 하고 있다.

### 🎧 022 _____ p.39

A 뭔가 즐거운 일이라도 있는 거죠?

B 뭔가라니, 곧 연휴지 않습니까! 연휴에 대해 생각하면 너무 즐거워요.

A 하하, 올해는 연휴가 길어서 느긋하게 쉴 수 있네요.

B 맞아요. 회사원에게는 무척 감사한 일이에요.

**회화 내용에 맞는 것은 무엇인가?**

① B씨는 연휴가 참을 수 없을 정도로 기쁠 만큼 일을 싫어한다.

② B씨는 연휴를 기다리기 힘들 만큼 기대 중이다.

③ B씨는 연휴를 기대하고 있지만 그 마음을 참고 있다.

④ B씨는 연휴에 대해 생각하면서 싫은 일도 열심히 해야겠다고 생각하고 있다.

### 🎧 023 _____ p.40

A 야마다 씨한테는 연락해 봤어요?

B 네, 오늘은 컨디션이 안 좋아서 못 온대요.

A 그런가요? 그러면 오늘 일은 우리끼리 처리하는 수밖에 없네요.

B 바쁘겠지만 열심히 합시다.

회화 내용에 맞는 것은 무엇인가?
① 야마다 씨에게 컨디션은 그다지 좋지 않지만 회사에 가는 중이라는 연락이 있었다.
② 야마다 씨는 컨디션이 나빴기 때문에 오늘은 아마 쉴 것이다.
③ 야마다 씨는 오늘은 쉰다고 한다.
④ 야마다 씨는 몸이 안 좋기 때문에 오늘은 쉬게 하기로 했다.

## 🍵 024 _____ p.41

A 실은 저 내년부터 한국에 주재하게 되었어요.

B 축하해요. 한국이라면 A씨의 부인이 분명 한국인이었죠?

A 네. 처음 해외 부임이지만 아내가 있어서 무척 든든해요.

B 그렇겠네요. 부인 분도 분명 기뻐할 거예요.

회화 내용에 맞는 것은 무엇인가?
① A씨는 B씨에게 내년에는 한국에 주재하고 싶다고 이야기했다.
② 한국에 대한 화제가 나왔을 때 B씨는 A씨의 부인을 떠올렸다.
③ 한국에 대한 화제에는 A씨가 가장 자세히 안다.
④ B씨는 A씨에게 아내는 한국인이라고 말했다.

## 쪽지 시험 04 _____ p.42

### 문제1

1 　2 역시 평 좋은 레스토랑인 만큼 요리도 서비스도 훌륭했다.

2 　4 할아버지가 입원했다는 연락을 받아서 너무 걱정스럽다.

3 　2 토마토라고 하면 독특한 냄새와 신맛 때문에 아이들이 싫어하는 채소 중 하나이다.

4 　3 이사 절차를 밟으러 구청에 간 김에 우체국에 들러 편지를 부치고 왔다.

5 　1 A "다나카는 머리가 좋고 운동도 잘해."
　　　B "그러네. 나도 그가 부러워서 견딜 수 없어."

6 　3 뉴스에 따르면 4월부터 수도요금이 오른다고 한다.

### 문제2

1 　3 (1432)
　　친구를 역까지 데려다 주러 간 김에 역 앞 슈퍼에서 쇼핑을 하고 왔다.

2 　2 (3421)
　　공부 중에 너무 졸릴 때는 진한 커피를 마시면 좋다.

3 　2 (1423)
　　오야마 씨는 이전에 교토에 살았던 만큼 이 지역에 대해 잘 안다.

4 　1 (3412)
　　A "라면 먹으러 가지 않을래?"
　　B "좋아. 라면이라면 역 앞에 새로운 라면 가게가 생겼다던데."

5 　3 (4132)
　　오늘은 절대로 지고 싶지 않은 상대에게 져서 분해 죽겠다.

6 　4 (2143)
　　정부 발표에 따르면 경기는 회복하는 중이라지만 그러한 실감은 아직 없다.

## 🍵 025 _____ p.44

A B씨, 들었어요. 지난달에 가게를 오픈했다면서요? 축하해요.

B 고맙습니다.

A 자신의 가게가 있다니 멋져요.

B 가게라고는 해도 저 외에 스텝 한 명만 있는 작은 가게인 걸요.

회화 내용에 맞는 것은 무엇인가?
① B씨의 가게는 가게라고 할 수 없을 만큼 작다고 A씨는 생각하고 있다.
② B씨의 가게는 사실 큰데 작은 가게라고 겸손해 하고 있다.
③ B씨는 가게를 오픈했지만 규모는 작다.
④ B씨는 가게 규모를 작게 하여 최근 재오픈했다.

## 🍵 026 _____ p.45

A 이런 시간에 외출하는 거야?

B 응, 뭔가 중요한 이야기가 있다며 아까 여동생한테 전화가 와서.

A 중요한 이야기라니 뭘까. 나쁜 일 아니면 좋을 텐데.

B 그러게. 아무튼 좀 나갔다 올게.

회화 내용에 맞는 것은 무엇인가?
① B씨는 중요한 이야기가 있어서 여동생에게 연락을 했다.
② B씨의 여동생은 중요한 이야기를 하고 싶다고 B씨에게 연락을 했다.
③ B씨의 여동생은 중요한 이야기가 아닌데 B씨에게 밤늦게 연락을 했다.
④ B씨의 여동생은 아마 중요한 이야기가 있어서 B씨에게 연락을 했다.

## 🍚 027            p.46

**A** 다음 주면 유학생활도 끝이네요. 귀국 준비는 잘 되고 있어요?

**B** 네. 하지만 가능하면 돌아가고 싶지 않아요. 이대로 한국에 있을 수 있으면 좋을 텐데.

**A** 하하, 남자친구가 이유인가요?

**B** 아니요. 만약 남자친구가 없었다고 해도 마음은 마찬가지예요.

**회화 내용에 맞는 것은 무엇인가?**

① B씨는 만약 남자친구가 없는 상황이라도 한국에서 계속 살고 싶다고 생각한다.

② B씨는 만약 남자친구가 없으면 빨리 돌아가고 싶다고 생각한다.

③ B씨는 만약 남자친구가 있으면 귀국하고 싶은 마음은 없어질 거라고 생각한다.

④ B씨는 귀국할 수 있는 것이 너무 기대된다.


## 🍚 028            p.47

**A** 어제 야구 시합은 어땠습니까?

**B** 아쉽지만 역전 홈런 때문에 지고 말았습니다.

**A** 아깝네요.

**B** 내가 응원하러 가면 늘 지고 만다니까요.

**회화 내용에 맞는 것은 무엇인가?**

① B씨가 응원하는 팀은 도중까지 지고 있어서 아쉬웠다.

② B씨가 응원하는 팀은 역전 홈런으로 시합에 이길 수 있었다.

③ B씨가 응원하는 팀은 아쉽지만 시합에 지고 말았다.

④ B씨가 응원하는 팀은 B씨가 응원하러 가지 않았기 때문에 지고 말았다.


## 🍚 029            p.48

**A** 하야시 씨도 다음 주 세미나에 참가하시죠?

**B** 네, 그럴 생각인데요.

**A** 나중에 참석할 즈음해서 주의사항을 메일로 보내드릴 테니 확인 부탁드릴게요.

**B** 알겠습니다.

**회화 내용에 맞는 것은 무엇인가?**

① A씨는 연수 전에 해야 할 과제를 메일로 B씨에게 보낼 예정이다.

② A씨는 연수 참석 때 확인해야 할 것을 메일로 B씨에게 보낼 예정이다.

③ A씨는 연수에 참가하기 위한 신청서를 메일로 B씨에게 보낼 예정이다.

④ A씨는 연수에 참석하지 않을 경우의 절차에 대해 B씨에게 보낼 예정이다.


## 🍚 030            p.49

**A** 요전에 가르쳐 준 라면집 아주 맛있었어.

**B** 다행이네. 가게 생긴 거랑은 다르게 맛은 틀림없었지?

**A** 응, 실은 가게에 들어가기 전에는 조금 불안했지만 말이야.

**B** 그 라면집 오래되어서 좀 더러워 보여도 맛만큼은 어디보다도 맛있다니까.

**회화 내용에 맞는 것은 무엇인가?**

① B씨가 가르쳐준 라면집은 가게 분위기에 비해 맛은 별로다.

② B씨가 가르쳐준 라면집은 가게 분위기도 맛도 훌륭하다.

③ B씨가 가르쳐준 라면집은 맛만큼은 다른 가게보다도 훨씬 맛있다.

④ B씨가 가르쳐준 라면집보다도 맛있는 라면집은 많이 있다.


## 쪽지 시험 05            p.50

**문제1**

**1** 1 회사에 들어온 지 벌써 세 달이 됩니다. 자신은 없지만 매일 열심히 하고 있습니다.

**2** 4 상여금이 나왔다고 해도 정말 적은 금액이다.

**3** 1 선생님의 이야기에 따르면 하야시가 다쳤다던데. 정말 걱정이야.

**4** 3 채소나 생선의 신선함만큼은 뭐라 해도 이 가게가 제일이다.

**5** 2 A "아무리 농담이었다고 해도 말해도 괜찮은 것과 안 괜찮은 것이 있잖아."

　　B "미안."

**6** 3 이 사이트를 이용할 때는 비밀번호 입력이 필요합니다.

**문제2**

**1** 3 (4132)

그것이 진짜라고 해도 이 눈으로 확인하지 않는 한 믿을 수 없다.

**2** 1 (2314)

자랑은 아니지만 나는 걷는 속도만큼은 누구에게도 지지 않을 자신이 있다.

**3** 2 (1324)

회사 면접을 보게 될 때 취직하고 싶은 회사 정보뿐만 아니라 경쟁 회사에 대해서도 조사해 두는 편이 좋아.

**4** 4 (3142)

단 것을 그다지 좋아하지 않는다고 해도 케이크나 쿠키를 전혀 먹지 않는 것은 아니다.

**5** 3 (2431)
최근 음악 취향이 달라졌다고 들었는데 지금은 어떤 음악을 좋아하나요?

**6** 3 (4231)
한 달이나 편지를 받고 있었는데 답장도 안 하고 진심으로 죄송합니다.

## 🪐031 _____ p.52

**A** 스즈키 씨는 어제 무사히 출산하셨다고 들었어요.

**B** 잘되었네요. 스즈키 씨의 아이라면 예쁠 게 뻔하고요.

**A** 맞아요. 안정이 되면 함께 스즈키 씨와 아기를 보러 가지 않겠어요?

**B** 좋아요.

### 회화 내용에 맞는 것은 무엇인가?

① A씨도 B씨도 스즈키 씨는 예쁘지만 아이는 아직 모른다고 생각한다.

② A씨도 B씨도 스즈키 씨 아이는 틀림없이 예쁠 거라고 생각한다.

③ A씨도 B씨도 스즈키 씨는 그다지 예쁘지 않지만 아이는 예쁠 거라고 생각한다.

④ A씨도 B씨도 스즈키 씨 아이를 만나면 예쁘다고 말해야겠다고 정했다.

## 🪐032 _____ p.53

**A** 이 프로젝트는 꼭 자네가 담당하면 좋겠는데.

**B** 저로 괜찮을까요?

**A** 응. 상대편에서도 꼭 자네에게 부탁하고 싶다고 해서 말이야.

**B** 감사합니다. 기대에 부응하여 있는 힘껏 열심히 하겠습니다.

### 회화 내용에 맞는 것은 무엇인가?

① B씨는 거래처의 기대는 기쁘지만 부담이라고 느끼고 있다.

② B씨는 거래처로부터의 기대대로 할 수 있게 열심히 하고 싶다고 생각한다.

③ B씨는 프로젝트를 성공시킬 자신이 없어서 나중에 거절하려고 생각한다.

④ B씨는 이후에 거래처로부터의 기대 메일에 답장할 예정이다.

## 🪐033 _____ p.54

**A** 저, 저기 서 있는 남자 알아?

**B** 응, 누구? 난 모르는데 유명한 사람이야?

**A** 응. 프로 농구 선수야.

**B** 정말? 농구 선수치고는 키가 좀 작은 느낌도 들긴 하는데.

### 회화 내용에 맞는 것은 무엇인가?

① A씨는 실은 그 남성의 팬이다.

② 남성은 키가 작기 때문에 농구 선수가 아니다.

③ 남성은 농구 선수치고는 키가 크지 않다.

④ A씨는 남성을 농구선수라고 착각하고 있다.

## 🪐034 _____ p.55

**A** 이 꽃 무척 예쁘네요.

**B** 그렇죠. 게다가 봄부터 가을에 걸쳐 꽃을 피워서 오랫동안 즐길 수 있어요.

**A** 좋네요. 그러면 선물용으로 하나 부탁드릴게요.

**B** 감사합니다.

### 회화 내용에 맞는 것은 무엇인가?

① 그 식물은 봄부터 가을까지의 기간 중 한번 꽃을 피운다.

② 그 식물은 봄부터 가을까지의 기간을 보내고 간신히 겨울에 꽃을 즐길 수 있다.

③ 그 식물은 봄부터 가을까지의 기간 동안 쭉 꽃을 피운다.

④ 그 식물은 봄부터 가을까지의 기간 동안 계절마다 다른 꽃을 피운다.

## 🪐035 _____ p.56

**A** 이번에 우리 부서에 새로 온 야마다 부장님은 어떤 사람인지 알아?

**B** 나도 소문으로밖에 들은 적 없지만 성격은 어쨌든 일은 꽤나 잘하는 사람이라나 봐.

**A** 흠, '성격은 어쨌든'이라니.

**B** 뭐, 처음부터 편견은 가지지 말자고.

### 회화 내용에 맞는 것은 무엇인가?

① 야마다 부장은 성격도 업무 능력도 그다지 좋은 평가를 받고 있지 않는 듯하다.

② 야마다 부장의 성격에 대해서는 정보가 없지만 일은 잘하는 사람인 듯하다.

③ 야마다 부장은 성격은 물론 업무 능력도 훌륭한 사람인 듯하다.

④ 야마다 부장은 성격은 제쳐 두고 일에 관해서는 높은 평가를 받는 사람인 듯하다.

## 🪐036 _____ p.57

**A** 그 배우 요즘 자주 보는데 그렇게 인기가 많아?

**B** 응. 연기는 물론 노래도 잘하니까 지난달에 가수 데뷔도 했어.

**A** 그건 몰랐네.

**B** 일본은 물론 해외에서도 인기라나 봐.

**회화 내용에 맞는 것은 무엇인가?**

① 그 배우는 연기는 당연하고 노래까지 잘한다.

② 그 배우는 노래에 비해 연기는 그다지 잘하지 않는다.

③ 그 배우는 연기도 노래도 잘하는 건 아니지만 인기가 있다.

④ 그 배우는 일본보다 해외에서 인기가 있다.

---

## 쪽지 시험 06 p.58

### 문제1

**1** 2 팬의 앙코르 소리에 부응하여 가수는 다시 무대에 등장했다.

**2** 2 저 레스토랑은 일류 가게치고는 그다지 가격이 비싸지 않다.

**3** 1 상품 품질이 같다면 당연히 가격이 저렴한 편을 고른다.

**4** 3 패밀리레스토랑은 물론 편의점조차 24시간 영업하지 않는 가게가 늘어나고 있다.

**5** 4 사고 때문에 두 시간에 걸쳐 전철은 불통이었다.

**6** 3 드디어 시험에 합격했다. 친구는 둘째 치고 부모님한테는 지금 바로 전화로 알려야지.

### 문제2

**1** 2 (1423)

지난달에 아빠는 오랫동안 근무했던 회사를 정년퇴직하였다.

**2** 2 (3421)

그녀는 3년이나 일본어를 공부했다고 하지만 그것치고는 서투르다.

**3** 4 (3142)

건강을 위해서는 균형이 좋은 식사는 물론 스트레스를 쌓지 않는 것도 중요하다.

**4** 3 (4231)

A "내일까지 이만큼 보고서를 쓰라니 틀림없이 무리잖아."

B "그렇게 말하지 말고 열심히 하는 수밖에 없잖아."

**5** 1 (4312)

이 식물원에는 이용자 요구에 부응하여 하계 개원 시간을 한 시간 연장하기로 했다.

**6** 4 (2341)

에어컨이 망가져서 수리를 부탁했다. 수리에 걸리는 비용적인 면은 둘째 치고 며칠이나 기다려야 하는 상황이라고 한다.

---

### 🎧 037 p.60

**A** 좀 상담할 게 있는데.

**B** 심각한 표정으로 무슨 일이야?

**A** 실은 어제 과장님이 회사 돈을 말없이 꺼내가는 것을 봤어.

**B** 엇, 그건 바로 부장님께 보고해야지.

**회화 내용에 맞는 것은 무엇인가?**

① A씨는 과장에 관해 부장에게는 보고하지 않는 편이 낫다고 생각했다.

② B씨는 과장에 관해 바로 부장에게 보고하지 않은 A씨를 질책했다.

③ B씨는 이제 부장에게 가지 않으면 안 되게 되었다.

④ B씨는 과장에 관해 부장에게 보고하는 편이 좋다고 A씨에게 충고했다.

---

### 🎧 038 p.61

**A** 최근 기운이 없어 보이는데 무슨 일 있어요?

**B** 실은 좀처럼 취직할 데가 안 찾아져서요.

**A** 진로 고민인가요? 그러고 보니 요전에 면접 봤었죠?

**B** 네. 혹시 그 회사도 안 되면 이제 귀국하는 수밖에 없어요.

**회화 내용에 맞는 것은 무엇인가?**

① B씨는 면접 결과가 불합격이면 대학원에 진학하려고 한다.

② B씨는 면접 결과가 불합격이면 귀국하는 이외에 방법이 없다.

③ B씨는 면접 결과에 관계없이 귀국하려고 한다.

④ B씨는 이곳에서의 취직이 어려워서 귀국하여 새로운 취직 준비를 하려는 참이다.

---

### 🎧 039 p.62

**A** 주말 골프 어떡하죠?

**B** 뭔가 가지 않을 수 없는 분위기죠.

**A** 역시 그렇게 생각하시나요?

**B** 정말이지 쉬는 날 정도는 느긋하게 자고 싶다고요.

**회화 내용에 맞는 것은 무엇인가?**

① B씨는 골프에 가고 싶지 않은 척을 하고 있다.

② B씨는 주말에는 느긋하게 쉬고 싶다고 강하게 생각한다.

③ B씨는 주말에 집에서 자고 있는 것은 아깝다고 생각한다.

④ B씨는 주말만 아니면 골프에 가도 좋다고 생각한다.

## 🍜 040 _____ p.63

**A** 아직 그 아이돌을 쫓아다니다니 열정이 대단해.

**B** 학창시절부터니까 벌써 20년 정도인가.

**A** 20년은 엄청나네. 그러니까 남자친구가 한 명도 안 생기지.

**B** 남자친구? 가능하면 걔랑 결혼하고 싶은 정도인걸.

**회화 내용에 맞는 것은 무엇인가?**

① B씨는 가능하면 무척 좋아하는 아이돌과 결혼하고 싶다고 생각한다.

② B씨는 좋아하는 연예인 때문에 지금까지 남자친구와 오래 지속되지 않았다.

③ B씨의 남자친구는 실은 연예인이다.

④ B씨는 20년을 거쳐 쭉 팬이었던 아이돌과 결혼하게 되었다.

## 🍜 041 _____ p.64

**A** 사장님, S사와의 계약 건 말인데 아무래도 납득이 가지 않습니다.

**B** 음, 자네가 말하는 걸 모르는 건 아니지만.

**A** 그렇다면 어째서.

**B** 눈앞의 일보다도 긴 안목으로 보는 편이 좋은 일도 있으니까 말일세.

**회화 내용에 맞는 것은 무엇인가?**

① B씨는 A씨와 완전히 같은 생각이다.

② B씨는 A씨의 의견을 들을 이유는 없다고 생각한다.

③ B씨는 A씨의 의견에 일부 공감할 수 있는 점도 있다고 생각한다.

④ B씨는 A씨의 의견을 듣고 계약을 어떻게 할지 고민하고 있다.

## 🍜 042 _____ p.65

**A** 새 사업은 어때?

**B** 그게 꽤 순조로워서 추가로 일손을 모집하려고 생각 중이야. 괜찮으면 해보지 않을래?

**A** 관심은 있지만 어린애가 있어서 내가 할 수 있을까?

**B** 물론. 온라인 비즈니스니까 장소 불문하고 가능하고 근무 시간도 융통성 있고 말이야.

**회화 내용에 맞는 것은 무엇인가?**

① B씨의 사업에 A씨는 관심을 가지고 있지만 아이가 있어서 일할 수 없다.

② B씨의 사업은 일을 할 장소를 고르지 않아도 된다.

③ B씨의 사업은 어디에서든 가능한 일이다.

④ B씨의 사업은 누구나 가능한 일이다.

---

## 쪽지 시험 07 _____ p.66

### 문제1

**1** 3 A "다들 안 오네. 뭔가 연락 없었어?"

B "길이 막히나 봐."

A "아, 그래서 다들 안 오는 거구나."

**2** 1 병문안을 올 것까지는 없지만 전화 정도는 하는 법이다.

**3** 4 정부는 제도 실패를 인정하고 국민에게 제대로 사과해야 한다.

**4** 2 이 주변은 젊은이에게 인기가 있어서 밤낮 관계없이 활기차다.

**5** 4 집을 살 수 있다면 사고 싶지만 내 지금 수입으로는 무리일 것이다.

**6** 3 비가 내리고 있어서 아쉽지만 오늘 하이킹은 단념하는 수밖에 없다.

### 문제2

**1** 1 (3214)

이렇게 날씨가 좋은 날에는 드라이브라고 하고 싶다.

**2** 4 (3241)

희망하는 대학에 들어갈 수 있는 가능성은 낮다고 알면서도 들어갈 수 있다면 들어가고 싶다.

**3** 2 (3421)

이 모임은 연령이나 성별을 불문하고 누구든 자유롭게 가입할 수 있기 때문에 다양한 사람과 교류할 수 있는 것이 매력이다.

**4** 1 (4213)

이번 달에 받은 급료를 전부 사용해 버렸기 때문에 다음 달 분을 빌리는 수밖에 없을 것이다.

**5** 2 (1324)

자신의 의견을 별로 주장하지 않는 경우가 있는데, 주변 분위기에 휩쓸리지 말고 말하기 어려운 일도 확실히 말해야 한다.

**6** 3 (1432)

세금은 모든 국민에게 직접적인 이익이 되지 않기도 하지만 정부는 그것을 평등하게 사용하도록 노력해야 한다.

# STEP 2

③　시험은 지진이 일어나지 않으면 예정대로 실시된다.

④　지진 탓에 시험이 연기될 가능성이 높다.

**043** _____ p.70

**A**　여자 친구랑 쇼핑하러 가는 건 지쳤어.

**B**　하하. 무슨 일인데?

**A**　어제도 몇 시간이나 가게 앞에서 고민한 끝에 아무것도 사지 않고 집에 왔다니까.

**B**　나도 그 기분 잘 알아.

**회화 내용에 맞는 것은 무엇인가?**

①　A씨의 여자 친구는 결단이 빠른 편이다.

②　A씨의 여자 친구는 신중하게 생각한 끝에 상품을 골랐다.

③　A씨의 여자 친구는 여러 가지 고민했지만 최종적으로는 아무것도 구입하지 않았다.

④　A씨의 여자 친구는 우유부단하지 않다.

**044** _____ p.71

**A**　죄송하지만 한 번 더 처음부터 말해도 될까요?

**B**　네. 오늘은 면접 연습이니까 괜찮아요.

**A**　고맙습니다. 너무 긴장한 나머지 머릿속이 새하얗게 되어 버려서.

**B**　그러면 한번 심호흡하고 나서 시작할까요?

**회화 내용에 맞는 것은 무엇인가?**

①　A씨는 너무 긴장해서 몸 상태가 나빠지고 말았다.

②　A씨는 너무 긴장해서 무엇을 말해야 할지 모르게 되고 말았다.

③　A씨는 그다지 긴장하지 않았는데도 제대로 말할 수 없었다.

④　A씨는 조금 더 긴장을 하는 편이 좋다.

**045** _____ p.72

**A**　그렇게 어두운 표정 짓고, 무슨 일이야?

**B**　오후 시험을 생각하면 우울해서…. 시험 없어지지 않으려나.

**A**　지진이 일어나지 않는 한 없어지진 않을 거야.

**B**　하, 이런 거라면 빨리 준비해 두면 좋았을 텐데.

**회화 내용에 맞는 것은 무엇인가?**

①　매우 중요한 시험이라서 무슨 일이 있어도 시험은 실시될 예정이다.

②　A씨는 지진 탓에 시험이 없어질지도 모른다고 걱정하고 있다.

**046** _____ p.73

**A**　무슨 일이야? 유령이라도 본 것 같은 얼굴이네?

**B**　나, 화장실에 좀 다녀올게.

**A**　괜찮아? 속이 안 좋아?

**B**　아니, 인생에서 가장 만나고 싶지 않은 사람이 이 자리에 있어서. 아까 우연히 봤어.

**회화 내용에 맞는 것은 무엇인가?**

①　B씨는 유령을 보고 말아서 안색이 나쁘다.

②　B씨는 마치 유령을 봤다고 생각할 정도로 놀란 표정을 짓고 있었다.

③　B씨는 갑자기 속이 안 좋아진 탓에 화장실에 가고 싶어졌다.

④　B씨는 싫어하는 사람이 화장실 방향으로 간 것을 보고 말았다.

**047** _____ p.74

**A**　혹시 최근에 사토 씨한테서 연락 있었어?

**B**　아니, 특별히 연락 받은 건 없는데 무슨 일 있어?

**A**　실은 3일 전에 나중에 또 전화한다고 연락한 뒤로 연락이 통 안 되어서.

**B**　걱정이네. 무슨 일 있나.

**회화 내용에 맞는 것은 무엇인가?**

①　사토 씨는 때때로 연락이 안 된다.

②　사토 씨의 마지막 연락은 3일 전이었다.

③　사토 씨에게 두 번 연락이 왔는데 A씨는 전화를 받지 못했다.

④　사토 씨는 A씨를 싫어해서 연락하는 것을 피하고 있다.

**048** _____ p.75

**A**　"'보(報)·연(連)·상(相)'을 지킬 것."이라고 여기에 쓰여 있는데 무슨 의미인가요?

**B**　'보·연·상'이라는 것은 '보고·연락·상담'이라는 의미예요.

**A**　그렇군요. 처음 들었어요.

**B**　일본에서 일할 때에 무척 중요한 점이니까 김 씨도 명심하세요.

**회화 내용에 맞는 것은 무엇인가?**

①　A씨는 '보·연·상'을 지키기 위해 필요한 것을 B씨에게 알려 주었다.

②　'보·연·상'을 지키는 것은 그다지 요구되지 않는다.

③ A씨는 '보·연·상'을 지키기 위한 요령을 읽고 있다.

④ 일본 회사에서는 '보·연·상'을 소홀히 하면 안 된다.

## 쪽지 시험 08
p.76

### 문제1

1  1 그는 술을 지나치게 마시고 소동을 피웠다.

2  2 딸은 합격 통지를 받고 너무 기쁜 나머지 엉겁결에 눈물을 흘렸다.

3  4 벚꽃이 떨어지기 시작하여 마치 눈이 내리는 것 같은 풍경이었다.

4  4 폭우가 내리지 않는 한 내일은 소풍을 갑니다.

5  3 해외여행 가이드북에는 대개 '현지 수돗물은 마시지 않을 것'이라고 적혀 있다.

6  1 A "이 벌꿀 상미기한 지났는데."
   B "아, 그거 한번 사용한 채로 그대로 잊어버리고 있었어요."

### 문제2

1  4 (2143)
   그의 방은 몇 달이나 청소하지 않은 것처럼 더럽다.

2  2 (4123)
   오늘 아침 우유를 마신 채로 아무것도 먹지 않았기 때문에 배가 고프다.

3  1 (2413)
   이 강의는 학교 행사 등 특별한 사정이 없는 한 모든 회에 참가할 것을 원칙으로 합니다.

4  2 (1324)
   오래된 제품 수리가 가능한지 어떤지 회사 서비스센터에 전화했는데 오랜 시간 기다렸는데도 결국 대응할 수 없다는 말을 들었다.

5  4 (1342)
   받은 메일에는 '보고서는 반드시 다음 주 금요일까지 제출할 것'이라고 쓰여 있었다.

6  3 (1432)
   이 대학은 유학생을 많이 받는다. 그저 학생을 너무 원한 나머지 입학시험 기준점을 내리기만 하는 것은 문제라고 생각한다.

### 🚢049
p.78

A  피곤해 보이는데 무슨 일 있어요?

B  아까 야마시타 씨와 함께 차를 마시러 갔는데 한 시간 내내 자기 얘기만 했어요.

A  힘들었겠어요.

B  정말요. 불평만 들어야 해서 얼마나 지루했던지.

**회화 내용에 맞는 것은 무엇인가?**

① B씨는 야마시타 씨에게서 일이 지루하다는 이야기를 한 시간이나 들어야만 했다.

② B씨는 야마시타 씨의 이야기를 듣는 동안 몹시 지루했다.

③ B씨는 야마시타 씨에게 고민을 상담하고 싶었지만 이야기할 시간이 없어서 실망하여 돌아왔다.

④ B씨는 야마시타 씨의 이야기는 재미있지만 자기만 이야기해서 조금 지루했다고 생각한다.

### 🚢050
p.79

A  저기, 부장님 어딘가 가셨습니까?

B  아까 하야시 과장님과 외출하셨는데요.

A  그런가요? 부장님과 하야시 과장님이라면 담배겠군요.

B  아마 그럴 거라고 생각해요. 10분 정도면 돌아오실 거예요.

**회화 내용에 맞는 것은 무엇인가?**

① 부장과 하야시 과장은 흡연자인 점으로 미루어 보아 두 사람은 아마 담배를 피우러 외출했다.

② 부장과 하야시 과장은 담배를 핑계로 항상 일에서 게으름을 피우기 때문에 부하는 불만이다.

③ 부장과 하야시 과장은 부인 몰래 회사에서는 담배를 피운다.

④ 부장과 하야시 과장은 한번 담배를 피우러 나가면 좀처럼 돌아오지 않는다.

### 🚢051
p.80

A  다음 주부터 부디 잘 부탁드립니다.

B  저야말로 잘 부탁드려요. 우리 회사는 출근 시간은 사원에게 맡기고 있지만 첫날이니까 아홉 시에는 출근하도록 해 주세요.

A  알겠습니다.

B  달리 또 궁금한 게 있으면 언제든 휴대전화로 연락 주세요.

**회화 내용에 맞는 것은 무엇인가?**

① 이 회사의 출근 시간은 특별히 정해져 있지 않다.

② 이 회사는 아홉 시까지 출근해야 한다고 정해져 있다.

③ 이 회사는 출근 시간은 자유롭지만 늦어질 경우에는 상사에게 보고해야 한다.

④ 이 회사 출근 시간은 상사의 지시에 따라 정해진다.

### 🚢052
p.81

A  B씨, 이번 주말도 골프인가요?

B  네, 부장님 권유라서 아무래도 거절할 수 없어요.

A  때로는 거절해도 괜찮지 않나요?

B  아니, 출세가 걸려 있어서 가지 않을 수는 없어요.

회화 내용에 맞는 것은 무엇인가?

① B씨는 속마음은 가고 싶지 않지만 좋아서 부장과 함께
　 가는 거라고 거짓말을 하고 있다.

② B씨는 함께 골프를 할 수 있는 상대가 부장밖에 없어서
　 부장과 함께 가는 수밖에 없다.

③ B씨는 출세를 위해 부장과의 골프에 어떻게든 어울려야
　 만 한다.

④ B씨는 실제로는 무리하지 않아도 괜찮지만 부장과의 골
　 프가 즐거워서 매주 함께 간다.

## 🚢053 _____ p.82

**A** 엄마, 요전에 이야기했던 게임 말인데 너무 갖고 싶어.

**B** 음, 게임 말이지? 그건 다음 시험 성적에 달려 있어.

**A** 정말? 게임을 위해서라면 나 공부 열심히 할 거야.

**B** 기대하고 있을게.

회화 내용에 맞는 것은 무엇인가?

① 이번 시험 성적이 좋았기 때문에 B씨는 게임을 받게 될
　 예정이다.

② 최근 B씨는 공부를 열심히 하고 있어서 엄마는 게임을
　 사주기로 하였다.

③ B씨는 시험 결과가 그다지 좋지 않지만 게임을 위해
　 공부를 열심히 할 생각이다.

④ (엄마가) 게임을 사 줄지 여부는 B씨 성적에 의해 결정
　 된다.

## 🚢054 _____ p.83

**A** 스즈키 과장님, 이 경비 말인데 어떻게든 처리해 주시지
　 않겠습니까?

**B** 죄송해요. 회사 규정상 영수증이 없으면 처리할 수 없습
　 니다.

**A** 그걸 어떻게든 부탁드립니다.

**B** 영수증만 있으면 문제없는데 예외는 인정할 수 없어요.
　 죄송해요.

회화 내용에 맞는 것은 무엇인가?

① 경비 처리에 관한 항목은 사내 규정 시작 부분에 기재되
　 어 있다.

② 회사 규정에 따르면 영수증이 없는 경우에는 경리부 판
　 단에 따르게 되어 있다.

③ 회사 규정에 따르면 영수증이 없으면 경비 처리는 인정
　 할 수 없다고 되어 있다.

④ 회사 규정에는 경비 처리에 관한 상세한 내용이 기재되
　 어 있지 않다.

**문제1**

1　1 스포츠라면 무엇이든 잘하는 야마다 씨니까 분명 스
　　 키도 잘할 거예요.

2　3 어렵다고는 생각하지만 어떻게 부탁하느냐에 따라 다
　　 나카 씨도 받아들여 줄지도 몰라.

3　2 위험한 곳에는 가지 않도록 몇 번이나 주의를 주었던
　　 가.

4　4 상품이 너무 비싸서 팔리지 않는 경우에는 가격을 내
　　 릴 수밖에 없다.

5　2 다나카 교수의 수업에서는 매주 리포트를 제출하게
　　 되어 있다.

6　1 미성년의 음주는 법률상 허락되지 않는다.

**문제2**

1　2 (3124)

야마시타 씨와 약속은 세 시에 역에서 만나기로 되어 있다.

2　1 (2314)

이 제품은 아이디어에 따라 다양한 사용법이 가능할 것
입니다.

3　4 (3412)

학교생활이나 학생 지도상의 문제 등에 대해 부모님과
학교 측이 논의했다.

4　3 (4231)

이 문제에 대한 그의 생각은 틀렸다고밖에 말할 수 없다.

5　3 (4312)

회사 경영이 힘들 때 야마다 씨에게 도움을 받아서 얼마
나 감사한지 모른다.

6　2 (1234)

A "야마시타 씨는 아직 안 왔네요."

B "시간을 잘 지키는 야마시타 군이니까 늦을 리가 없을
　 거예요. 조금 더 기다립시다."

## 🚢055 _____ p.86

**A** 앗, 드디어 끝났다.

**B** 마침내 고쳤습니까?

**A** 이 기계를 수리하느라 오늘은 식사를 할 시간조차 제대
　 로 없었어.

**B** 정말 고맙습니다. 답례로 오늘 저녁에 뭔가 대접할게요.

회화 내용에 맞는 것은 무엇인가?

① A씨는 수리가 끝날 때까지는 식사를 하면 안 된다는 말
　 을 B씨에게 들었다.

② A씨는 공복 상태로 작업했기 때문에 생각한 것보다도
　 수리에 시간이 걸리고 말았다.

③ A씨는 식사 시간을 잊어버릴 정도로 기계 수리에 집중하고 있었다.

④ A씨는 기계를 고치느라 바빠서 오늘은 느긋하게 식사를 할 시간도 없었다.

## 🛶056 p.87

**A** 최근 어깨 결림 때문인지 두통이 심해요.

**B** 괜찮아요? 혹시 원하면 좋은 병원 소개할까요?

**A** 정말이요?

**B** 나도 과장님에게 추천 받아서 가 봤더니 금방 상태가 괜찮아져서. 그 이후 정기적으로 다니고 있어요.

**회화 내용에 맞는 것은 무엇인가?**

① B씨는 과장이 소개해 준 병원에 가 봤더니 상태가 좋아졌다.

② B씨는 과장이 소개해 준 병원에 가려고 했지만 그전에 상태가 회복했다.

③ B씨는 과장이 소개해 준 병원에 가 봤지만 효과는 별로 없었다.

④ B씨는 과장이 소개해 준 병원 덕분에 상태가 좋아진 건 아니라고 생각한다.

## 🛶057 p.88

**A** 어라, 오늘도 이케다 안 와?

**B** 응, 권해 봤지만 바쁜가 봐.

**A** 바쁘다니 어차피 또 여자 친구랑 데이트겠지.

**B** 여자 친구 생기자마자 갑자기 만나기 어려워졌다니까.

**회화 내용에 맞는 것은 무엇인가?**

① 이케다는 여자 친구와 사귀기 시작한 직후부터 성격이 나빠졌다.

② 이케다는 여자 친구가 생기기 조금 전부터 주변 사람과 거리를 두게 되었다.

③ 이케다는 여자 친구와 사귀기 시작한 직후부터 다른 일정은 거절하게 되었다.

④ 이케다는 사람들과 어울리기 귀찮아서 여자 친구를 이유로 초대를 거절한다.

## 🛶058 p.89

**A** 뭔가 기운 없어 보이는데 무슨 일 있어요?

**B** 실은 어제 아내의 불만이 폭발해 버려서.

**A** 힘들겠어요.

**B** 나도 육아와 집안일을 해야 한다고 생각하면서 일을 핑계로 아내에게만 맡기고 있었기 때문에 반성하고 있어요.

**회화 내용에 맞는 것은 무엇인가?**

① B씨는 육아와 집안일을 하고 있는데도 부인에게 불만을 들어서 몹시 괴로워하고 있다.

② B씨는 육아와 가사를 하면서 일을 하고 있어서 스트레스가 쌓여 있다.

③ B씨는 육아나 집안일을 해야 한다고 생각했지만 결국 하지 않았다.

④ B씨는 육아나 집안일을 하지 않아도 되지만 적극적으로 하고 있다.

## 🛶059 p.90

**A** 부장님, 이번에는 정말로 죄송했습니다.

**B** 반성하고 있다면 몇 번씩 사과하는 건 이제 그만둬.

**A** 하지만 저 때문에….

**B** 부하 실수의 책임을 지는 것이 상사이니까.

**회화 내용에 맞는 것은 무엇인가?**

① 부하 실수는 상사 책임이라는 것은 이 회사만의 규칙이다.

② 부하가 실수를 하면 상사가 그 책임을 지는 것이 당연한 일이다.

③ 부하가 자기 실수는 스스로 책임을 질 수 있게 상사는 잘 지도해야 한다.

④ 부하 실수는 상사가 책임을 지는 것이 옛날에는 일반적이었지만 지금은 시대가 달라지고 있다.

## 🛶060 p.91

**A** 나, 요즘 이 배우가 궁금해.

**B** 이 사람 알아. 남자지만 예쁘게 생겼어.

**A** 맞아 맞아. 이 얼굴은 잘생겼다기보다 아름답지.

**B** 응,

**회화 내용에 맞는 것은 무엇인가?**

① 그 배우의 얼굴은 예쁘다는 말보다도 아름답다고 표현하는 편이 어울린다.

② 그 배우의 얼굴은 잘생겼다는 말보다도 아름답다고 표현하는 편이 어울린다.

③ A씨는 잘생긴 얼굴보다는 아름다운 얼굴을 좋아한다.

④ B씨는 자신보다도 그 배우의 얼굴이 예쁘기 때문에 분하다고 생각한다.

---

## 쪽지 시험 10 p.92

**문제1**

1 1 좁은 길에 오토바이를 계속 두는 것은 민폐이다.

2 2 매뉴얼 설명대로 해 봤더니 잘 되었다.

| 3 | 4 그는 병이 악화하여 혼자서는 스스로 식사조차 할 수 없다. |
| 4 | 3 그는 매우 빨리 먹는다. 먹고 있다기보다 들이마시는 느낌이다. |
| 5 | 1 이 여관에서는 멋진 풍경을 즐기면서 온천에 들어갈 수 있습니다. |
| 6 | 2 허둥지둥 교실을 빠져나오자마자 히로시와 부딪히고 말았다. |

## 문제2

| 1 | 1 (2314) |
| | 다이어트하려고 생각하면서 단것을 보면 그만 먹어 버린다. |
| 2 | 2 (1423) |
| | 매일 집에서 역까지 버스를 타지 않고 걸어가는 것은 절약이라기보다 건강을 위해서이다. |
| 3 | 4 (1342) |
| | 길을 잃은 어린이는 데리러 온 엄마 얼굴을 보자마자 울기 시작했다. |
| 4 | 1 (2314) |
| | 타인의 말도 듣지 않고 자기주장만 관철하려고 하는 건 오만방자라고 하는 것이다. |
| 5 | 2 (4213) |
| | 보고서를 쓰기 위하여 인터넷으로 검색해 본 결과 그에 관련된 자료가 몇 개 정도 발견되었다. |
| 6 | 3 (2431) |
| | 과장 "야마다, 이 선반의 자료, 전혀 정리되어 있지 않은 것 같네. 이름조차 붙어 있지 않는 파일도 있고." |
| | 야마다 "죄송합니다. 바로 정리하겠습니다." |

## 🚢061 _____ p.94

**A** 여행 선물로 산 과자인데, 괜찮으면 드세요.

**B** 일부러 고맙습니다. 남편이 무척 기뻐할 거예요.

**A** 남편 분은 단것을 좋아하시나요?

**B** 네, 저보다 남편이 초콜릿이나 쿠키 같은 단것에 눈이 돌아가요.

**회화 내용에 맞는 것은 무엇인가?**

① B씨의 남편은 단것은 그다지 먹지 않지만 초콜릿과 쿠키는 무척 좋아한다.

② B씨의 남편은 초콜릿이나 쿠키 등 과자를 무척 좋아한다.

③ B씨의 남편은 초콜릿과 쿠키 이외의 단것을 무척 좋아한다.

④ B씨의 남편은 초콜릿이나 쿠키 등 단것은 좀 잘 못 먹는다.

## 🚢062 _____ p.95

**A** 여름휴가는 어땠어?

**B** 느긋하게 쉬기는커녕 일에 쫓겨서 힘들었어.

**A** 그랬구나. 틀림없이 여행이라도 간 줄 알았는데.

**B** 나도 그럴 생각이었지만….

**회화 내용에 맞는 것은 무엇인가?**

① B씨는 여름휴가를 받았지만 실제로는 일이 바빠서 별로 쉬지 못했다.

② B씨는 여름휴가에 느긋하게 쉬다가 돌아왔지만 일이 쌓여서 힘들었다.

③ B씨는 여름휴가의 절반은 여행을 즐겼지만 남은 절반 동안에는 일을 했다.

④ B씨는 여름휴가를 받았지만 일이 바빴기 때문에 여행을 간 곳에서도 일을 하고 있었다.

## 🚢063 _____ p.96

**A** 오랜만에 오늘 저녁 한잔 어떻습니까?

**B** 가고 싶은 마음은 굴뚝같지만 프레젠테이션 준비가 있어서 그럴 상황이 아니에요.

**A** 아쉽지만 그러면 어쩔 수 없네요.

**B** 다음에 또 권해 주세요.

**회화 내용에 맞는 것은 무엇인가?**

① B씨는 프레젠테이션 준비할 곳을 찾고 있다.

② B씨는 술을 별로 안 좋아하기 때문에 프레젠테이션 준비를 핑계로 초대를 거절했다.

③ B씨는 프레젠테이션 준비로 바쁘지만 술은 마시고 싶어서 나중에 합류할 생각이다.

④ B씨는 프레젠테이션 준비 때문에 동료와 술을 마실 시간이 없다.

## 🚢064 _____ p.97

**A** 다녀왔습니다.

**B** 어서 오렴. 우산 안 가지고 갔지? 비가 엄청 쏟아지는데 괜찮았어?

**A** 응, 딱 적당할 때에 남자친구가 차로 데리러 와 줘서.

**B** 그랬구나. 다음에 제대로 소개해 줘.

**회화 내용에 맞는 것은 무엇인가?**

① A씨는 우산이 없었기 때문에 남자친구에게 부탁해서 데리러 와 달라고 했다.

② A씨는 갑자기 쏟아진 비를 맞으며 집으로 가고 있을 때 남자친구가 우연히 지나갔다.

③ A씨는 타이밍 좋게 남자친구가 데리러 와주었기 때문에 비를 맞지 않았다.

④　A씨는 비가 내리기 전에 남자친구 차로 집에 올 수 있었다.

## 🛶065 _____ p.98

**A**　와, 요즘에는 이런 노래가 유행하니?

**B**　응, 지금 가장 인기 있는 가수야.

**A**　시대와 함께 음악도 꽤 변했구나.

**B**　할머니도 생각 있으면 들어 보지 않을래?

**회화 내용에 맞는 것은 무엇인가?**

①　B씨는 시대의 변화에 쫓아가지 못하고 있다.

②　시대의 흐름과 음악 스타일 변화는 관계가 없다.

③　시대가 변화하면서 음악 스타일도 변하고 있다.

④　시대 변화와 함께 A씨의 음악 취향도 변하고 있다.

## 🛶066 _____ p.99

**A**　컴퓨터 어떻게든 오늘 중에 고칠 수 있을까요?

**B**　네. 불가능한 것은 아니지만 한두 시간으로는 끝나지 않을 거예요.

**A**　오늘 중에만 받을 수 있으면 시간은 걸려도 괜찮아요.

**B**　알겠습니다. 끝나는 대로 바로 연락드리겠습니다.

**회화 내용에 맞는 것은 무엇인가?**

①　B씨는 컴퓨터를 한두 시간 정도면 고칠 수 있다고 이야기했다.

②　B씨는 컴퓨터를 오늘 중으로는 고칠 수 없을지도 모른다고 이야기했다.

③　B씨는 컴퓨터를 절대 오늘 중에 고칠 수 없다고는 말할 수 없다고 이야기했다.

④　B씨는 컴퓨터를 오늘 중으로 고쳐야만 한다고 이야기했다.

## 쪽지 시험 11 _____ p.100

### 문제1

**1**　4　A "저기, 회 안 먹어? 싫어하는구나."

　　　　B "안 먹지는 않지만 별로 좋아하지 않아요."

**2**　3　가게를 닫으려고 할 참에 손님이 들어왔다.

**3**　1　식생활의 서구화와 함께 요즘에는 매년 쌀 소비량이 줄어들고 있다.

**4**　1　A "저, 보고에 쓸 표는 만들었는데 그래프도 넣고 싶습니다. 가르쳐 주지 않겠습니까?"

　　　　B "으음, 미안. 지금 바빠서 그럴 상황이 아니야."

**5**　2　테마파크나 수족관 같은 곳은 아이들에게 인기가 있다.

**6**　4　감기는 금방 나을 거라는 말을 들었지만 좋아지기는 커녕 점점 나빠졌다.

### 문제2

**1**　4 (2341)

　　공업화가 진행되어 기술이 발전함과 동시에 사람들의 생활 스타일은 엄청난 속도로 변화했다.

**2**　4 (2413)

　　나는 그에게 여러 가지 협력한 셈이지만 감사를 받기는커녕 오히려 미움을 받고 말았다.

**3**　2 (1423)

　　엄마에게 전화를 걸려고 한 참에 엄마에게 전화가 걸려왔다.

**4**　1 (4312)

　　인터넷을 통해 해외 영화나 드라마 등 영상 작품을 즐길 수 있게 되었다.

**5**　3 (4231)

　　요리를 못하는 것은 아니지만 맛있는지 어떤지 자신이 없습니다.

**6**　2 (3421)

　　내일까지 보고서를 다 써야 해. 지금 영화를 보러 갈 때가 아니야.

## 🛶067 _____ p.102

**A**　일에서 중요하게 생각하는 가치관은 무엇입니까?

**B**　네. 저는 그 일이 가슴을 설레게 하는지 여부를 하나의 기준으로 삼고 있습니다.

**A**　가슴을 설레게 하는 일이요?

**B**　네. 즐기는 마음이 가장 좋은 퍼포먼스를 낸다고 생각하기 때문입니다.

**회화 내용에 맞는 것은 무엇인가?**

①　B씨는 일을 할 때에 설레는 마음을 소중히 여긴다.

②　B씨는 일에서 가장 중요한 것은 결과를 내는 것이라고 생각하고 있다.

③　B씨는 일을 할 때에 즐거운지 여부는 그다지 중요하지 않다고 생각한다.

④　B씨는 가슴 설레는 일을 발견하는 것은 쉽지 않다고 생각한다.

## 🛶068 _____ p.103

**A**　이 정보를 열람할 때에는 반드시 상사 허락을 받아야 합니까?

**B**　상황에 따라 다르지만 대부분의 경우 상사의 허락이 필요합니다.

**A**　그런가요? 알겠습니다.

**B**　만약 긴급 시에는 제게 상담하면 대응할 수 있습니다.

**회화 내용에 맞는 것은 무엇인가?**

① 중요한 정보를 열람하는 경우에는 상사가 아니라 B씨의 허락이 필요하다.
② 상황에 관계없이 그 정보를 열람하려면 상사 허락이 필요하다.
③ 상황에 맞추어 상사의 허락이 없어도 그 정보를 열람할 수 있는 경우도 있다.
④ 정보 내용에 따라 열람 허가를 주는 인물이 바뀐다.

## 🚢069 _____ p.104

**A** 신입사원을 뽑을 때의 포인트는 무엇인가요?

**B** 대학 이름에 관계없이 일단 우수한 인재를 원하기 때문에 성적이나 논문 내용을 잘 보려고 합니다.

**A** 우수하면 외국인 채용도 생각하시나요?

**B** 그렇지요. 일본어가 가능하면 검토하고 싶습니다.

**회화 내용에 맞는 것은 무엇인가?**

① B씨의 회사는 대학 이름도 우수한지 여부를 판단하는 한 기준으로 생각하고 있다.
② B씨의 회사는 우수한 인재면 어느 대학을 나왔는지는 중요하지 않다고 생각한다.
③ B씨의 회사는 성별에 관계없이 우수한 인재를 원한다고 생각하고 있다.
④ B씨의 회사는 외국인 채용에 대해서는 생각하고 있지 않다.

## 🚢070 _____ p.105

**A** 다카하시 씨가 이번에 휴직한다는 말을 들었는데 정말이야?

**B** 응, 육아 휴직한다나 봐.

**A** 그렇구나. 남성이면서 육아 휴직이라니 우리 시대에선 생각할 수 없었던 일이네.

**B** 요즘은 여성뿐만 아니라 남성도 육아 휴직을 받을 수 있는 시대가 되었으니까 말이야.

**회화 내용에 맞는 것은 무엇인가?**

① 요즘은 여성보다도 남성이 육아 휴직을 내는 시대가 되었다.
② 요즘은 여성뿐만 아니라 남성도 육아 휴직을 받을 수 있게 되었다.
③ 요즘은 여성도 남성도 육아 휴직을 자유롭게 받을 수 있지만 실제로 사용하는 사람은 줄어들고 있다.
④ A씨는 남성이 육아 휴직을 받는 것에 대해 반대한다.

## 🚢071 _____ p.106

**A** 당점 방문은 처음이신가요?

**B** 네, 그렇습니다.

**A** 처음 오신 손님에 한하여 음료를 한 잔 서비스하고 있으니 좋아하시는 것을 골라 주세요.

**B** 감사합니다.

**회화 내용에 맞는 것은 무엇인가?**

① 이 가게에서는 처음 방문한 손님만 자유롭게 좋아하는 음료를 만들 수 있다.
② 이 가게에서는 처음 방문한 손님과 한 사람 더 음료 서비스를 받을 수 있다.
③ 이 가게에서는 처음 방문한 손님은 음료 서비스를 받을 수 없다.
④ 이 가게에서는 처음 방문한 손님만 특별히 음료수를 한 잔 무료로 마실 수 있다.

## 🚢072 _____ p.107

**A** 이번엔 합격 연락을 주셔서 정말 감사합니다.

**B** 입사할 때에 우선은 고용 계약서 체결이 필요하므로 내일 회사에 와주시겠어요?

**A** 알겠습니다.

**B** 그러면 14시에 기다리고 있을 테니 잘 부탁드립니다.

**회화 내용에 맞는 것은 무엇인가?**

① 입사일에 고용 계약서 체결이 필요하다.
② 입사할 때에 고용 계약서를 지참해야 한다.
③ 입사한 후에 고용 계약서를 체결해도 문제없다.
④ 입사할 즈음에 먼저 고용 계약서를 체결해야 한다.

## 쪽지 시험 12 _____ p.108

**문제1**

| 1 | 2 이 영화는 연령에 상관없이 누구든 즐길 수 있다.
| 2 | 1 수도 요금은 사용량에 따라 받습니다.
| 3 | 2 직장 업무뿐 아니라 교실 수업에서도 컴퓨터가 사용된다.
| 4 | 3 저출생 고령화 문제는 일본뿐만 아니라 중국에서도 문제가 되고 있다.
| 5 | 3 이 서비스 이용을 할 때는 주의 사항을 잘 읽어 주세요.
| 6 | 4 상품은 도착 후 일주일 이내에 한해 반품을 받습니다.

**문제2**

| 1 | 1 (3412)
자동차 구입할 즈음에 자동차 보험에 가입해야만 한다.
| 2 | 3 (2134)
이 일본어학교에서는 한자와 회화 능력에 따라 반이 나뉩니다.

**3** 4 (2413)

인터넷상의 거래에서 특히 주의할 것이 몇 개 정도 있습니다.

**4** 2 (3214)

(슈퍼에서) 3,000엔 이상 구입하신 손님에 한해 10% 할인해 드립니다.

**5** 1 (4312)

스마트폰으로는 전화뿐만 아니라 음악이나 영화를 즐기기도 하고 게임을 하기도 하는 등 다양한 것을 할 수 있다.

**6** 3 (2431)

예정대로 날씨에 관계없이 내일 오후 두 시부터 시합을 하기로 합니다.

## 🛥073 _____ p.110

**A** 실은 이번에 레스토랑을 오픈하게 되었습니다.

**B** 축하드려요.

**A** 오픈에 앞서 파티를 열 예정인데 다음 주 토요일 시간 있으세요?

**B** 물론입니다. 초대 감사합니다.

**회화 내용에 맞는 것은 무엇인가?**

① A씨는 레스토랑의 정식 오픈 전에 파티를 할 예정이다.

② A씨는 레스토랑의 개점 시간 전에 항상 파티를 하려고 한다.

③ A씨는 레스토랑의 오픈 파티에 대해 토요일에 B씨와 의논할 생각이다.

④ A씨는 레스토랑을 오픈하고 싶다고 생각해서 파티에서 협력자를 찾을 생각이다.

## 🛥074 _____ p.111

**A** 오늘은 면접을 보게 해 주셔서 정말 감사드립니다.

**B** 수고 많으셨습니다. 결과는 어느 쪽이든 일주일 이내에 연락드리겠습니다.

**A** 알겠습니다.

**B** 조심히 돌아가세요.

**회화 내용에 맞는 것은 무엇인가?**

① 합격이든 불합격이든 면접 결과에 대해 일주일 이내에 연락이 있다.

② 면접에 합격한 경우에만 연락이 있다.

③ 혹시 연락이 없는 경우에는 면접에서 떨어졌다는 이야기다.

④ 합격인지 불합격인지 일주일 후에 연락하여 확인할 필요가 있다.

## 🛥075 _____ p.112

**A** 오랜만이야.

**B** 오, 오랜만이야. 여자 친구랑 헤어졌다고 들어서 걱정했는데 괜찮아 보여서 다행이다.

**A** 아직 완전히 회복한 건 아니지만 시간이 흐르면서 괜찮아졌어.

**B** 오래 사귀었으니까. 그건 시간이 걸릴 거야.

**회화 내용에 맞는 것은 무엇인가?**

① A씨는 오래 사귄 여자 친구에게 차여 지금도 몹시 낙심하고 있다.

② A씨는 실연 충격에서 더 이상 회복할 수 없다고 생각한다.

③ A씨는 실연하여 침울했지만 시간과 함께 조금씩 기운을 차리고 있다.

④ A씨는 여자 친구와 헤어졌지만 시간이 흐르면 또 여자 친구와 만날 수 있을 거라고 생각한다.

## 🛥076 _____ p.113

**A** 회사를 그만둔다고 들었는데 정말이에요?

**B** 실은 맞아요. 미리 알려주지 못해서 미안해요.

**A** 무슨 일 있었나요?

**B** 남편이 전근하면서 해외로 이사를 하게 되었어요.

**회화 내용에 맞는 것은 무엇인가?**

① B씨는 남편이 전근하면서 따로 살아야만 하게 되었다.

② B씨는 남편 전근과 함께 해외로 가게 되었다.

③ B씨는 남편 전근과는 관계없이 해외로 이사하게 되었다.

④ B씨는 전부터 해외에 살고 싶다고 생각했기 때문에 그 꿈이 드디어 이루어진다.

## 🛥077 _____ p.114

**A** 선생님, 더 잘 듣는 약은 없습니까?

**B** 그러게요. 있기는 한데….

**A** 그렇다면….

**B** 다만 그 약은 효과가 높은 반면 부작용도 강해요.

**회화 내용에 맞는 것은 무엇인가?**

① 그 약은 효과보다도 부작용이 강하다.

② 그 약은 비싸고 부작용도 강해서 B씨는 그다지 추천하고 싶지 않다.

③ 그 약은 효과가 좋은데다가 부작용에도 강해서 지금의 약보다도 좋은 약이다.

④ 그 약은 효과가 좋은 한편 부작용이 강한 면도 있다.

## 🚣 078 _____ p.115

**A** 아, 힘들다. 앞으로 몇 킬로미터 남았어?

**B** 앞으로 5킬로미터인데 힘들면 걸어도 괜찮아.

**A** 애써서 여기까지 뛰었는데 절대 걷지 않을 거야.

**B** 알겠어. 힘내서 완주하자고.

**회화 내용에 맞는 것은 무엇인가?**

① A씨는 지쳤기 때문에 슬슬 걷고 싶다고 생각한다.

② A씨는 마지막까지 절대 걷지 않고 계속 뛰려고 생각한다.

③ A씨는 더 이상 마라톤 대회에는 나가지 않을 거라고 생각한다.

④ A씨는 여기까지 열심히 뛰어 왔기 때문에 걸어도 괜찮다고 생각한다.

---

## 쪽지 시험 13 _____ p.116

**문제1**

**1** 2 아무리 바빴다고 해도 전화할 시간 정도는 있었을 것이다.

**2** 2 경제가 발전함에 따라 사람들의 생활은 풍족해졌다.

**3** 3 연구회에서의 발표에 앞서 발표자가 소개되었다.

**4** 3 A "노래 잘하네."
　　B "내가 노래를 잘한다고? 잘할 리가. 네가 훨씬 잘해."

**5** 4 플라스틱은 가벼워서 튼튼한 반면 열에 약하다.

**6** 1 다음 주 일요일에 마라톤대회가 열립니다. 그에 따라 이 길은 당일 오전 열 시부터 오후 두 시까지 통행금지입니다.

**문제2**

**1** 2 (3124)
교외에 사는 것은 통근에는 불편한 반면 자연이 가까이 있다는 장점도 있다.

**2** 1 (2413)
답안용지 기입에 앞서 기입요령이나 주의사항을 잘 읽으세요.

**3** 3 (1324)
아무리 직접 관련되어 있지 않다고 해도 부하의 실수에 대해서는 상사로서 책임이 있다.

**4** 4 (3142)
지진 피해 상황에 관한 조사가 진행됨에 따라 피해의 심각성이 점차 분명해졌다.

**5** 4 (2413)
마을 인구가 증가하면서 은행이나 슈퍼도 생겨서 편리해졌다.

**6** 2 (1423)
숙취 때문에 머리가 아플 때는 더 이상 술 따위 마시나 봐라 라고 생각하지만 밤이 되면 또 마시고 만다.

---

## 🚣 079 _____ p.118

**A** 다녀왔다.

**B** 어서 오세요. 앗, 아버지, 또 장난감 샀어요?

**A** 유이가 너무 울어서 그만···.

**B** 아무튼 정말 손주한텐 약하다니까.

**회화 내용에 맞는 것은 무엇인가?**

① A씨의 손주는 갖고 싶었던 장난감을 (할아버지가) 사주었기 때문에 기뻐서 울었다.

② A씨는 손주가 귀여워서 B씨에게 거짓말을 하고 장난감을 사주었다.

③ A씨는 손주가 좀처럼 울음을 멈추지 않아서 장난감을 사주었다.

④ A씨의 손주는 장난감을 갖고 싶어서 우는 시늉을 하여 A씨에게 장난감을 사게 하였다.

---

## 🚣 080 _____ p.119

**A** 작년까지 한국에 주재하셨다고 들었어요.

**B** 네. 한국지사에 5년 있었습니다.

**A** 그렇다면 한국어로 거래도 가능한가요?

**B** 한국에서 일을 하기는 했지만 일본어가 가능한 사원만 있어서 한국어는 전혀 못했어요.

**회화 내용에 맞는 것은 무엇인가?**

① B씨는 한국에서 일을 했을 때에 한국어는 물론 일본어를 쓸 기회도 많았다.

② B씨는 한국에 5년 살았기 때문에 한국어를 잘한다.

③ B씨는 한국에서 일했지만 한국어는 그다지 쓸 기회가 없었다.

④ B씨는 한국에서 일을 했지만 일본인과 거래할 경우가 많았다.

---

## 🚣 081 _____ p.120

**A** 새 집은 찾게 될 거 같아요?

**B** 주말에 몇 개 정도 돌아봤는데 집세도 비싸거니와 입지도 나쁜 물건만 있어서···.

**A** 그렇습니까?

**B** 요즘 집 찾기는 정말 어려워요.

**회화 내용에 맞는 것은 무엇인가?**

① B씨가 본 물건은 장소에 비해 집세는 나쁘지 않았다.

② B씨가 본 물건은 집세는 비싸지만 입지는 그럭저럭이었다.

③ B씨가 본 물건은 집세도 비싸고 교통편도 좋지 않았다.

④ B씨가 본 물건은 집세도 입지도 예상 범위 내였다.

## 🛥082 _____ p.121

**A** 야마다 감독의 신작을 보러 가려는데 혹시 같이 가지 않을래?

**B** 미안, 그 영화라면 지난주에 이미 보고 왔어.

**A** 아쉽네. 영화는 어땠어?

**B** 음, 평판에 비해선 그다지 재미있지 않았어.

### 회화 내용에 맞는 것은 무엇인가?

① 야마다 감독의 신작은 평판에 비해 그다지 재미가 없어서 B씨는 조금 실망했다.

② 야마다 감독의 신작은 그다지 재미있지 않다는 평판이다.

③ 야마다 감독의 신작은 평판과 달리 재미있었다고 B씨는 생각한다.

④ 야마다 감독의 신작 감상을 듣고 A씨는 보러 가지 않기로 했다.

## 🛥083 _____ p.122

**A** 다카하시 씨, 이번에 결혼한대.

**B** 나도 놀랐어. 요전까지 남자친구가 생기지 않는다고 고민했는데.

**A** 들은 이야기로는 앱을 통해 알았다던데.

**B** 와, 나한테도 그 앱 소개해 주면 좋겠네.

### 회화 내용에 맞는 것은 무엇인가?

① 다카하시 씨는 앱을 사용하지 않고서도 결혼 상대를 찾을 수 있었다.

② 다카하시 씨는 앱을 이용하여 결혼 상대를 만났다.

③ 다카하시 씨는 아프리에 다녔을 때 결혼 상대와 알게 되었다.

④ 다카하시 씨가 이용한 앱은 결혼상대를 찾는 수단으로 인기가 있다.

## 🛥084 _____ p.123

**A** 설문조사 말인데 지금으로서는 500장 정도 회수할 수 있었습니다.

**B** 수고 많았어. 500장이나 있으면 충분하지.

**A** 설문조사 결과는 언제까지 정리하면 될까요?

**B** 그걸 토대로 이번 이벤트의 평가 회의를 할 예정이니까 이번 주 중에 정리해 놔 줘.

### 회화 내용에 맞는 것은 무엇인가?

① 이벤트 평가 회의를 하고 나서 설문조사 내용에 대한 평가 회의를 할 예정이다.

② 답변 내용이 정리되는 대로 이번 설문조사에 대해 평가 회의를 할 예정이다.

③ 이번 이벤트와 설문조사 내용은 관계가 없다.

④ 설문조사 내용을 참고삼아 이벤트 평가 회의를 할 예정이다.

## 쪽지 시험 14 p.124

### 문제1

**1** 2 통역 일을 맡았지만 가능할지 여부는 자신이 없다.

**2** 1 그는 재능이 있는 예술가로 소설도 쓰고 그림도 그린다.

**3** 2 A "이 가게 요리 가격에 비해서 맛있다."

　　 B "응, 이렇게 저렴한데 말이야."

**4** 4 취미를 통해 새 친구를 만나는 경우도 있다.

**5** 4 이 기사는 어느 논문 실험 결과를 토대로 쓰였다.

**6** 3 지쳤기 때문에 금방 꾸벅꾸벅 잠들어 버렸다.

### 문제2

**1** 3 (1234)

그는 여행 중에 일어난 사건을 바탕으로 소설을 썼다.

**2** 2 (3241)

유학을 통해 외국 문화를 접하고 많은 것을 배울 수 있었다.

**3** 1 (2413)

외출하려는 참에 손님이 오는 바람에 약속에 늦어 버렸습니다.

**4** 2 (3124)

야마다 선생님은 훌륭한 업적이 있는 것에 비해서는 세상에 이름이 알려져 있지 않다.

**5** 4 (1243)

기계 사용법 설명서를 읽어 보았지만 어려운 말만 있어서 좀처럼 이해할 수 없었다.

**6** 1 (2314)

역 앞 레스토랑은 가격도 싸고 맛도 좋아서 항상 붐빈다.

# STEP 3

## 🐦 085 _____ p.128

**A** 어제 데이트 어땠어?

**B** 그게 말이야 예약한 레스토랑이 좀 미묘했어.

**A** 미묘라니 무슨 말이야?

**B** 비싼데다가 맛도 별로 없어서 실망했어.

**회화 내용에 맞는 것은 무엇인가?**

① 그 레스토랑의 맛은 가격대로였다.

② 그 레스토랑은 가격에 비해서 맛은 좋았다.

③ 그 레스토랑은 비쌌지만 맛은 어지간했다.

④ 그 레스토랑은 비싼데다가 맛있지도 않았다.

## 🐦 086 _____ p.129

**A** 저, 스즈키 씨는?

**B** 스즈키 씨라면 벌써 집에 갔는데.

**A** 앗, 너무 빠르지 않아?

**B** 수업이 끝나기가 무섭게 교실을 나갔는걸.

**회화 내용에 맞는 것은 무엇인가?**

① 스즈키 씨는 급한 일이 있어서 조퇴했다.

② 스즈키 씨는 수업이 끝나기 직전에 교실을 나갔다.

③ 스즈키 씨는 수업이 끝남과 거의 동시에 교실을 나갔다.

④ 스즈키 씨는 수업이 끝난 직후에 서둘러 교실을 나갔다.

## 🐦 087 _____ p.130

**A** 몸이 안 좋아 보이는데 괜찮아요?

**B** 지난주부터 위가 좀 아파서. 아마 스트레스가 원인이라고 생각하지만.

**A** 병원에 가는 편이 좋지 않겠어요? 방치했다가 큰 병이 될지도 몰라요.

**B** 그러네요. 만약을 위해서 병원에서 진찰을 받아야겠어요.

**회화 내용에 맞는 것은 무엇인가?**

① 단순한 스트레스성 위장염이고 병이 아니기 때문에 괜찮을 거라고 A씨는 조언했다.

② 단순한 스트레스성 위염이기 때문에 한동안 안정을 취하면 괜찮아질 것이다.

③ 단순한 스트레스성 위염이어도 그대로 두면 큰 병으로 이어질 가능성이 있다.

④ 단순한 스트레스성 위염이라고 생각했지만 B씨는 큰 병에 걸려 있었다.

## 🐦 088 _____ p.131

**A** B씨, 카메라에 대해 잘 알지?

**B** 응, 카메라라면 뭐든 물어보라고.

**A** D사와 H사의 이 모델 중에 고민 중인데 어느 게 좋을까?

**B** 으음, 가격으로 보면 D사지만 기능을 중시하면 H사지.

**회화 내용에 맞는 것은 무엇인가?**

① 가격을 생각하면 D사의 카메라를 추천한다.

② 가격을 생각하지 않으면 D사의 카메라를 추천한다.

③ A씨는 가격보다도 기능을 중시한 카메라를 원한다.

④ 이 모델의 경우 D사나 H사나 별로 차이가 없다.

## 🐦 089 _____ p.132

**A** 뭐 읽고 있어?

**B** 아, 이거?

**A** 우와, 제목부터 재미없어 보이는 책이네.

**B** 주식 공부를 좀 하려고 생각해서.

**회화 내용에 맞는 것은 무엇인가?**

① A씨는 그 책의 제목을 보고 예상하건대 내용도 재미없을 거라고 생각한다.

② A씨는 그 책은 제목에 비해서는 재미없을 수도 있다고 생각한다.

③ A씨는 그 책은 내용은 재미없을지 몰라도 제목은 괜찮다고 생각한다.

④ A씨는 그 책에 꽤나 흥미를 가지고 있다.

## 🐦 090 _____ p.133

**A** 빠르게도 벌써 12월이네요.

**B** 그러네요. 지금부터 연말까지 바빠질 거 같아요.

**A** 둘 다 몸조심하면서 제일 바쁜 시기를 잘 넘기자고요.

**B** 네, 바쁜 게 끝나면 한잔 또 마시러 갑시다.

**회화 내용에 맞는 것은 무엇인가?**

① 이제 해가 바뀔 때까지는 일이 바빠질 것이다.

② 12월 1일부터 12월 31일까지는 일이 무척 바빠진다.

③ 이제부터 연말 정도까지 일이 바빠질 예정이다.

④ 연말이 지나면 일의 성수기이다.

---

### 쪽지 시험 15 _____ p.134

**문제1**

**1** 3 전기자동차는 조용한데다가 친환경적이어서 주목을 받고 있다.

| 2 | 4 | A "이 가게 어지간히 평판이 좋아." |
| | | B "가게 입구부터 세련되네. 나도 마음에 들어." |
| 3 | 2 | 교도에 간다면 단풍이 예쁜 10월부터 11월에 걸친 시기가 가장 좋습니다. |
| 4 | 3 | 매일 전철 막차로 집에 가는 생활을 계속한다면 건강을 해칠 수 있다. |
| 5 | 3 | 경험과 인기로 보아 다음 대표가 되는 것은 그 사람이다. |
| 6 | 1 | 남동생은 어지간히 피곤했는지 이불 속에 들어가자마자 잠들어 버렸다. |

**문제2**

| 1 | 2 (1324) |
| | 프로 선수는 연습 방법부터 일반 사람과는 다른 듯하다. |
| 2 | 1 (2314) |
| | 이 기계는 열에 약해서 열을 식히지 않으면 고장 원인이 될 수 있다. |
| 3 | 4 (3421) |
| | 이 가게는 역에서 가까운데다가 가격이 싸고 요리도 맛있기 때문에 직장인들 사이에서 인기가 있다. |
| 4 | 1 (4312) |
| | 문제가 하나 해결되기 무섭게 새로운 문제가 연이어 발생하여 정말 힘들다. |
| 5 | 1 (4132) |
| | 장관은 국제회의 참석을 위해 다음달 4일부터 7일에 걸쳐 미국을 방문하는 것을 밝혔다. |
| 6 | 3 (1432) |
| | A "해외에 지점을 낼 계획은 잘 되어 가고 있어요?" |
| | B "지금 상황으로 보아 바로 그 계획을 실행하는 것은 무리겠어요." |

🐦 **091** _____ p.136

**A** 요전에 스미스 씨에게 재미있는 질문을 받았어.

**B** 어떤 질문?

**A** 왜 일본에서는 무료로 티슈를 받을 수 있는지.

**B** 하하, 외국인 입장에서 보면 이상한 문화일지도 모르겠네.

**회화 내용에 맞는 것은 무엇인가?**

① 외국인의 입장에서 생각하면 무료로 티슈를 받을 수 있는 것은 이상한 일일지도 모른다.

② 외국인의 눈으로 보면 무료로 티슈를 나누는 것은 이해할 수 없다.

③ 외국인은 모두 무료로 티슈를 받을 수 있는 일본 문화를 멋지다고 생각한다.

④ 스미스 씨는 무료로 티슈를 나눠주는 문화를 모국에도 전하고 싶다고 생각한다.

🐦 **092** _____ p.137

**A** B씨, 혹시 괜찮으면 나한테 한국어 가르쳐 주지 않을래요?

**B** 물론 괜찮죠.

**A** 한국어를 배우는 대신 내게도 뭔가 가능한 일이 있으면 말해 주세요.

**B** 그러면 일본어 리포트를 작성하는 것을 도와주지 않겠어요?

**회화 내용에 맞는 것은 무엇인가?**

① A씨는 한국어를 배우는 교환 조건으로 일본어를 가르쳐 주겠다고 B씨에게 제안했다.

② A씨는 한국어를 배우는 교환 조건으로 무엇이 좋은지 B씨에게 물었다.

③ A씨는 한국어를 가르치는 교환 조건으로 일본어를 가르치게 해달라고 B씨에게 부탁했다.

④ A씨는 한국어를 가르치는 교환 조건은 아무것도 필요 없다고 B씨에게 전했다.

🐦 **093** _____ p.138

**A** 안색이 나쁜데 괜찮아?

**B** 실은 요즘 좀 빈혈인 듯해.

**A** 정말? 오늘 연습은 무리하지 않아도 괜찮으니까.

**B** 고마워. 조금만 쉬고 갈게.

**회화 내용에 맞는 것은 무엇인가?**

① B씨는 예전부터 자주 빈혈이었다.

② B씨는 요즘 조금씩 빈혈이 낫고 있다.

③ B씨는 요즘 매일 빈혈로 고생하고 있다.

④ B씨는 요즘 빈혈 증상이 좀 있다.

🐦 **094** _____ p.139

**A** 다음 주부터 병가를 받으신다고 들었는데 정말이세요?

**B** 네. 실은 위 수술을 받게 되어서요.

**A** 그러신가요? 수술이라니 힘들겠어요.

**B** 다행히 조기 발견한 덕분에 간단한 수술로 끝난다고 해요.

**회화 내용에 맞는 것은 무엇인가?**

① B씨는 병가를 받을 수 있어서 일을 그만 두지 않아도 되어 다행이라고 생각한다.

② B씨는 수술은 힘들지만 병을 조기 발견할 수 있었던 것은 다행이라고 생각한다.

③ B씨는 수술을 위해 일을 쉴 수 있는 것을 다행이라고 생각한다.

④ B씨는 A씨에게 행운을 빌어달라고 부탁했다.

## 🐦095 _____ p.140

**A** 실은 다음 달 사무실을 이전하게 되었습니다. 이쪽이 새로운 주소예요.

**B** 무척 감사합니다. 시나가와 쪽으로 이전하시는군요.

**A** 네. 근처에 오실 때에 꼭 들러 주세요.

**B** 네. 또 다시 뵙겠습니다.

**회화 내용에 맞는 것은 무엇인가?**

① A씨는 B씨에게 시나가와로 이사하면 새 사무실에 놀러 오라고 전했다.

② A씨는 B씨에게 시나가와에 왔을 때는 새 사무실에 들러 달라고 전했다.

③ A씨는 B씨에게 시나가와에 이사하기 전에 사무실에 들러달라고 전했다.

④ A씨는 B씨에게 사무실을 이사할 때 도와달라고 부탁했다.

## 🐦096 _____ p.141

**A** 지금 보고서 쓰는 중이니까 조용히 좀 해줄래?

**B** 앗, 미안. 이 노래 들으면 따라 부를 수밖에 없어진다니까.

**A** 그 기분 알지. 하지만 지금은 집중하고 싶어서, 미안.

**B** 아니야. 보고서 열심히 써.

**회화 내용에 맞는 것은 무엇인가?**

① B씨는 이 노래가 너무 듣고 싶다.

② B씨는 이 노래를 듣는 것이 아무래도 참을 수 없다.

③ B씨는 이 노래를 들으면 어떻게든 같이 부르고 싶어진다.

④ B씨는 이 노래를 들으면 노래를 부르고 싶지 않아진다.

---

## 쪽지 시험 16 _____ p.142

### 문제1

**1** 4 근처에서 화재가 났는데 다행히도 다친 사람은 없었다.

**2** 1 그녀의 상태로 봤을 때 아마 여행은 즐거웠을 것이다.

**3** 1 A "감기 기운이 좀 있어서 빨리 집에 가도 되겠습니까?"

　　B "응. 몸조리 잘해."

**4** 2 A "새 휴대전화 샀어?"

　　B "응. 신제품이 나오면 안 살 수 없거든."

**5** 4 입장 때 반드시 회원 카드를 제시해 주세요.

**6** 3 부장 "야마다 씨, 오후 회의 말인데 나 대신 참석해 줄 수 있을까?"

　　야마다 "저로 괜찮을까요?"

### 문제2

**1** 1 (3214)

자세한 것은 만났을 때 말씀 드리겠습니다.

**2** 4 (1423)

곤란하게도 몇 시간이나 작업한 파일을 저장하지 않고 종료해 버렸다.

**3** 3 (1432)

나카야마 선생님 수업은 시험을 보는 대신 리포트를 제출해도 괜찮다.

**4** 2 (3124)

오늘 보육원 발표회가 있었다. 아이들은 많은 사람 앞에서 긴장한 기색이었지만 열심히 잘해 주었다.

**5** 4 (3421)

신세를 진 야마다 씨가 갑자기 입원했다고 들어서 병문안을 안 갈 수 없었다.

**6** 3 (2314)

요리를 배우기 시작한 내가 보기에 요리 경력 10년인 그녀가 만든 요리는 예술이다.

## 🐦097 _____ p.144

**A** 부장님 생일 다음 주였던가?

**B** 네, 다음 주 수요일이에요. 우리 엄마랑 같은 날이라서 틀림없어요.

**A** 다음 주 수요일인가요. 올해 선물은 뭐가 좋을까요.

**B** 그러게요. 팀원들에게 물어 볼까요?

**회화 내용에 맞는 것은 무엇인가?**

① A씨는 부장의 생일을 정확히 기억하고 있지 않아서 B씨에게 확인했다.

② A씨는 부장의 생일을 기억하지 않는 척 했다.

③ A씨는 부장의 생일 파티 날짜를 B씨에게 물었다.

④ A씨도 B씨도 부장의 생일을 착각하고 있었다.

## 🐦098 _____ p.145

**A** 실은 이번에 드라마에 출연하게 되었어.

**B** 우와! 드디어 해냈구나. 정말 축하해.

**A** 부모님한테도 배우 같은 거 될 리가 없다는 말을 들었는데, 쭉 응원해줘서 고마워.

**B** 나도 내 일처럼 기뻐.

**회화 내용에 맞는 것은 무엇인가?**

① A씨의 부모님 덕분에 A씨는 배우가 될 수 있었다.

② A씨의 부모님은 주변 사람들에게 A씨가 배우가 될 리가 없다는 말을 들어 왔다.

③ A씨의 부모님은 주변 반대에도 불구하고 A씨를 쭉 응원해 왔다.

④ A씨의 부모님은 A씨가 배우가 될 리 없다고 생각하고 있었다.

## 🐦099 _____ p.146

**A** 뭘 듣고 있습니까?

**B** 이거요? 스페인어 라디오예요.

**A** 와, 스페인어 공부를 시작했나요?

**B** 옛날에 공부했었는데 잊어버리기만 해서 다시 공부하려고요.

**회화 내용에 맞는 것은 무엇인가?**

① B씨는 스페인어를 처음 공부하기로 했다.

② B씨는 스페인어를 완전히 잊어버리고 말았다.

③ B씨는 스페인어를 점점 잊어가고 있다.

④ B씨는 옛날에는 스페인어를 잘했다.

## 🐦100 _____ p.147

**A** 다음 주 동창회 스즈키도 온대.

**B** 정말? 스즈키가 참석하다니 별일이네.

**A** 응. 스즈키랑 만나는 거 얼마만이더라.

**B** 나는 졸업한 뒤로 한 번도 만나지 않았을지도.

**회화 내용에 맞는 것은 무엇인가?**

① B씨는 졸업하고 나서 스즈키를 만나고 싶지 않다고 생각했다.

② B씨는 졸업하고 나서 딱 한 번 스즈키를 만났다.

③ B씨는 졸업하고 나서 쭉 스즈키를 만나지 않았다.

④ B씨는 졸업하고 나서 스즈키를 만난 걸 비밀로 하고 있다.

## 🐦101 _____ p.148

**A** 요즘 피곤해 보이는데 괜찮아요?

**B** 아이가 밤에 좀처럼 잠을 안 자서 수면부족이에요.

**A** 자녀분이 지난달에 태어났죠?

**B** 네, 간신히 잠들었다고 생각하면 바로 깨 버려서.

**회화 내용에 맞는 것은 무엇인가?**

① B씨는 자도 아이가 걱정되어 금방 일어나 버린다.

② B씨는 자도 금방 눈이 떠져서 수면부족이다.

③ B씨의 아이는 잠들었어도 금방 깨 버린다.

④ B씨의 아이는 자는 척을 잘한다.

## 🐦102 _____ p.149

**A** 외국에서의 생활은 힘들지 않았나요?

**B** 외국이라고 해도 한국은 일본에서 가깝고 문화도 비슷해서 비교적 살기 편하다고 생각해요.

**A** 다행이에요.

**B** 옛날에 미국에 살았을 적에는 훨씬 힘들었어요.

**회화 내용에 맞는 것은 무엇인가?**

① 외국 중에 살기 편한 나라라고 하면 B씨는 일단 제일 먼저 한국을 떠올릴 수 있다.

② 한국은 외국이지만 일본과 비슷한 부분이 많아서 B씨는 살기 편하다고 생각한다.

③ 외국이라서 한국에서의 생활은 힘든 일이 많아 B씨는 괴로워하고 있다.

④ B씨는 가깝고 문화가 비슷한 나라는 외국이라고 말할 수 없다고 생각한다.

---

## 쪽지 시험 17 _____ p.150

### 문제1

**1** 1 아들은 방금 학교에서 돌아왔다고 생각했더니 이미 밖에서 놀고 있다.

**2** 3 서둘러 뛰어도 막차는 못 탈 것이다.

**3** 2 세계 경제는 예상보다도 빠른 속도로 회복하고 있는 것 같다.

**4** 2 아무리 친구라고 해도 오전 두 시에 전화를 거는 것은 좀 비상식일 것이다.

**5** 3 A "다음 주에 공장 견학하러 가는 것은 몇 명이었더라."

B "네, 15명입니다."

**6** 4 (학교 설명회에서)

교장 "이 학교에 대해서 이야기하고 싶습니다. 본교는 1970년에 창립된 후로 마음 교육을 중시해 왔습니다."

### 문제2

**1** 4 (3241)

마지막으로 영화관에서 영화를 본 것은 언제였더라?

**2** 3 (2341)

남동생은 오늘이야말로 공부할 것이라고 생각했더니 친구가 와서 놀러 나가 버렸다.

**3** 4 (3412)

회사에 취직하여 혼자 살기 시작한 이후 쭉 외식만 하고 있다.

**4** 1 (4312)

공부에서 예습과 복습이 중요하다고는 하지만 매일 계속하는 것은 힘든 일이다.

**5** 2 (3124)

친구에게 '네 실력으로는 이번 시험에 합격하지 못할 테니까 포기해'라는 말을 들었다.

요즘 바빠서 생활 리듬이 깨지고 있기 때문에 이대로라면 건강을 해칠지도 모른다.

## 🐦103 _____ p.152

**A** 아, 이번에도 꽝인가.

**B** 복권인가요? 매회 질리지도 않네요.

**A** 좀처럼 당첨은 안 되지만, 사지 않고서는 당첨이 안 되잖아.

**B** 그것도 그렇지만….

**회화 내용에 맞는 것은 무엇인가?**

① 복권을 사도 좀처럼 당첨되지 않기 때문에 A씨는 사는 걸 그만두기로 했다.

② 복권을 사지 않으면 당첨되는 일도 없기 때문에 A씨는 매번 포기하지 않고 산다.

③ 복권을 한참 동안 사지 않는 것이 당첨되는 비결이라고 A씨는 생각한다.

④ 복권을 산 셈치고 돈을 저축하려고 A씨는 생각한다.

## 🐦104 _____ p.153

**A** 올해 사원 여행은 어디가 좋을까요?

**B** 그러게요. 올해는 한국 같은 곳은 어떨까요?

**A** 해외 말인가요?

**B** 네, 지금까지 국내만 갔으니까 때로는 해외도 괜찮지 않을까요?

**회화 내용에 맞는 것은 무엇인가?**

① B씨는 올해 사원 여행은 지금까지 대로 국내가 좋다고 제안했다.

② B씨는 올해 사원 여행은 예를 들어 한국은 어떨지 제안했다.

③ B씨는 올해 사원 여행은 절대 한국에 가고 싶다고 주장했다.

④ B씨는 올해 사원 여행은 한국 이외에는 어떨지 제안했다.

## 🐦105 _____ p.154

**A** 어랏? 영업부에서는 기무라 과장님이 참석하시는 거 아니었어?

**B** 그럴 예정이었지만 급한 일로 갑자기 참석 못하시게 되어서요.

**A** 그렇구나. 그렇다면 기무라 과장님 대신해서 자네가?

**B** 네. 오늘은 잘 부탁드립니다.

**회화 내용에 맞는 것은 무엇인가?**

① B씨는 기무라 과장의 대리로서 회의에 참석할 예정이다.

② B씨는 기무라 과장의 불참을 전달하기 위해 왔을 뿐이다.

③ B씨 대신 기무라 과장이 회의에 참석하게 되었다.

④ B씨는 기무라 과장을 대신할 수 없다고 A씨는 생각한다.

## 🐦106 _____ p.155

**A** 아직 안 갔어요?

**B** 네, 보고서 제출에 더해 제안서 작성도 남아 있어서.

**A** 그런가요? 제안서는 내일까지라도 괜찮으니까 너무 무리하지 마세요.

**B** 고맙습니다. 앞으로 한 시간만 더 열심히 할게요.

**회화 내용에 맞는 것은 무엇인가?**

① B씨는 보고서 제출이 끝났기 때문에 이제 제안서 작성을 시작할 생각이다.

② B씨는 보고서 제출뿐만 아니라 제안서도 작성해야 한다.

③ B씨는 보고서 제출만으로 괜찮았는데 A씨에게 제안서 작성을 부탁받았다.

④ B씨는 보고서도 제안서도 오늘 중으로 제출해야 하기 때문에 야근하고 있다.

## 🐦107 _____ p.156

**A** 혹시 유이랑 무슨 일 있었어?

**B** 응? 알아? 실은 어제 너무 엄하게 말해 버렸거든.

**A** 또? 당신 입장에서야 애정일지도 모르지만 딸한테는 그게 아닌 일도 있다니까.

**B** 알고는 있지만.

**회화 내용에 맞는 것은 무엇인가?**

① B씨에게 애정이 부족해서 항상 딸과 싸우고 만다.

② B씨는 딸에게 충분히 애정을 주고 있다고 A씨는 생각한다.

③ B씨의 입장에서 생각하면 애정이지만 딸은 그렇게 생각하지 않는 일도 있다.

④ B씨의 애정은 딸에게 언젠가 전해질 것이다.

## 🐦108 _____ p.157

**A** 갑자기 도와달라고 해서 미안해.

**B** 아니야, 어차피 한가했는데. 그래서 뭘 하면 될까?

**A** 이 매뉴얼에 따라 데이터를 입력해 줄 수 있어?

**B** 오케이.

**회화 내용에 맞는 것은 무엇인가?**

① A씨는 B씨에게 데이터 입력 매뉴얼을 만들어 달라고 부탁했다.

② A씨는 B씨에게 매뉴얼을 보지 말고 데이터를 입력해 달라고 부탁했다.

③  A씨는 B씨에게 매뉴얼에 따라 데이터를 입력해 달라고 부탁했다.

④  A씨는 B씨에게 매뉴얼은 있지만 간단하면 보지 않아도 된다고 말했다.

## 쪽지 시험 18                                              p.158

### 문제1

**1**  1 A "오늘 점심밥은 뭐가 좋을까?"
　　　B "으음, 스파게티 같은 건 어때?"

**2**  4 화살표를 따라 복도를 가 주세요.

**3**  2 컴퓨터는 사람을 대신하여 다양한 업무를 처리하고 있다.

**4**  4 실제로 상품을 보지 않고서는 살지 여부를 정할 수 없다.

**5**  3 본 대학의 대학 입시 센터에서는 필기시험에 더해 면접시험을 실시하고 있습니다.

**6**  2 밤 열 시는 일찍 자고 일찍 일어나는 그녀에게는 이미 자고 있을 시간이다.

### 문제2

**1**  1 (3412)
자녀를 외국에 유학시키는 것은 부모에게는 정말로 걱정스러운 일일 것이다.

**2**  2 (1324)
그는 아무렇지 않게 거짓말을 한다. 두 번 다시 그의 말 따위는 믿을 수 없다.

**3**  3 (1234)
도로 정비는 정부가 세운 장기 계획에 따라 진행되게 되었다.

**4**  1 (3412)
이번에 발매된 A사의 제품은 디자인이 좋은데다가 실용성도 있어서 인기가 있다.

**5**  4 (2413)
부장님이 자료를 가지고 있기 때문에 부장님이 오지 않으면 회의는 시작되지 않는다.

**6**  2 (4123)
최근 문자를 대신하여 라인 같은 커뮤니케이션 수단이 보급되어 왔다.

### 🐦109 _____ p.160

**A**  배속은 어땠어?

**B**  기획부에 가고 싶었지만 희망과는 반대로 영업부였어.

**A**  좀처럼 처음부터 원하는 대로는 되지 않는다니까.

**B**  맞아. 우선은 주어진 환경에서 열심히 하는 수밖에 없지.

**회화 내용에 맞는 것은 무엇인가?**

①  B씨는 1지망은 기획부였지만 영업에도 조금 관심이 있었다.

②  B씨는 영업부에 가고 싶다는 희망을 이루었다.

③  B씨는 처음에 기획부에 가는 것이 정해져 있었지만 영업부로 바뀌었다.

④  영업부로의 배속은 B씨의 희망과는 달랐다.

### 🐦110 _____ p.161

**A**  콩쿠르 입상 축하해.

**B**  고마워요. 입상할 수 있었던 것도 선생님 지도가 있었기 때문이에요.

**A**  노력의 성과예요. 앞으로도 좋은 연주를 들려 줘요.

**B**  네. 앞으로도 지도 잘 부탁드립니다.

**회화 내용에 맞는 것은 무엇인가?**

①  B씨는 선생님의 지도가 있었다면 더 높은 상을 받을 수 있었다고 생각한다.

②  B씨는 선생님의 지도가 없었다면 절대로 입상 불가능했을 거라며 감사해 하고 있다.

③  B씨는 선생님의 지도가 없었어도 입상 가능했을 거라고 생각한다.

④  B씨는 선생님의 지도 이외에도 입상 가능했던 이유가 있다고 생각한다.

### 🐦111 _____ p.162

**A**  어라? 이상하네.

**B**  무슨 일이에요?

**A**  이 컴퓨터 말인데 어제 수리를 받았는데도 불구하고 또 멈춰 버려서.

**B**  좀 보여 주세요.

**회화 내용에 맞는 것은 무엇인가?**

①  A씨의 컴퓨터는 어제 수리를 받아서 사용하기 편해졌다.

②  A씨의 컴퓨터는 어제부터 수리를 받고 있는 중이다.

③  A씨의 컴퓨터는 수리를 받았는데도 상태가 좋지 않다.

④  A씨의 컴퓨터는 어제 B씨가 수리해 주었다.

### 🐦112 _____ p.163

**A**  부장님, 새 시작품이 나왔는데 확인해 주시겠어요?

**B**  요전에 한 설문조사 결과 제대로 반영되어 있지?

**A**  네. 모니터해 주신 분들의 의견을 바탕으로 무게와 디자인을 변경해 보았습니다.

**B**  알겠어. 그러면 오늘 오후에 회의 좀 할까?

회화 내용에 맞는 것은 무엇인가?

① A씨는 모니터에서 의견을 받았는데 모두 좋은 의견뿐이었다.

② A씨는 모니터 의견을 참고로 하고 싶었지만 어느 것도 납득할 수 없었다.

③ A씨는 모니터 의견을 바탕으로 시작품을 개량했다.

④ A씨는 모니터 의견을 참고하면서 시작품을 만들 때 자신의 의견을 보탰다.

### 🐦113 _____ p.164

**A** 저기, 오늘 술자리 말인데 급한 일이 생겨서.

**B** 오랜만의 동기 모임이라 모두 기대하고 있었는데.

**A** 정말 미안. 아쉽지만 오늘은 나 빼고 모일 수 있을까?

**B** 아쉽지만 어쩔 수 없지.

회화 내용에 맞는 것은 무엇인가?

① A씨가 업무 때문에 참석할 수 없게 되었기 때문에 회식은 연기되었다.

② A씨가 회식에 참석할 수 없다는 이야기를 듣고 B씨도 가고 싶지 않아졌다.

③ 오랜만의 동기 모임이라서 A씨는 늦어져도 참석할 예정이다.

④ 오늘 회식은 A씨를 뺀 동기끼리 모일 예정이다.

### 🐦114 _____ p.165

**A** 드디어 다음 주부터 결승 리그네요.

**B** 네. 하라 씨는 어느 팀을 응원하나요?

**A** 물론 우리 모교지만 역시 예선을 통과한 팀들인 만큼 어디가 우승해도 이상하지 않아요.

**B** 그러게요. 올해는 특히 재미있는 시합이 될 것 같아요.

회화 내용에 맞는 것은 무엇인가?

① A씨의 모교는 예선 리그를 마지막까지 이기고 결승 리그에 진출하였다.

② A씨의 모교는 강한 팀이라서 다음 주 결승 리그부터 출장할 예정이다.

③ A씨의 모교는 예선에서 지고 말았지만 운 좋게 결승 리그에 진출할 수 있었다.

④ A씨는 모교를 응원하고 싶지만 예선 리그를 계속 이기지 못했다.

---

## 쪽지 시험 19 p.166

### 문제1

**1** 4 이 코스 내용은 학생과의 논의를 바탕으로 결정된다.

**2** 3 축구 대회 당일 세찬 비가 내리는데도 불구하고 시합은 계속되었다.

**3** 1 그는 '나 스스로 일이 없는 인생은 결코 생각할 수 없습니다'라고 말했다.

**4** 1 그는 무척 의지가 강한 사람으로 마지막까지 자신의 신념을 지켰다.

**5** 3 신상품이 히트한 것은 관계자의 협력 덕분이다.

**6** 2 부모님 기대에 반해 그는 진학하지 않고 취직하기로 결정했다.

### 문제2

**1** 2 (1423)

역 구내는 금연이지만 규칙에 반해 담배를 피우는 사람도 있다.

**2** 1 (3412)

A "스즈키 씨가 이번 달로 회사 그만둔대요."

B "그 사람도 꽤나 고민한 끝에 회사를 그만두기로 결정했을 거야."

**3** 1 (3214)

여기는 무척 매력적인 동네다. 이번에는 출장으로 왔지만 일없이 다시 한번 와 보고 싶다.

**4** 4 (3142)

교칙에 의해 금지되어 있는데도 불구하고 아르바이트를 하는 학생이 있다.

**5** 4 (1342)

상담자로부터의 일방적인 정보를 토대로 판단하는 경우 적절한 충고가 불가능한 경우도 있다.

**6** 3 (2341)

보고서를 쓰는 데에 이주일이나 있었기 때문에 시간이 부족했다고 말하는 건 핑계일 뿐이다.

### 🐦115 _____ p.168

**A** 한국에서 이 캐릭터를 자주 보는데 인기인가요?

**B** 네. 어린이 프로그램 캐릭터인데 어린이뿐 아니라 어른한테도 인기예요.

**A** 아아, 그렇군요.

**B** 나도 휴대전화 배경화면이 그 캐릭터예요.

회화 내용에 맞는 것은 무엇인가?

① 그 캐릭터는 어린이에게는 인기가 없지만 어른에게는 인기가 있다.

② 그 캐릭터는 어린이와 어른 양쪽에 인기가 있다.

③ 그 캐릭터는 어린이들 사이에서만 인기를 얻고 있다.

④ 그 캐릭터는 어린이 프로그램에는 어울리지 않는 캐릭터이다.

## 🐦116 _____ p.169

**A** 어제 가게 어땠어?

**B** 인터넷 평을 너무 믿은 탓에 호된 경험을 했어.

**A** 왜? 무슨 일인데?

**B** 요리도 사진과 전혀 다르고 맛도 그저 그랬고 실망이었어.

**회화 내용에 맞는 것은 무엇인가?**

① B씨는 인터넷 평을 믿지 않았기 때문에 가게를 선택하느라 고생했다.

② B씨는 인터넷 평을 무시했기 때문에 호된 경험을 했다.

③ B씨는 인터넷 평을 믿은 탓에 가게 선택에 실패했다.

④ B씨는 다른 맛집 사이트를 참고로 하면 좋았을 거라고 생각한다.

## 🐦117 _____ p.170

**A** 뭐지? 이런 곳에 게스트하우스 같은 게 있었나?

**B** 생긴 지 얼마 안 되었을걸. 분명히 전에는 일반 민가였던 듯한 느낌인데.

**A** 요즘은 외국인 관광객용 숙박시설이 점점 늘어나네.

**B** 응. 특히 게스트하우스는 외국인뿐 아니라 일본인도 이용하는 사람이 많은 듯해.

**회화 내용에 맞는 것은 무엇인가?**

① 최근 외국인 관광객을 대상으로 하여 만들어진 숙박시설인 늘고 있다.

② 최근 숙박시설은 외국인전용인데도 불구하고 일본인도 이용하는 사람이 많다.

③ 최근 만들어진 숙박시설은 외국인 전용 시설이 많다.

④ 최근 민가를 숙박시설로 개장하는 곳이 늘고 있다.

## 🐦118 _____ p.171

**A** 아까부터 하품만 하고 있는데 무슨 일 있어?

**B** 실은 어제 늦게까지 친구 고민을 들어주느라.

**A** 힘들었겠네.

**B** 걔는 항상 시간 상관없이 전화 걸어오니까 난감하다니까.

**회화 내용에 맞는 것은 무엇인가?**

① B씨의 친구는 항상 시간을 신경 쓰는 사람이다.

② B씨는 친구와 항상 시간을 잊을 만큼 이야기에 열중해 버린다.

③ B씨의 친구는 몇 시라도 신경 쓰지 않고 전화를 건다.

④ B씨의 친구는 언제라도 전화를 받아주는 다정한 사람이다.

## 🐦119 _____ p.172

**A** 잘 먹었습니다.

**B** 아, 또 피망 남겼구나.

**A** 그거야 쓰니까.

**B** 써도 영양이 잔뜩 들었으니까 잘 먹으렴.

**회화 내용에 맞는 것은 무엇인가?**

① A씨는 좋아하는 것을 마지막에 먹고 싶은 타입이다.

② A씨는 피망 냄새를 싫어해서 먹을 수 없다.

③ A씨는 쓰기 때문에 피망을 싫어한다.

④ A씨는 채소보다도 고기를 좋아한다.

## 🐦120 _____ p.173

**A** 구인광고를 보고 연락했는데 경험이 없어도 응모는 가능할까요?

**B** 경험이 없으시다고요? 우리 일은 어느 정도 해본 적이 없으면 까다로운 부분이 있어요.

**A** 그런가요?

**B** 하지만 한번 검토하고 싶으니 이력서를 보내주시겠어요?

**회화 내용에 맞는 것은 무엇인가?**

① B씨의 회사는 미경험자는 응모할 수 없다는 규칙이다.

② B씨의 회사 업무는 미경험인 경우 일을 익히기까지 꽤나 시간이 걸리는 것 같다.

③ B씨의 회사 업무는 미경험자여도 간단히 할 수 있어서 A씨는 이력서를 보내기로 했다.

④ B씨의 회사는 미경험자만 모집하고 있다.

## 쪽지 시험 20 _____ p.174

**문제1**

**1** 3 A "내일 약속 말인데 역 앞 찻집은 어때?"

　　B "아, 거기는 싫어. 역 앞 도로 지금 공사 중이어서 시끄럽단 말이야."

**2** 1 최근 이 나라의 경제 발전에는 눈부신 데가 있다.

**3** 3 저 두 사람은 사이가 나빠서 타인의 눈도 신경 쓰지 않고 싸우기만 한다.

**4** 2 출생률 저하는 일본뿐만 아니라 다른 나라에서도 있는 듯하다.

**5** 1 규칙을 몰랐던 바람에 벌금을 내게 되었다.

6 　4　고령화 사회가 되어 고령자용 상품이 연이어 발매되고 있다.

## 문제2

1 　4 (3241)

농약을 사용하지 않는 것은 환경뿐만 아니라 농민의 건강을 지키기 위해서이기도 하다.

2 　4 (2413)

(부동산에서)

"여기는 혼자 사는 사람용으로 설계된 방이라서 부엌이 좁은 건 어쩔 수 없어요."

3 　3 (2314)

장래 일을 진지하게 생각하지 않고 이 일을 선택한 탓에 지금은 고생만 하고 있다.

4 　2 (3124)

아이가 전철 안에서 소란을 피워 타인에게 폐를 끼치고 있는 데도 불구하고 엄마들은 수다에 열중이다.

5 　4 (2413)

일식 달인 밑에서 요리를 공부한 만큼 그녀의 요리에는 훌륭한 데가 있다.

6 　1 (4312)

A "벌써 자?"

B "오늘은 아침에 일찍 움직이는 바람에 피곤한걸."

## 🐦121 _____ p.176

A 　따님이 결혼하신다고 들었어요. 축하드립니다.

B 　고맙습니다. 기쁘기도 하고 쓸쓸하기도 하고 복잡한 기분이네요.

A 　우리 집 딸이 결혼할 때도 그랬어요.

B 　아빠는 다들 그런가 봐요.

### 회화 내용에 맞는 것은 무엇인가?

① 　B씨는 딸이 결혼한다고 들어서 처음에는 기뻤지만 점점 쓸쓸해졌다.

② 　B씨는 딸의 결혼을 축하해 주는 사람도 있지만 그렇지 않은 사람도 있어서 복잡한 마음이다.

③ 　B씨는 딸의 결혼을 앞두고 기쁜 마음도 있고 쓸쓸한 마음도 있다.

④ 　B씨는 딸의 결혼을 완전히는 찬성하지 않는다.

## 🐦122 _____ p.177

A 　선배 이제부터 한 게임 어때요?

B 　좋은데 또 져도 몰라.

A 　오늘이야말로 이길 거예요. 지는 편이 라면 쏘는 건 어때요?

B 　그 승부 받아들여주지.

회화 내용에 맞는 것은 무엇인가?

① 　B씨는 A씨에게 지기만 해서 오늘이야말로 이기고 싶다고 생각한다.

② 　B씨는 A씨의 제안에 불만을 가지고 있다.

③ 　B씨는 A씨의 제안에 마음이 동하고 있다.

④ 　B씨는 A씨의 제안을 거절했다.

## 🐦123 _____ p.178

A 　복직 후 업무에는 이제 익숙해졌어요?

B 　힘들지 않다고 말하면 거짓말이겠지만 우리 회사는 여성이 일하기 편한 환경이라고 생각해서 도움을 많이 받고 있어요.

A 　다행이에요.

B 　이전에는 출산을 계기로 퇴직하는 여성이 많았지만 사장이 바뀌고 나서 회사 분위기도 제법 변했어요.

### 회화 내용에 맞는 것은 무엇인가?

① 　B씨의 회사는 출산을 계기로 일을 그만두는 여성이 많았다.

② 　B씨의 회사는 출산을 핑계로 퇴직하는 여성이 많았다.

③ 　B씨의 회사는 출산할 때까지라는 계약으로 일하는 여성이 많았다.

④ 　B씨의 회사는 지금도 출산 때문에 퇴직하는 여성이 많다.

## 🐦124 _____ p.179

A 　손에 들고 보세요.

B 　이 유리컵 무척 예쁘네요.

A 　고맙습니다. 여기에서는 장인이 하나하나 마음을 담아 만들고 있어요.

B 　역시 수제에는 기계로는 낼 수 없는 장점이 있네요.

### 회화 내용에 맞는 것은 무엇인가?

① 　그 유리잔은 기계로 만드는 편이 훨씬 아름다워진다고 B씨는 생각한다.

② 　그 유리잔은 기계를 사용하여 아름다운 모양으로 만들어진 것이다.

③ 　그 유리잔은 수작업 장인에게서는 낼 수 없는 기술을 사용하여 만들어진 것이다.

④ 　그 유리잔은 장인이 정성스럽게 만든 것이다.

## 🐦125 _____ p.180

A 　회의 준비는 순조롭나?

B 　네, 남은 건 오후에 발표 리허설만 끝내면 끝입니다.

A 　내일 회의에는 전무님을 비롯하여 사장님과 회장님도 참석하신다고 하니까 불충분한 게 없도록.

B 　알겠습니다.

회화 내용에 맞는 것은 무엇인가?

① 내일 회의에는 전무님이나 사장님 회장님은 참석하지 않게 되었다.

② 내일 회의에는 전무님은 물론 사장님과 회장님까지 참석할 예정이다.

③ 내일 회의에는 전무님은 출석하지만 사장님과 회장님은 불참할 예정이다.

④ 내일 회의에는 처음에 전무님이 발표를 할 예정이다.

## 🐦126 _____ p.181

**A** 그 드라마 재미있어? 요즘 계속 보고 있네?

**B** 응, 한국에서 지금 가장 인기 있는 드라마야.

**A** 오오, 어떤 이야기인데?

**B** 평범한 여성 한 명을 둘러싸고 엘리트 세 명이 경쟁하는 스토리야.

회화 내용에 맞는 것은 무엇인가?

① 그 드라마는 여성 한 명에 대해 세 명의 엘리트가 재판을 하는 이야기다.

② 그 드라마는 여성 한 명에 대해 세 남성이 접근하는 이야기이다.

③ 그 드라마는 평범한 여성이 되고 싶은 세 명의 엘리트 이야기이다.

④ 그 드라마는 여성 한 명을 위해 남성 세 명이 힘을 합쳐 싸우는 이야기이다.

## 쪽지 시험 21 _____ p.182

### 문제1

**1** 2 그는 정년퇴직을 계기로 고향에 돌아가 농업을 시작했다.

**2** 1 (텔레비전 인터뷰에서)

농가 사람 "곧 머지않아 사과 수확이 시작됩니다. 마음을 담아 만든 사과를 많은 분이 드실 수 있으면 좋겠습니다."

**3** 4 시험까지 앞으로 일주일이다. 다 같이 마지막까지 열심히 하자.

**4** 4 그는 취해서 큰소리로 노래를 부르기도 하고 소란을 피우기도 하는 등 정말 민폐였다.

**5** 3 쓰레기 처리장 건설 문제를 둘러싸고 다양한 논의가 이루어졌다.

**6** 3 미국을 비롯하여 20개국 대표가 도쿄에 모였다.

### 문제2

**1** 1 (3412)

장관이 기자회견에서 말한 한 마디를 둘러싸고 다양한 논의가 일어나고 있다.

**2** 3 (4231)

결혼식에는 가족을 비롯하여 친척이나 친구 등 많은 사람이 참석했다.

**3** 2 (3421)

한 달에 걸친 입원 생활을 계기로 건강에 신경 쓰게 되었다.

**4** 3 (1324)

평화를 향한 기원을 담아 이틀간 콘서트가 열렸다.

**5** 2 (1324)

A "이 잡지에 실려 있는 레스토랑 제법 맛있어 보이는데. 꼭 다음에 다 같이 먹으러 가자고."

B "좋습니다. 언제로 할까요?"

**6** 4 (2341)

지난달은 이사나 출장 등으로 너무 바쁜 한 달이었지만 무사히 잘 보냈습니다.

# JLPT N2

회화와 함께

## 제대로
## 정리하기

문법

실전 모의 테스트

# 실전 모의 테스트 채점표

자신의 실력이 어느 정도인지 확인할 수 있도록 임의적으로 만든 채점표입니다.
실제 시험은 상대 평가 방식이므로 참고로만 봐 주시길 바랍니다.

## 언어지식 (문자·어휘·문법)·독해

| | | 배점 | 만점 | 정답 문항 수 | 점수 |
|---|---|---|---|---|---|
| 문자·어휘 | 문제 1 | 1점×5문항 | 5 | | |
| | 문제 2 | 1점×5문항 | 5 | | |
| | 문제 3 | 1점×3문항 | 3 | | |
| | 문제 4 | 1점×7문항 | 7 | | |
| | 문제 5 | 1점×5문항 | 5 | | |
| | 문제 6 | 1점×5문항 | 5 | | |
| 문법 | 문제 7 | 1점×12문항 | 12 | | |
| | 문제 8 | 1점×5문항 | 5 | | |
| | 문제 9 | 1점×5문항 | 5 | | |
| 독해 | 문제 10 | 1점×5문항 | 5 | | |
| | 문제 11 | 1점×9문항 | 9 | | |
| | 문제 12 | 1점×2문항 | 2 | | |
| | 문제 13 | 1점×3문항 | 3 | | |
| | 문제 14 | 1점×2문항 | 2 | | |
| 합계 | | | 73점 | | |

* 점수 계산법 : 언어지식(문자·어휘·문법)·독해 [          ]점÷73×120 = [          ]점

## 청해

| | | 배점 | 만점 | 정답 문항 수 | 점수 |
|---|---|---|---|---|---|
| 청해 | 문제 1 | 2점×5문항 | 10 | | |
| | 문제 2 | 2점×5문항 | 10 | | |
| | 문제 3 | 3점×5문항 | 15 | | |
| | 문제 4 | 2점×11문항 | 22 | | |
| | 문제 5 | 2점×4문항 | 8 | | |
| 합계 | | | 65점 | | |

* 점수 계산법 : 청해 [          ]점÷65×60 = [          ]점

# N2

# 言語知識（文字・語彙・文法）・読解

# （105分）

## 注　意
### Notes

1. 試験が始まるまで、この問題用紙を開けないでください。
   Do not open this question booklet until the test begins.

2. この問題用紙を持って帰ることはできません。
   Do not take this question booklet with you after the test.

3. 受験番号と名前を下の欄に、受験票と同じように書いてください。
   Write your examinee registration number and name clearly in each box below as written on your test voucher.

4. この問題用紙は、全部で３０ページあります。
   This question booklet has 30 pages.

5. 問題には解答番号の 1 、 2 、 3 …が付いています。
   解答は、解答用紙にある同じ番号のところにマークしてください。
   One of the row numbers 1 , 2 , 3 … is given for each question. Mark your answer in the same row of the answer sheet.

| 受験番号　Examinee Registration Number | |
|---|---|

| 名　　前　Name | |
|---|---|

**問題1** _____ の言葉の読み方として最もよいものを、1・2・3・4から一つ選びなさい。

**1** 山田さんは、みんなから信頼されている。
やまだ

1 しんがい 　　　2 しんだん 　　　3 しんよう 　　　4 しんらい

**2** 彼女は今月から新しい職場で働いている。

1 しょくば 　　　2 しょくじょう 　　3 しきば 　　　4 しきじょう

**3** 幸いなことに、祖父の手術はうまくいった。

1 ゆかい 　　　2 とくい 　　　3 さいわい 　　　4 あいまい

**4** シャワーを浴びた後は、このクリームを塗ってください。

1 きって 　　　2 とって 　　　3 ふって 　　　4 ぬって

**5** 詳細については、お配りした資料をご参照ください。

1 いばり 　　　2 くばり 　　　3 しばり 　　　4 ねばり

**問題2** _____ の言葉を漢字で書くとき、最もよいものを1・2・3・4から一つ選びなさい。

**6** 来年度の予算案が議会で<u>しょうにん</u>された。

1 争任 　　　　 2 承任 　　　　 3 争認 　　　　 4 承認

**7** 退院後、しばらくは<u>はげしい</u>運動は避けてください。

1 怪しい 　　　 2 険しい 　　　 3 激しい 　　　 4 厳しい

**8** この宿題は、教科書や辞典を<u>さんこう</u>にしてもいいです。

1 参考 　　　　 2 参孝 　　　　 3 惨考 　　　　 4 惨孝

**9** 今日は私が司会を<u>つとめ</u>させていただきます。

1 努めさせて 　 2 勤めさせて 　 3 務めさせて 　 4 勉めさせて

**10** 彼女は児童文学の<u>ひひょう</u>を行っている。

1 比評 　　　　 2 批評 　　　　 3 非評 　　　　 4 昆評

**問題3** （　　　　　）に入れるのに最もよいものを、1・2・3・4から一つ選びなさい。

11　この駅の窓口で、新幹線の指定（　　　　　）の予約ができます。

　　　1　席　　　　　　　2　座　　　　　　　3　先　　　　　　　4　位

12　ホテルは家族（　　　　　）のお客さんが多かった。

　　　1　付<ruby>付<rt>つ</rt></ruby>き　　　　　2　連<ruby>連<rt>づ</rt></ruby>れ　　　　　3　込<ruby>込<rt>こ</rt></ruby>み　　　　　4　抜<ruby>抜<rt>ぬ</rt></ruby>き

13　この博物館<ruby>博物館<rt>はくぶつかん</rt></ruby>には歴史資料が年代（　　　　　）に展示されている。

　　　1　番　　　　　　　2　続　　　　　　　3　順　　　　　　　4　号

**問題4（　　　　）に入れるのに最もよいものを、1・2・3・4から一つ選びなさい。**

14 ご注文の場合は、下の欄にお名前とご住所をご（　　　　）ください。

1 記念　　　　2 記事　　　　3 記憶　　　　4 記入

15 この先の（　　　　）カーブを曲がると中央駅が見えてきます。

1 柔らかな　　　　　　　　　2 速やかな

3 和やかな　　　　　　　　　4 緩やかな

16 この椅子は、使用者の身長に合わせて高さを（　　　　）することができます。

1 調節　　　　2 処理　　　　3 安全　　　　4 強調

17 収集した（　　　　）を分析してビジネスで活用したい。

1 ショック　　　2 チャレンジ　　　3 データ　　　4 ニュアンス

18 今朝は時間がなかったので、新聞の（　　　　）だけを読んだ。

1 見かけ　　　2 見出し　　　3 見方　　　4 見本

19 A社は脱税などの（　　　　）で調べを受けているらしい。

1 疑い　　　2 争い　　　3 嫌い　　　4 違い

20 （　　　　）少し調味料を加えるだけで、もっとおいしくなりますよ。

1 たった　　　2 ほんの　　　3 なかなか　　　4 めっきり

問題5 _____ の言葉に意味が最も近いものを、1・2・3・4から一つ選びなさい。

21 雪で道が滑りやすいので、転ばないように気をつけてください。

1 注意して　　　　2 中止して　　　　3 変更して　　　　4 安心して

22 差し支えなければ、こちらにサインをいただけないでしょうか。

1 不平　　　　　　2 問題　　　　　　3 支援　　　　　　4 変更

23 この荷物はできるだけ慎重に運んでください。

1 なんとなく　　　2 たまたま　　　　3 あまりにも　　　4 なるべく

24 いっしょに仕事する以上、相互の理解が必要だと思う。

1 あなたがた　　　2 みんな　　　　　3 たがい　　　　　4 いっぽう

25 彼の発言にみんなが注目した。

1 びっくりした　　　　　　　　　　　2 関心を持った

3 感心した　　　　　　　　　　　　　4 賛成した

**問題6 次の言葉の使い方として最もよいものを、1・2・3・4から一つ選びなさい。**

26 延期

1 悪天候のため、花火大会は残念ながら来週に延期された。

2 来月から市立図書館の開館時間が1時間延期されることになった。

3 スマホに夢中になりすぎて、降りる駅を延期してしまった。

4 道が渋滞して、約束時間に2時間も延期してしまった。

27 交流

1 この道は平日に比べ、休日の交流が多い。

2 近年外国との文化交流が盛んになっている。

3 父は彼との交流をやめるように忠告した。

4 道路と鉄道が交流している踏切では交通事故が発生しやすい。

28 あまやかす

1 紅茶を飲む時、私は砂糖を入れてあまやかして飲みます。

2 先生は私の質問にあまやかして答えてくれた。

3 昨日提出したレポートを、上司にあまやかしてもらった。

4 彼は子供のころから親にあまやかされて育ったらしい。

**29** いっせいに

1 昨日は、夜遅くまで友達と<u>いっせいに</u>お酒を飲んだ。

2 この公園では、春になると花が<u>いっせいに</u>咲いてとてもきれいだ。

3 自由とわがままを<u>いっせいに</u>してはいけないと思う。

4 山下さんはユーモアがあって、<u>いっせいに</u>いると楽しい。

**30** 反映

1 今年度の<u>反映</u>をもとに来年度の計画を立てなければならない。

2 たとえみんなに<u>反映</u>されても、私はこの計画を実行したい。

3 新しいデーターを<u>反映</u>させて、資料を作成しなおした。

4 祖父はいつも若いころの思い出を<u>反映</u>して私に話してくれる。

**問題7** 次の文の（　　　　）に入れるのに最もよいものを、1・2・3・4から一つ選びなさい。

31 連休の遊園地は人が多くて疲れるばかりだ。もう二度と行く（　　　　）。

1　ことか　　　　　2　ものか　　　　　3　ばかりか　　　　4　はずだ

32 （会社で）

A「ねえ、今朝プリントしたレポートってどこにある？」

B「ああ、（　　　　）課長が持ってるはずだよ。」

1　レポートでも　　　　　　　　　2　レポートなら

3　レポートについて　　　　　　　4　レポートにしては

33 彼の協力がなかったら、この計画の成功はあり（　　　　）だろう。

1　えなかった　　　　　　　　　　2　かねなかった

3　きれなかった　　　　　　　　　4　すぎなかった

34 子供は服がぬれるのも（　　　　）、川の中に入って楽しそうに遊んでいる。

1　かかわらず　　　　2　のみならず　　　　3　とわず　　　　　4　かまわず

35 この日帰りのバスツアーは、バス代に（　　　　）ランチ代を含めて3,000円です。

1　したがい　　　　　2　かけては　　　　　3　加えて　　　　　4　よって

36 最近の若者のファッションは大人の私たちには（　　　　）ものがある。

1　理解しがたい　　　　　　　　　2　理解しかねない

3　理解してたまらない　　　　　　4　理解するほどではない

37 山口「田中さん、ちょっと疲れ（　　　　）のようですね。」
　　田中「ええ、最近残業が多くて。」

　1　おかげ　　　　　2　ばかり　　　　　3　ぎみ　　　　　4　せい

38 タバコは体に悪いとわかってはいるものの、なかなか（　　　　）。

　1　やめるべきだ　　　　　　　　2　やめられない

　3　やめたほうがいい　　　　　　4　やめてしまった

39 ゆうこ「みかちゃん。田舎の親戚から送ってもらったリンゴ、一人じゃ（　　　　）。
　　　　　よかったら少しもらってくれない？」

　　みか「本当にいいの？ありがとう。」

　1　食べきれなくて　　　　　　　2　食べかねないんで

　3　食べつつあるんで　　　　　　4　食べそうで

40 また同じ間違いをするとは、注意が足りなかったと（　　　　）。

　1　言うにちがいない　　　　　　2　言うことになっている

　3　言わざるをえない　　　　　　4　言うはずがない

41 この道は急なカーブがあるため、スピードを出しすぎると事故を（　　　　）。

　1　起こしきれない　　　　　　　2　起こしようがない

　3　起こすわけがない　　　　　　4　起こしかねない

42 あの本屋は駅から近い（　　　　）目立つ建物なので待ち合わせにもちょうどいい。

　1　せいで　　　　2　ながら　　　　3　あげく　　　　4　うえに

**問題8 次の文の ＿＿＿★＿＿ に入る最もよいものを、1・2・3・4から一つ選びなさい。**

（問題例）

あそこで ＿＿＿＿ ＿＿＿＿ ★ ＿＿＿＿ は山田さんです。

1 テレビ　　　　　2 見ている　　　　　3 を　　　　　4 人

（解答のしかた）

1. 正しい答えはこうです。

あそこで ＿＿＿＿ ＿＿＿＿ ★ ＿＿＿＿ は山田さんです。

　　　　　　　1 テレビを　3 を　2 見ている　4 人

2. ＿＿★＿＿ に入る番号を解答用紙にマークします。

（解答用紙）　（例）　①　●　③　④

---

43　この電気自動車は、＿＿＿＿ ＿＿＿＿ ★ ＿＿＿＿ という欠点がある。

　　1　時間がかかる　　　　　　　　2　反面

　　3　空気を汚さない　　　　　　　4　バッテリーの充電に

44　彼は、人の話は ＿＿＿＿ ＿＿＿＿ ★ ＿＿＿＿ 本当に勝手な人だ。

　　1　なんて　　　　　　　　　　　2　聞いて欲しい

　　3　聞かないくせに　　　　　　　4　自分の話は

**45** 以前は、ほぼ毎週映画館に映画を見に行った。今は ＿＿＿ ＿＿＿ ＿★＿ ＿＿＿
毎日だ。

1 映画 　　　　　　　　　　　　　2 仕事に

3 どころではなく 　　　　　　　　4 追われる

**46** 国際交流がますます盛んな時代になった。外国文化の情報は増える一方だが、＿＿＿
＿＿＿ ＿★＿ ＿＿＿ なっている。

1 自分の国の 　　　　　　　　　　2 それは

3 ことについて考える 　　　　　　4 いいきっかけにも

**47** （ホームページで）

Q：食後すぐに歯みがきをした方がいいですか。

A：むし歯の予防 ＿＿＿ ＿＿＿ ＿★＿ ＿＿＿ いいです。

1 食後はすぐに 　　　　　　　　　2 面からすると

3 という 　　　　　　　　　　　　4 歯みがきをしたほうが

**問題9 次の文章を読んで、文章全体の内容を考えて、 48 から 52 の中に入る最もよいも
のを、1・2・3・4から一つ選びなさい。**

---

### 子供と読書

　子どもが豊かな人生を生きていくために読書が重要であることは、 48 。読書の世界
では、実際に行ったことのないところへ行ったり、見たことのない景色を見たりできます。
また、出会ったことのない人に出会って、いっしょに泣いたり笑ったり、悔しい思いを
したり、その人と感動を共有できるのも読書の大きな魅力（みりょく）の一つです。

　子どもに本を好きにさせるには、 49 家庭から読書を始めることが必要となります。
特に、親が子どもとともに読書の楽しさを理解し、読書に親しむことが重要であると思
います。本を読む親の姿を見せていれば、子どもも自然と本を 50 するようになるで
しょう。

　具体的には家庭で、本を読んで聞かせる、親子でいっしょに図書館に行く、定期的に
読書の時間を作る、読書で感じたことや考えたことを話し合うなどとさまざまな方法が
あると思います。もちろん、家庭任せにする 51 、学校や地域で読書活動を進めるこ
とも必要です。

　学校図書館や公共図書館も活用しながら、子どもをどう本好き（ほんず）にしていくか、家庭の
役割は決して 52 。

---

**48**

1 言うとは限りません 2 言うにすぎません

3 言うほどではありません 4 言うまでもありません

**49**

1 まず 2 もう 3 大して 4 かえって

**50**

1 読むと 2 読まないと 3 読もうと 4 読ませようと

**51**

1 だけでなく 2 だけあって 3 ばかりで 4 だらけで

**52**

1 好きではありません 2 少なくはありません

3 増えてはいます 4 多くなっています

**問題10**　次の（1）から（5）の文章を読んで、後の問いに対する答えとして最もよいものを、1・2・3・4から一つ選びなさい。

（1）

　人は知らず知らずのうちにウソをついているかもしれません。事実をごまかすための重いものから、からかい半分だったり、相手を傷つけないためのウソなどもあります。でも共通しているのは騙された事を知った時のショックや怒りです。

　内容次第ではそれ以降も信じられなくなり、人間関係が悪くなってしまうこともあります。その反面、ウソをつくことで関係が円満になったり、交渉で有利に運ぶ事もあるのです。できるなら悪いウソには巻き込まれたくないですし、優しいウソなら相手に配慮して使えるようになりたいものです。

53　筆者の考えと合っているものはどれか。

1　ウソをつかれた人は反発を受け、人間関係が悪化してしまう。

2　どんなウソでも、結果的に人間関係を悪化させるものである。

3　相手を傷つけないウソは積極的に活用するべきだ。

4　相手のウソに気づくと、ショックを受けることがある。

（2）以下は、ある会社が商品を注文してきた相手に出したメールの内容である。

田中和夫様

このたびは、ご注文いただき誠にありがとうございます。

ご注文いただきました「トートバッグ」と「スリングバッグ」の件でございますが、在庫を確認したところ、現在、2点とも在庫が切れておりました。

今後の生産は未定のため、誠に申し訳ございませんが、ご注文をお受けすることができません。心からお詫び申し上げます。このたびのご注文は、この後すぐにキャンセル処理をさせていただきます。今後、さらに在庫管理を厳しくしてまいりますので、引き続き当社の製品をご愛用くださいますようお願い申し上げます。

サヤ・コレクション

54　このメールで伝えたいことは何か。

1　商品が入荷するまで待ってほしい。

2　商品の在庫がないので注文を取り消したい。

3　もう一度、商品の在庫を確認して連絡したい。

4　いったん注文をキャンセルして、再注文してほしい。

（3）

　アメリカ人はすしが好きだといいますが、すしといっても巻きずしの方が好まれています。私の経験上、すしを注文した人の8割ぐらいは巻きずしを注文していると思います。その中で、一番の人気メニューは「カリフォルニアロール」でしょう。どんな巻物かというと、アボカドとカニかまぼこを具にして巻いたものです。このようなすしは、こちらアメリカではすでに古典的なすしなのです。すしはもともと酢とご飯を混ぜたものだから、魚に限らず中に何を入れても、何をのせてもよいはずです。

（注）カニかまぼこ：カニの身に似せた魚肉の加工食品

55　筆者はすしについてどう考えているか。

　　1　多様な食材を使ってすしを作ることができる。

　　2　すしは巻物にして食べたほうがおいしい。

　　3　日本のすしは巻きずしがほとんどである。

　　4　アメリカ人はご飯の上に魚をのせたすしは食べない。

（4）

　息子の仕事の関係でいっしょに暮らすことはできない。孫に会いたいが体が悪いので、そこまで行くことはできない。確実に会えるのはお盆と正月のみである。

　孫は、二人とも小学生で、会うたびに、びっくりするほど成長している。孫たちが来たらほかのことは何もせず、孫たちの世話をする。だから孫たちが帰郷すれば、ひどく疲れる。だが楽しい疲れでもある。会えないうちは、早く来ればいいなあと思い、来れば疲れてしまって、早く帰ってくれればいいなあと思う。本当に勝手なものである。

56　筆者は何が勝手なものであると言っているか。

　1　孫たちと一緒に暮らしたくないと思うこと

　2　孫たちに会いたいが、体が不自由で会いに行けないこと

　3　家に来た孫たちに早く帰ってほしいと思うこと

　4　家のことは何もせず、孫たちと遊びたがること

（5）

　疲れを感じるときは、足りないエネルギーを肉などの栄養の高いもので補充しようと考えがちになる。しかし、ストレスや疲労は胃の働きを悪くしてしまうので、こんなときには、胃腸に負担をかけやすい食べ物は、なるべく避けた方がいいだろう。塩辛い食べ物、脂肪分の多い食べ物、そして食物繊維の多いものなどである。

　この中で、体調のよいときには積極的に摂りたい食物繊維だが、食物繊維を含む食材は物理的に硬いことが多く、よく噛んでから飲み込む必要がある。すばやく疲労回復したい方は、なるべく消化のよい食べ物を食べ、早めに休息をとるのがベストと言えるだろう。

57　筆者が言いたいことは何か。

　1　疲れやストレスを感じたときには栄養の高いものを食べるのがいい。

　2　いつも胃に負担をかけない食べ物を食べるように気を付けなければならない。

　3　疲れた時はもちろん、普段から食物繊維をたくさん食べるべきだ。

　4　体調の悪いときには、消化しやすい食べ物を食べ、休むのがいい。

**問題11**　次の（1）から（3）の文章を読んで、後の問いに対する答えとして最もよいものを、1・2・3・4から一つ選びなさい。

（1）

　最近の新築マンションを見ていて、あることに気付きました。和室のあるマンションが少なくなっているのです。家で日本文化のシンボルである和室が消えつつあるのです。いったい、なぜなのでしょうか。そこで、マンションで和室が好まれなくなっている理由について考えてみました。

　わたしは、仕事上、新築マンションのモデルルームを見学する機会がよくあるのですが、その際、スリッパを履いたまま和室に入る人が意外と多いのに ① 驚いています。これは小さなお子さんの話ではなく、立派な大人の話です。ただ、大人といっても見た目が若そうな人たちで、平気でスリッパのまま和室に入り、押入れの中をのぞいたりしています。しかも、こうした場面を目にするのは1回や2回ではありません。何度もです。さすがに、案内している営業マンの口から注意するわけにもいかないですから。

　最近は生活様式が洋風化し、椅子での生活が日常的となっています。そのせいか、タタミと接する機会が少なくなっている若者が増えているのでしょう。その結果、スリッパを履いたままタタミの部屋に入ってしまうのです。タタミも床も、その人にとっては同じ床の材料というわけです。こうした ②「タタミ離れ」が、和室の減少を加速させる1つの要因になっているものと個人的には考えています。

　タタミには防音や湿度を調節する機能があるとされており、昨今の健康志向の流れを考えれば、かえって和室が注目を浴びてもおかしくありません。しかし、現実はタタミ離れが進んでいます。「時代の流れ」とはいっても、何となくさびしい気がしてなりません。

58 ① 驚いていますとあるが、それはどうしてか。

1 新しく建てたマンションに和室がないから

2 タタミと床の材料が同じであるとわかったから

3 スリッパをはいてモデルルームを見学する人がいたから

4 スリッパを脱がずに和室の中に入った人を見たから

59 ②「タタミ離れ」の要因として考えられるのはどれか。

1 食生活が西洋化したため

2 椅子での生活が一般化したため

3 押入れを作らなくなったため

4 タタミの材料が手に入りにくくなったため

60 筆者が言いたいことは何か。

1 生活様式が変わったので、タタミなど時代に遅れている。

2 健康のことを考えて、タタミを積極的に取り入れるべきだ。

3 タタミのある家が少なくなるのは残念なことだ。

4 若者に正しいマナーを身につけてほしい。

（2）

コミュニケーションというと、自分の意思や気持ちを相手に伝える「話す力」のほうが強調されがちだ。しかし、日本人のコミュニケーションでは昔から遠慮と察しが大事。いまでこそプレゼン能力やはっきりとものを言うことも重要視されるようになってきてはいるが、一方的な自己主張はやはりタブー視されている。

相手の話をよく聞いて理解することが対話の基本だが、それができない人がまわりに増えているという印象がある。① 対話に必要な聞く力は、ただ相手の話を耳で聞く、つまり相手が話している声を耳でとらえるだけではない。集中し話を聞くためには、相手の話す言葉だけでなく、声のトーン、顔の表情、仕草などにも注意を払う必要がある。「聴」という漢字に、耳、目、心が含まれているのには理由があるのだ。

さらに、相手が何を言いたいのかをしっかり聞いて理解すること。またその意味を正確に解釈することが重要だ。ふたりが同じ話を聞いても、② 違った解釈をする場合がある。自分の主観のフィルターを通して相手の話を聞いていることに気づかず、誤解や食い違いが起こってしまうこともよくある。同じ場所にいても、それぞれが聞いていることがみんな違う。会議がしばしば紛糾するのにはこれが原因であることが多い。

（中略）

対話の基本は、相手と向き合うこと。きちんと相手を見て話す、そして相手の話を聞く。これが生まれつきできる人はまずいない。聞く力は、対話のために身につけなければならない、そして ③ 意識的に使わなければならないスキルである。


（注１）察し：ここでは思いやり

（注２）タブー視される：禁止される

61 ① 対話に必要な聞く力とあるが、それは何か。

1 ただ単に相手の話に耳を傾けて真剣に聞くこと

2 相手の声や表情を見るだけで相手の話したいことが分かること

3 自分の考えをよく伝えるために、相手の様子をよく見ること

4 相手の話だけでなく、表情や体の動きまで注意を払うこと

62 ② 違った解釈をする場合があるとあるが、なぜか。

1 人の話を自分の基準で判断するから

2 相手の話があいまいなことが多いから

3 相手の話を素直に受け入れているから

4 人には共通の判断基準があるから

63 ③ 意識的に使わなければならないスキルであるとあるが、どんな意味か。

1 聞く力は、生まれた時から、自然に身につくものだ。

2 聞く力は、聞いているというシグナルを送ることが大切だ。

3 聞く力は、対話のために努力しなければ身につかないものだ。

4 聞く力は、相手に向かって自分を納得させる方法だ。

（３）

　教科書、地図帳、辞書、上履き、体操服、絵の具、習字道具。子どもたちはたくさんの重い荷物を持って通学する。現在、文部科学省は、児童や生徒が、教科書などの持ち帰るべき勉強道具を学校に置いておく「置き勉」を正式に認めている。でも、それにもかかわらず、保護者からは「置き勉が認められていない」という声が聞こえてくる。なぜ学校は置き勉を禁止するのだろうか。

　これまで① 置き勉が禁止されていた理由の一つは、「各教科で宿題を出すので教科書は持って帰るべきだ」との教師たちの根強い考えである。学校に教科書などを置いていくと、自宅で復習ができなくなるため、勉強に遅れが出てくる可能性があるという。また「荷物を保管するにはロッカーが必要だが、設置場所がない」と物理的な理由もあるほか、校内での紛失や盗難の発生を心配する声も聞かれる。

　小学校教員の高橋春子さんは、子どもたちに与える体への負担のみならず、② 心理的な負荷も訴える。「大量の教科書が与えているのは、身体的な苦痛だと皆さんおっしゃいますが、私は学びの重苦しさもあると思う。我慢とか、重いものって、ポジティブなメッセージになりませんよね。重さも厚さもある教科書は、学びにネガティブな印象を抱かせてしまう。」

　学習の効率を考え、置き勉をさせたくない教員の気持ちもわかるが、わざわざすべての教科書を持ち帰らせる必要はないだろう。③「昔から学校では当たり前のルール」をぜひ見直してほしい。

**64**　①置き勉が禁止されていた理由とあるが、関係ないのはどれか。

1　学校に教科書や問題集が置いてあると、自宅で復習ができないから

2　学校に教科書や荷物を置いておくと、盗まれるおそれがあるから

3　学校に教科書や荷物を置いておいても体の負担はなくならないから

4　学校に教科書や問題集を置く施設を作る場所がないから

**65**　②心理的な負荷とは何か。

1　勉強が嫌いで、宿題などに負担を感じること

2　身体的な苦痛により勉強がいやになること

3　置き勉を禁止する学校側の方針に不満を抱くこと

4　学校が嫌いで、登校したがらないこと

**66**　③「昔から学校では当たり前のルール」とは何か。

1　教科書や荷物を常に持ち歩くこと

2　教師がたくさんの宿題を出すこと

3　教科書や荷物を学校に置くこと

4　教科書を厚く、重く作ること

**問題12**　次のＡとＢの文章を読んで、後の問いに対する答えとして最もよいものを、１・２・３・４から一つ選びなさい。

Ａ

　　私の親は共働きでいつも忙しく、家で料理などほとんどしませんでした。スーパーのお惣菜やレトルトのものが毎日食卓に並んでるし、お弁当はほとんど冷凍食品。<sub>（注1）</sub>　<sub>（注2）</sub>子供のときから母の手作りとは言えないほとんど市販の食品か加工食品などで育ってきました。高校時代の弁当は冷凍食品８割から10割。

　　それが嫌だった思いもあるので、夫や子供には手作りのものを作っています。夫と実家の味の話になっても、夫はあれもこれも出てくるのに、私が思い出すのはレトルトのカレーとか冷凍食品。私のように母の味が全く思い出せないとか、手作りの味を知らないって、なんか寂しくないですか。お料理ができるお母さんがいる人がうらやましかったです。

Ｂ

　　元気でおいしいと思うなら、作り手も食べる人も、冷凍食品もレトルト食品も関係ないと思います。冷凍食品を食べる子どもがかわいそうとまでは思わないですし、全部を手作りすることが普通で、それをしてもらえる人が幸せだとも思わないです。生き方、働き方、作る人の料理への考え方もあるからです。

　　私は料理は好きですが体調が悪くなることもあるので冷凍食品を利用することもありますし、お惣菜もテイクアウトもレトルトみたいなものも好きです。でも、毎日となると味も濃いし、油っこい場合があるので、使いすぎは、特に子どもには頻繁には食べさせるのには抵抗があります。一から手作りして、時間がなくてイライラするよりは、使えるものは使って、笑顔で皆がいられることが何よりだと思ってます。<sub>（注3）</sub>

（注１）お惣菜：普段のおかず

（注２）レトルトのもの：調理済みの食品を高圧高温で殺菌し、密封したもの

（注３）何よりだ：いい

**67** ＡとＢは、料理をするとき、冷凍食品をどのように使っているか。

1 Ａは冷凍食品を使っていないが、Ｂは気にせず使っている。

2 Ａは冷凍食品ばかり食べさせているが、Ｂは使っていない。

3 ＡもＢも冷凍食品ばかり使っていると述べている。

4 ＡもＢも冷凍食品はまったく使っていないと述べている。

**68** 冷凍食品を使うことについてＡとＢはどのように述べているか。

1 Ａは冷凍食品を嫌がっているが、Ｂは状況に応じて使ってもいいと思っている。

2 Ａは冷凍食品を食べるのはかわいそうだと思っており、Ｂは手作りの料理を食べるほうが幸せだと述べている。

3 ＡもＢも冷凍食品は便利でうまく活用したほうがいいと述べている。

4 ＡもＢも冷凍食品が愛情が感じられないのでなるべく使わないほうがいいと述べている。

**問題13**　次の文章を読んで、後の問いに対する答えとして最もよいものを、１・２・３・４
　　　　　から一つ選びなさい。

　良い製品を作れば売れると思っている人がいます。ここで言う「良い製品」とは、「高機能・
多機能こそが高品質」とされた製品のことです。

　モノが無かった自給自足の時代では、自分で欲しいモノを作りました。自分の期待が満た
されればそれで良かった時代でした。産業革命以降は、専門化が急速に進み、生産者と顧客
が分離しました。生産者は自分の技術力を中心に考え、いかに高品質の製品を作り出すかに
集中してきました。もちろん、製品の品質が高いのは良いことです。しかし、本当に「良い
製品＝売れる商品」なのでしょうか。

　一つ例を挙げてみましょう。高品質アロマ製品を開発、生産する会社の方から聞いた話です。
生産者は、天然の素材を使用し、正しく製造すれば売れるのではないかと考えていたそうです。
しかし、開発後の商品販売では思うように売れませんでした。

　その生産者は、ある販売イベントでアロマファンの顧客から次のような質問を受けました。
「どうして私が、あなたからこの商品を買わなければならないの？」生産者は、「最高級の香
水を作りたかった。」と答え、品質の高さについて説明を続けました。そうすると、顧客は、
「それだけでは買わない。なぜならば、品質が良いのは当たり前で、私が商品に期待している
のは、私を満たさせられるかだから。」この言葉に頭を殴られたようなショックを受け、反省
したそうです。

　顧客が商品に期待しているのは、自分たちの期待に応えられる商品であり、生産者が満足
している高品質の製品ではないのです。製品が良いだけでは売れない理由は、とても当たり
前のことだったのです。

　高品質の製品だけでは売れなくなったのは、時代の流れが大きく関係しています。20世紀
はモノ不足の時代だったので、モノが人々に豊かさを与えてきました。品質の良い商品を持
つことがプライドをくすぐり、他人よりもいかに高品質な商品を持つかに多くの人々が熱中
していたのです。

　しかし、21世紀になると人々の生活圏が広がり、社会生活が多様化し、モノよりも心の満足を求めるようになってきました。つまり、顧客は製品の品質だけでなく心を満たす商品を求めているのです。生産者が作りたい製品と顧客が買いたい商品には、見えにくいギャップが生じているのです。

　皆様は、顧客から「どうしてこの商品を、あなたから買わなければならないのか」と聞かれたら、何と答えますか。

69　産業革命以前のモノづくりに当てはまるのはどれか。

1　物を作る人と使う人が分離した状態だった。

2　自分に必要なものは自分で作って使用した。

3　生産者は品質のよいものを作るのに集中していた。

4　専門化が進み、生産者は特定の分野に特化して物を作った。

70　頭を殴られたようなショックを受け、反省したとあるが、ショックを受けた理由は何か。

1　お客さんは品質には興味がないと分かったから

2　お客さんは品質より自分の満足を優先することが分かったから

3　お客さんが商品に期待していることが自分の考えとは違っていたから

4　お客さんが品質の良さを説明しても理解できなかったから

71　現代社会において売れる商品とはどんなものか。

1　品質が良くて、顧客の期待を満たせるもの

2　品質がやや落ちても、顧客の期待を満たせるもの

3　品質が良くて、生産者の期待を充足させるもの

4　品質がやや落ちても、生産者の期待を充足させるもの

**問題14** 次のページは、にしかわ市民文化センターによる「歴史探訪」の案内である。下の
問いに対する答えとして最もよいものを、１・２・３・４から一つ選びなさい。

**72** 石川さんは、小学生の子供といっしょに11月４日の探訪会に参加したいと思っている。どのように申し込めばいいか。

1 センター窓口で10月９日に参加を申し込む。

2 ホームページで10月20日に参加を申し込む。

3 センター窓口で11月２日に参加を申し込む。

4 ホームページで11月４日に参加を申し込む。

**73** 山田さんは、にしかわ市民文化センターの会員であり、10月20日の探訪会を申し込んだが、急用ができて前日キャンセルしなければならなくなった。山田さんはキャンセル料をいくら払うか。

1 1,200円

2 1,600円

3 1,800円

4 2,400円

# バスで回ろう　にしかわ歴史探訪

10月19日（水）、11月４日（金）の両日、にしかわ市民センターによる「探訪会」を開催します。バスで、３か所の歴史的名所を巡る探訪会です。ご参加をお待ちしております。

**日時**　1次：2022年10月20日（木）　8：30～18：00
　　　　2次：2022年11月04日（金）　8：30～18：00

**集合場所・時間**　にしかわ市民文化センター　8：20まで

**訪問先**　◆ にしかわ博物館
　　　　◆ みはる古墳群
　　　　◆ はやま史跡公園

**会費**

| センター会員 | 6,000円（バス代・昼食代・保険料・観覧料含む） |
|---|---|
| 一般 | 8,000円（バス代・昼食代・保険料・観覧料含む） |
| 小学生 | 4,000円（バス代・昼食代・保険料・観覧料含む） |

※トラベル地域共通クーポン券1,000円付です。昼食場所でのお買い物に利用できます（旅行中のみ使用可）。

**定員**　1次・2次ともに25名（先着順）
※ 定員に満たないときは運行中止となる場合があります。

**申込方法**　受付窓口（時間9：00～17：00）またはホームページ（24時間）で
　　　　　10月10日（月）９時より申込開始

**申込締切**　1次：2022年10月17日（月）
　　　　　2次：2022年11月1日（火）

※ 締切後のキャンセルについては、キャンセル料が発生する場合があります。

| | 2日前 | 前日 | 当日および連絡なし |
|---|---|---|---|
| 取消料率 | 会費の20％ | 会費の30％ | 会費の100％ |

詳しいことはホームページをご覧ください。
http://www.nishikawa-bunka.jp　TEL: 0130-76-0351

# N2

## 聴解

ちょう かい

## （５５分）

### 注　意
#### Notes

1. 試験が始まるまで、この問題用紙を開けないでください。
   Do not open this question booklet until the test begins.

2. この問題用紙を持って帰ることはできません。
   Do not take this question booklet with you after the test.

3. 受験番号と名前を下の欄に、受験票と同じように書いてください。
   らん
   Write your examinee registration number and name clearly in each box below as written on your test voucher.

4. この問題用紙は、全部で１２ページあります。
   This question booklet has 12 pages.

5. この問題用紙にメモをとってもかまいません。
   You may make notes in this question booklet

| じゅけんばんごう 受験番号 Examinee Registration Number | |
|---|---|

| 名　前 Name | |
|---|---|

# もんだい
# 問題1

　問題1では、まず質問を聞いてください。それから話を聞いて、問題用紙の1から4の中から、最もよいものを一つ選んでください。

## れい
## 例

1 オンラインで有給休暇の申請手続きを行う。
2 先輩に有給休暇の手続きについて質問する。
3 部長に有給休暇を取ることを伝える。
4 部長に有給休暇の許可をもらいに行く。

# 1番

1 家に帰って保険証を探す。

2 病院にいる娘を迎えに行く。

3 ようちえんにいる娘を迎えに行く。

4 娘の手術につきそう。

# 2番

1 カーテンの価格を割引する。

2 もう一度在庫を確認する。

3 他のお店にカーテンを送ってもらえるよう連絡する。

4 オーダーメイドの手続きをする。

# 3番

1 3,500円

2 3,700円

3 3,800円

4 4,500円

# 4番

1 合宿のスケジュールを決める。

2 合宿場所についてアンケートをとる。

3 合宿の参加希望者を集める。

4 合宿の候補地を考える。

# 5番

1 韓国人の恋人を見つける。

2 韓国人の友達を作る。

3 交流会の参加の申し込みをする。

4 ネットで日韓交流会をけんさくする。

# もんだい
# 問題2

　問題2では、まず質問を聞いてください。そのあと、問題用紙のせんたくしを読んでください。読む時間があります。それから話を聞いて、問題用紙の１から４の中から、最もよいものを一つ選んでください。

# れい
# 例

1　部屋があまり広くないから

2　夜道を一人で歩くのが心配だから

3　古い物件だから

4　学校から遠いから

# 1番

<ruby>番<rt>ばん</rt></ruby>

1 <ruby>奥<rt>おく</rt></ruby>さんが<ruby>単身赴任<rt>たんしんふにん</rt></ruby>を<ruby>嫌<rt>いや</rt></ruby>がっているため

2 <ruby>育児<rt>いくじ</rt></ruby>にもっと<ruby>協力<rt>きょうりょく</rt></ruby>するため

3 <ruby>転勤<rt>てんきん</rt></ruby>が<ruby>多<rt>おお</rt></ruby>いため

4 もっと<ruby>収入<rt>しゅうにゅう</rt></ruby>を<ruby>増<rt>ふ</rt></ruby>やすため

# 2番

<ruby>番<rt>ばん</rt></ruby>

1 <ruby>彼<rt>かれ</rt></ruby>の<ruby>愛情<rt>あいじょう</rt></ruby>が<ruby>前<rt>まえ</rt></ruby>よりも<ruby>冷<rt>さ</rt></ruby>めてきたこと

2 <ruby>彼<rt>かれ</rt></ruby>が<ruby>優<rt>やさ</rt></ruby>しすぎること

3 <ruby>決定権<rt>けっていけん</rt></ruby>がいつも<ruby>自分<rt>じぶん</rt></ruby>にあること

4 <ruby>彼<rt>かれ</rt></ruby>とけんかをしたことがないこと

# 3番

1 疲れがたまっていて、朝起きられなかったから

2 体調が悪かったから

3 レポートが書き終わらなかったから

4 辞めた人の代わりにバイトが入っていたから

# 4番

1 コーヒーの味がとてもおいしいため

2 割引制度があるため

3 お気に入りの店員さんがいるため

4 会社から近いため

# 5番

1 部下の健康状態
2 部下が会社を辞めてしまうこと
3 部下のプライベート問題
4 部下の人事評価が下がること

# 6番

1 新しい物に目がないから
2 時計が古くなったから
3 恋人と別れることになったから
4 走る時に便利だから

# もんだい
# 問題3

問題3では、問題用紙に何もいんさつされていません。この問題は、全体としてどんな内容かを聞く問題です。話の前に質問はありません。まず話を聞いてください。それから、質問とせんたくしを聞いて、1から4の中から、最もよいものを一つ選んでください。

－メモ－

# もんだい
# 問題4

問題4では、問題用紙に何もいんさつされていません。まず文を聞いてください。それから、それに対する返事を聞いて、1から3の中から、最もよいものを一つ選んでください。

－ メモ －

# 問題5

問題5では、長めの話を聞きます。この問題には練習はありません。
問題用紙にメモをとってもかまいません。

# 1番、2番

問題用紙に何もいんさつされていません。まず話を聞いてください。それから、質問とせんたくしを聞いて、1から4の中から、最もよいものを一つ選んでください。

－ メモ －

# 3番
<ruby>番<rt>ばん</rt></ruby>

　まず話を聞いてください。それから、二つの質問を聞いて、それぞれ問題用紙の１から４の中から、最もよいものを一つ選んでください。

## 質問１
<ruby>質問<rt>しつもん</rt></ruby>

1　オーシャンビューの部屋が人気で空室がなかったから

2　部屋をアップグレードしてもらえることになったから

3　予約していた部屋がまだ整っていなかったから

4　予約の時間を間違えていたから

## 質問２
<ruby>質問<rt>しつもん</rt></ruby>

1　女の人は一人で美術館を楽しむつもりだ。

2　男の人は疲れているので部屋で休むつもりだ。

3　女の人は海を見に行くつもりだ。

4　男の人は温泉でゆっくりするつもりだ。

## 정답

### 1교시 언어지식(문자·어휘·문법)·독해

문제 1 ① ④  ② ①  ③ ③  ④ ④  ⑤ ②

문제 2 ⑥ ④  ⑦ ③  ⑧ ①  ⑨ ③  ⑩ ②

문제 3 ⑪ ①  ⑫ ②  ⑬ ③

문제 4 ⑭ ④  ⑮ ④  ⑯ ①  ⑰ ③  ⑱ ②  ⑲ ①  ⑳ ②

문제 5 ㉑ ①  ㉒ ②  ㉓ ④  ㉔ ③  ㉕ ②

문제 6 ㉖ ①  ㉗ ②  ㉘ ④  ㉙ ②  ㉚ ③

문제 7 ㉛ ②  ㉜ ②  ㉝ ①  ㉞ ④  ㉟ ③  ㊱ ①  ㊲ ③  ㊳ ②  ㊴ ①  ㊵ ③
　　　　㊶ ④  ㊷ ④

문제 8 ㊸ ④ (3241)  ㊹ ② (3421)  ㊺ ② (1324)  ㊻ ③ (2134)  ㊼ ① (3214)

문제 9 ㊽ ④  ㊾ ①  50 ③  51 ①  52 ②

문제 10 53 ④  54 ②  55 ①  56 ③  57 ④

문제 11 58 ④  59 ②  60 ③  61 ④  62 ①  63 ③  64 ③  65 ②  66 ①

문제 12 67 ①  68 ①

문제 13 69 ②  70 ③  71 ①

문제 14 72 ②  73 ③

### 2교시 청해

문제 1 예 ③  ① ①  ② ③  ③ ②  ④ ④  ⑤ ③

문제 2 예 ②  ① ③  ② ③  ③ ①  ④ ③  ⑤ ②  ⑥ ④

문제 3 예 ④  ① ③  ② ②  ③ ①  ④ ④  ⑤ ②

문제 4 예 ①  ① ②  ② ①  ③ ③  ④ ③  ⑤ ②  ⑥ ①  ⑦ ②  ⑧ ①  ⑨ ②  ⑩ ①
　　　　⑪ ③  ⑫ ②

문제 5 ① ③  ② ④  3-1 ③  3-2 ④

## 1교시 언어지식(문자·어휘·문법)·독해

### 문제 1

1. 야마다 씨는 모든 사람에게 신뢰 받고 있다.
2. 그녀는 이번 달부터 새 직장에서 일하고 있다.
3. 다행히도 할아버지 수술은 잘 되었다.
4. 샤워를 한 후에는 이 크림을 발라 주세요.
5. 자세한 내용에 대해서는 배부한 자료를 참조해 주세요.

### 문제 2

6. 내년도 예산안이 의회에서 승인되었다.
7. 퇴원 후 한동안은 격한 운동은 피해 주세요.
8. 이 숙제는 교과서나 사전을 참고해도 됩니다.
9. 오늘은 제가 사회를 맡게 되었습니다.
10. 그녀는 아동문학 비평을 하고 있다.

### 문제 3

11. 이 역 창구에서 신칸센 지정석 예약을 할 수 있습니다.
12. 호텔에는 가족 동반인 손님이 많았다.
13. 이 박물관에는 역사 자료가 연대순으로 전시되어 있다.

### 문제 4

14. 주문하실 경우에는 아래 칸에 이름과 주소를 기입해 주세요.
15. 이 앞의 완만한 커브를 돌면 중앙역이 보입니다.
16. 이 의자는 사용자 키에 맞추어 높이를 조절할 수 있습니다.
17. 수집한 자료를 분석하여 사업에 활용하고 싶다.
18. 오늘 아침에는 시간이 없었기 때문에 신문 기사 제목만을 읽었다.
19. A사는 탈세 등의 혐의로 조사를 받고 있는 듯하다.
20. 아주 조금 조미료를 넣기만 해도 훨씬 맛있어집니다.

### 문제 5

21. 눈 때문에 길이 미끄러워지기 쉬우므로 넘어지지 않게 조심해 주세요.
22. 문제가 없으면 여기에 사인해 주실 수 있으세요?
23. 이 짐은 가능한 한 신중하게 옮겨 주세요.
24. 함께 일을 하는 이상 서로 이해가 필요하다고 생각한다.
25. 그의 발언에 모든 사람이 주목했다.

### 문제 6

26. 악천후 때문에 불꽃놀이는 아쉽지만 다음 주로 연기되었다.
27. 최근 외국과의 문화 교류가 활발해지고 있다.
28. 그는 어릴 때부터 부모에게 응석을 부리며 자란 듯하다.
29. 이 공원은 봄이 되면 꽃이 일제히 피어 무척 예쁘다.
30. 새로운 데이터를 반영시켜서 자료를 다시 작성했다.

### 문제 7

31. 연휴의 놀이동산은 사람이 많아서 피곤하기만 하다. 두 번 다시 가나 봐라.
32. (회사에서)
    A "저기, 오늘 아침에 프린트한 보고서 어디에 있어?"
    B "아, 보고서라면 과장님이 갖고 있을 거야."
33. 그의 협력이 없었더라면 이 계획의 성공은 있을 수 없을 것이다.
34. 아이는 옷이 젖는 것도 개의치 않고, 강 속에 들어가 즐거운 듯 놀고 있다.
35. 이 당일치기 투어 버스는 버스 요금에 더해 점심 식대를 포함하여 3,000엔입니다.
36. 최근 젊은이 패션은 어른인 우리에게는 이해하기 어려운 부분이 있다.
37. 야마구치 "다나카 씨, 좀 지친 듯해 보이네요."
    다나카 "네, 요즘 야근이 많아서요."
38. 담배는 몸에 나쁜 줄 알면서도 좀처럼 끊을 수 없다.

39 유우코 "미카, 시골에 계신 친척에게 받은 사과 혼자서
　　는 다 못 먹는데. 괜찮으면 조금 받아 주지 않
　　을래?"

　　미카 "정말 괜찮아? 고마워."

40 또 같은 실수를 하다니 주의가 부족하다고밖에 말할
　　수 없다.

41 이 길은 급한 커브가 있으므로 속도를 너무 내면 사고
　　를 낼 수도 있다.

42 그 책방은 역에서 가까운 데다가 눈에 띄는 건물이어
　　서 약속 장소로 딱 좋다.

## 문제8

43 이 전기자동차는 공기를 오염시키지 않는 반면 배터리
　　충전에 시간이 걸린다는 결점이 있다.

44 그는 남의 이야기는 듣지 않는 주제에 자기 이야기는
　　들어달라니 정말 제멋대로인 인간이다.

45 이전에는 거의 매주 영화관에 영화를 보러 갔다. 지금
　　은 영화 볼 때가 아니라 일에 쫓기는 매일이다.

46 국제 교류가 점점 활발해지는 시대가 되었다. 외국 문
　　화 정보는 늘어나기만 하는데 그것은 자신의 나라에
　　대해서 생각하는 좋은 계기도 되고 있다.

47 (홈페이지에서)
　　Q: 식후 바로 칫솔질을 하는 편이 좋습니까?
　　A: 충치 예방이라는 면으로 보면 식후에는 바로 칫솔
　　　질을 하는 편이 좋습니다.

## 문제3

어린이와 독서

어린이가 풍요로운 인생을 살아가기 위해 독서가 중
요하다는 점은 48 말할 필요도 없습니다. 독서 세계에
서는 실제로 간 적이 없는 곳에 가기도 하고 본 적이
없는 풍경을 볼 수도 있습니다. 또한 만난 적 없는 사
람을 만나서 함께 울기도 하고 웃기도 하고 분노를 느
끼기도 하고 그 사람과 감동을 공유할 수 있는 점도 독
서의 큰 매력 중 하나입니다.

어린이에게 책을 좋아하게 만드려면 49 먼저 가정에
서 독서를 시작하는 것이 필요합니다. 특히 부모가 아
이와 함께 독서의 즐거움을 이해하고 독서와 친해지
는 것이 중요합니다. 책을 읽는 부모의 모습을 보여주
면 아이도 자연스럽게 책을 50 읽으려고 하게 되겠지
요.

　구체적으로는 가정에서 책을 읽어 들려 준다, 부모가
아이와 함께 도서관에 간다, 정기적으로 독서 시간을
만든다, 독서에서 느낀 점이나 생각한 점을 같이 이야
기한다 등 다양한 방법이 있다고 생각합니다. 물론 가
정에게만 맡기는 것 51 뿐만 아니라 학교나 지역에서
독서 활동을 진행하는 것도 필요합니다.

　학교 도서관이나 공공 도서관도 활용하면서 아이를
어떻게 책을 좋아하는 사람으로 만들어 갈지 가정의
역할은 결코 52 적지는 않습니다.

(1)

> 　사람은 저도 모르는 사이에 거짓말을 하고 있을 지도 모릅니다. 사실을 숨기기 위한 무거운 것부터 반쯤 비웃거나 상대방을 상처 입히지 않기 위한 거짓말 등도 있습니다. 하지만 공통점은 속았다는 사실을 알았을 때의 충격이나 분노입니다.
>
> 　내용에 따라서는 그 이후에도 믿을 수 없게 되거나 인간관계가 나빠져 버리는 경우도 있습니다. 그런 반면 거짓말을 함으로써 관계가 원만해지기도 하고 협상에서 유리해지는 경우도 있습니다. 가능하면 나쁜 거짓말에는 휩쓸리고 싶지 않고 착한 거짓말이라면 상대방을 배려하여 쓸 수 있게 되면 좋겠습니다.

**53** 필자의 생각과 맞는 것은 어느 것인가?

1 거짓말에 당한 사람은 반발을 사서 인간관계가 나빠지고 만다.

2 어떤 거짓말이든 결과적으로 인간관계를 악화시킨다.

3 상대방을 상처 입히지 않기 위한 거짓말은 적극적으로 활용해야 한다.

4 상대방의 거짓말을 눈치채면 충격을 받는 경우가 있다.


(2) 아래는 한 회사가 상품을 주문해 온 상대방에게 보낸 메일 내용이다.

> 다나카 가즈오 님
>
> 　이번에 주문을 해 주셔서 진심으로 감사드립니다.
>
> 　주문 받은 '토트백'과 '슬링백' 건입니다만 재고를 확인했더니 현재 두 점 다 재고가 없습니다.
>
> 　다음 생산은 미정이기 때문에 대단히 죄송하지만 주문을 받을 수 없습니다. 진심으로 사과드립니다. 이번 주문은 이후 곧 취소 처리를 해드리겠습니다. 향후 재고 관리를 더욱 철저히 할 테니 계속하여 당사 제품을 애용해 주시길 부탁드립니다.
>
> 　　　　　　　　　　　　　　　　　　　　　　　　　　　　　　　사야 콜렉션

**54** 이 메일에서 전달하고 싶은 것은 무엇인가?

1 상품이 입하될 때까지 기다려 주기를 바란다.

2 상품 재고가 없으므로 주문을 취소하고 싶다.

3 다시 한번 상품 재고를 확인하고 연락하고 싶다.

4 일단 주문을 취소하고 재주문하길 바란다.

(3)

미국인은 초밥을 좋아한다고 하는데 초밥이라고 해도 김초밥이 선호되고 있습니다. 제 경험상 초밥을 주문한 사람의 80% 정도는 김초밥을 주문한다고 생각합니다. 그 중 가장 인기메뉴는 '캘리포니아롤'일 것입니다. 어떻게 만 것인가 하면 아보카도와 게살을 재료로 넣어 만 것입니다. 이런 초밥은 여기 미국에서는 이미 고전적인 초밥입니다. 초밥은 원래 초와 밥을 섞은 것이므로 생선뿐만 아니라 안에 무엇을 넣어도 무엇을 올려도 괜찮은 것입니다.

(주) カニかまぼこ : 게살처럼 보이게 만든 생선살 가공식품

55 필자는 초밥에 대해 어떻게 생각하고 있는가?

1 다양한 식재를 사용하여 초밥을 만들 수 있다.

2 초밥은 말아서 먹는 편이 맛이 있다.

3 일본 초밥은 김초밥이 대부분이다.

4 미국인은 밥 위에 생선을 올린 초밥은 먹지 않는다.

(4)

아들 일 관계로 함께 살 수는 없다. 손주를 만나고 싶지만 몸이 좋지 않아서 거기까지 갈 수는 없다. 확실히 만날 수 있는 것은 추석과 양력설뿐이다.

손주는 둘 다 초등학생이고 만날 때마다 놀랄 만큼 성장해 있다. 손주들이 오면 다른 일은 아무것도 하지 않고 손주들을 돌본다. 그래서 손주들이 귀향하면 몹시 지친다. 하지만 즐거운 피로이기도 하다. 못 만나는 동안에는 빨리 오면 좋겠고, 오면 지쳐서 빨리 집에 가면 좋겠다고 생각한다. 정말로 제멋대로이다.

56 필자는 무엇이 제멋대로이다라고 말하고 있는가?

1 손주들과 함께 살고 싶지 않다고 생각하는 점

2 손주를 만나고 싶지만 몸이 자유롭지 않아서 만나러 갈 수 없는 점

3 집에 온 손주들이 빨리 집에 가면 좋겠다고 생각하는 점

4 집안일은 아무것도 하지 않고 손주들과 놀고 싶어하는 점

(5)

피로를 느낄 때는 부족한 에너지를 고기 등 영양이 높은 것으로 보충하려고 생각하기 쉬워진다. 하지만 스트레스나 피로는 위의 움직임을 둔화시키므로 이럴 때에는 위장에 부담을 주기 쉬운 음식은 가능한 한 피하는 편이 좋을 것이다. 짠 음식, 지방이 많은 음식, 그리고 식물섬유가 많은 것 등이다.

이 중 몸 상태가 좋을 때는 적극적으로 섭취하면 좋은 식물섬유인데 식물섬유를 포함한 식재료는 물리적으로 딱딱한 경우가 많아서 잘 씹고 나서 삼킬 필요가 있다. 빨리 피로 회복하고 싶은 분은 가능한 한 소화가 잘 되는 음식을 먹고 빨리 휴식을 취하는 것이 최선이라고 할 수 있을 것이다.

57 필자가 말하고 싶은 것은 무엇인가?

1 피로나 스트레스를 느낄 때는 영양분이 높은 것을 먹는 편이 좋다.

2 항상 위에 부담을 주지 않는 음식을 먹도록 주의해야 한다.

3 피곤할 때는 물론이거니와 평소에 식물섬유를 많이 먹어야 한다.

4 몸 상태가 나쁠 때는 소화되기 쉬운 음식을 먹고 쉬는 편이 좋다.

(1)

최근 신축 아파트를 보다가 알게 된 사실이 있습니다. 일본식 다다미방이 있는 아파트가 줄고 있는 점입니다. 집에서 일본 문화의 상징인 다다미방이 사라지고 있는 것입니다. 도대체 어째서일까요? 그리하여 아파트에서 다다미방이 선호되지 않는 이유에 대해 생각해 보았습니다.

저는 직업상 신축 아파트의 모델 룸을 견학할 기회가 자주 있는데 그때마다 슬리퍼를 신은 채 다다미방에 들어가는 사람이 의외로 많다는 점에 ① 놀랍니다. 이것은 어린아이에 대한 이야기가 아니라 어엿한 성인에 대한 이야기입니다. 다만 성인이라고 해도 외모가 어려 보이는 사람들로 아무렇지 않게 슬리퍼를 신은 채 다다미방에 들어가 벽장 안을 들여다 봅니다. 게다가 이런 장면을 보는 것은 한 번이나 두 번이 아닙니다. 몇 번씩입니다. 확실히 안내하는 영업사원이 주의를 줄 수도 없는 노릇이니까요.

요즘은 생활양식이 서구화되어 일상적으로 의자 생활을 하게 되었습니다. 그런 탓인지 다다미와 접할 기회가 줄어든 젊은이가 늘어난 것이지요. 그 결과 슬리퍼를 신은 채 다다미방에 들어가 버리는 것입니다. 다다미도 마루도 그 사람에게는 같은 마루 재료인 것입니다. 이런 ② '다다미 무관심 현상'이 일본식 방의 감소를 가속시키는 한 가지 요인이 되었다고 개인적으로는 생각하고 있습니다.

다다미에는 방음이나 습도를 조절하는 기능이 있다고 여겨져 오늘날 건강 지향 흐름을 생각하면 오히려 일본식 방이 주목을 받아도 이상하지 않습니다. 그러나 현실은 다다미 무관심 현상이 계속되고 있습니다. '시간의 흐름'이라고 해도 어쩐지 아쉬운 기분이 듭니다.

**58** ① 놀랍니다라고 되어 있는데 그것은 어째서인가?

1 새로 지은 아파트에 일본식 다다미방이 없기 때문에

2 다다미와 마루 재료가 같다고 알고 있었기 때문에

3 슬리퍼를 신은 채 모델 룸을 견학하는 사람이 있었기 때문에

4 슬리퍼를 벗지 않고 일본식 다다미방 안에 들어간 사람을 봤기 때문에

**59** ② '다다미 무관심 현상'의 요인으로서 생각되는 것은 어느 것인가?

1 식생활이 서구화되었기 때문에

2 의자 생활이 일반화되었기 때문에

3 벽장을 만들지 않게 되었기 때문에

4 다다미 재료를 손에 넣기 어려워졌기 때문에

**60** 필자가 말하고 싶은 것은 무엇인가?

1 생활양식이 달라졌기 때문에 다다미 같은 건 시대에 뒤떨어져 있다.

2 건강을 생각해서 다다미를 적극적으로 도입해야 한다.

3 다다미가 있는 집이 줄어드는 점은 아쉬운 일이다.

4 젊은이가 올바른 매너를 습득하길 바란다.

(2)

커뮤니케이션이라고 하면 자신의 생각이나 기분을 상대방에게 전달하는 '말하는 능력'이 강조되기 쉽다. 하지만 일본인 커뮤니케이션에서는 옛부터 염려와 배려가 중요하다. 지금에 와서야 프레젠테이션 능력이나 확실하게 어떤 사안을 말하는 것도 중요시되어 왔지만 일방적인 자기 주장은 역시 금기시되고 있다.

상대방의 이야기를 잘 듣고 이해하는 것이 대화의 기본인데 그것이 불가능한 사람이 주변에 늘고 있다는 인상이 있다. ① 대화에 필요한 듣는 힘은 그저 상대방의 이야기를 귀로 듣고, 즉 상대방이 말하고 있는 목소리를 귀로 포착하는 것뿐이 아니다. 집중하여 이야기를 듣기 위해서는 상대방이 이야기하는 말뿐 아니라 목소리 톤, 얼굴 표정, 몸짓 등에도 주의를 기울일 필요가 있다. '聽(들을 청)'이라는 한자에 귀(耳), 눈(目), 마음(心)가 포함된 데에는 이유가 있는 것이다.

게다가 상대방이 무엇을 말하고 싶어하는지 확실히 듣고 이해하는 것. 또한 그 의미를 정확하게 해석하는 것이 중요하다. 두 사람이 같은 이야기를 들어도 ② 다른 해석을 하는 경우가 있다. 자기 주관 필터를 통해 상대방의 이야기를 듣는 것을 모르고 오해나 차이가 생기는 경우도 종종 있다. 같은 장소에 있어도 각자 듣는 것이 모두 다르다.

(중략)

대화의 기본은 상대방과 마주하는 것. 제대로 상대방을 보고 이야기하는 것, 그리고 상대방의 이야기를 듣는다. 이것이 태어나자마자 가능한 사람은 일단 없다. 듣는 힘은 대화를 위해 익혀야 한다. 그리고 ③ 의식적으로 사용해야 하는 기술이다.

(주1) 察し : 여기에서는, 배려

(주2) タブー視される : 금지된다

---

**61** ① 대화에 필요한 듣는 힘이라고 했는데, 그것은 무엇인가?

1  그저 단순히 상대방의 이야기에 귀를 기울이고 진지하게 듣는 것

2  상대방의 목소리나 표정을 보는 것만으로 상대방이 이야기하고 싶은 것을 이해하는 것

3  자신의 생각을 잘 전달하기 위하여 상대방을 잘 보는 것

4  상대방의 이야기뿐만 아니라 표정이나 몸의 움직임에까지 주의를 기울이는 것

**62** ② 다른 해석을 하는 경우가 있다라고 했는데, 어째서인가?

1  남의 이야기를 자기 기준으로 판단하기 때문에

2  상대방의 이야기가 애매한 경우가 많기 때문에

3  상대방의 이야기를 곧이곧대로 받아들이기 때문에

4  사람에게는 공통의 판단 기준이 있기 때문에

**63** ③ 의식적으로 사용해야 하는 능력이라고 했는데, 어떤 의미인가?

1  듣는 힘은 태어날 때부터 자연스럽게 몸에 베어 있다.

2  듣는 힘은 듣고 있다는 신호를 보내는 것이 중요하다.

3  듣는 힘은 대화를 위해 노력하지 않으면 익혀지지 않는 법이다.

4  듣는 힘은 상대에게 자신을 납득시키는 방법이다.

(3)

　　교과서, 지도책, 사전, 실내화, 운동복, 그림물감, 습자도구. 아이들은 많은 무거운 짐을 들고 통학한다. 현재 문부과학성은 아동이나 초등학생이 교과서 등 집에 가지고 가야 할 학습도구를 학교에 두고 가는 '오키벤(학습도구 학교에 두고 오기)'를 정식으로 인정한다. 하지만 그럼에도 불구하고 보호자에게 '오키벤은 인정되고 있지 않다'라는 목소리가 들려온다. 왜 학교는 '오키벤'을 금지하는 것일까?

　　지금까지 ① 오키벤이 금지된 이유 중 하나는 '각 교과에서 숙제를 내므로 교과서는 가지고 가야 한다'라는 교사들의 뿌리 깊은 생각이다. 학교에 교과서 등을 두고 가면 집에서 복습을 할 수 없기 때문에 공부에 뒤처질 가능성이 있다고 한다. 또한 '짐을 보관하려면 사물함이 필요한데 설치할 곳이 없다'라는 물리적인 이유도 있는 데다가 교내에서의 분실이나 도난 발생을 걱정하는 목소리도 들린다.

　　초등학교 교사인 다카하시 하루코 씨는 아이들에게 주는 몸에 대한 부담뿐만 아니라 ② 심리적인 짐도 호소한다. '대량의 교과서가 주는 것은 신체적인 고통이라고 모두 말하지만 나는 배움의 무게도 있다고 생각한다. 참는다든가 무거운 건 긍정적인 메시지를 주지 않는다. 무게도 두께도 있는 교과서는 배움에 부정적인 인상을 안기고 만다.'

　　학습 효율을 생각하여 오키벤을 시키고 싶어하지 않는 교원의 마음은 이해되지만 일부러 모든 교과서를 집에 갖고 가게 할 필요는 없을 것이다. ③ '옛날부터 학교에서는 당연했던 규칙'을 부디 다시 보길 바란다.

**64** ① 오키벤이 금지된 이유라고 했는데, 관계 없는 것은 무엇인가?

1　학교에 교과서는 문제집을 두면 집에서 복습을 할 수 없기 때문에

2　학교에 교과서나 짐을 두면 도난 당할 위험이 있기 때문에

3　학교에 교과서나 짐을 두어도 몸의 부담은 없어지지 않기 때문에

4　학교에 교과서나 문제집을 두는 시설을 만드는 장소가 없기 때문에

**65** ② 심리적인 짐이란 무엇인가?

1　공부를 싫어해서 숙제 등에 부담을 느끼는 것

2　신체적 고통에 의해 공부가 싫어지는 것

3　오키벤을 금지하는 학교측 방침에 불만을 갖는 것

4　학교를 싫어해서 등교하고 싶지 않아지는 것

**66** ③ '옛날부터 학교에서는 당연했던 규칙'이란 무엇인가?

1　교과서나 짐을 항상 지니고 다니는 것

2　교사가 많은 숙제를 내는 것

3　교과서나 짐을 학교에 두는 것

4　교과서를 두껍게, 무겁게 만드는 것

A

우리 부모님은 맞벌이로 항상 바빠서 집에서 요리 같은 것은 거의 하지 않았습니다. 슈퍼 반찬이나 레토르트 식품이 매일 식탁에 놓여 있고, 도시락은 거의 냉동식품. 어릴 때부터 엄마의 집밥이라고는 할 수 없는 대부분의 시판용 식품이나 가공식품 등을 먹으며 자랐습니다. 고등학교 시절 도시락은 냉동식품 80%에서 100%.

그게 싫었던 기억도 있기 때문에 남편이나 아이에게는 직접 음식을 만들어 주고 있습니다. 남편과 각 본가의 맛에 대한 이야기를 하더라도 남편은 이거 저거 나오는데 제가 떠올리는 것은 레토르트 카레나 냉동식품. 저처럼 엄마의 맛을 전혀 떠올릴 수 없다든가 손맛을 모른다든가 하는 것은 뭔가 서글프지 않나요? 요리를 잘하는 엄마가 있는 사람이 부러웠습니다.

(주1) お惣菜: 평소 반찬

(주2) レトルトのもの: 조리가 끝난 식품을 고압고습으로 살균하여 밀봉한 것

B

건강하고 맛있다고 생각한다면 만드는 사람도 먹는 사람도 냉동식품도 레토르트 식품도 관계없다고 생각합니다. 냉동식품을 먹는 아이가 불쌍하다고까지는 생각하지 않으며 전부 직접 만드는 것이 일반적이어서 그 음식을 먹는 사람이 행복하다고도 생각하지 않습니다. 사는 방식, 일하는 방식, 만드는 사람의 요리에 대한 생각 등도 있기 때문입니다.

나는 요리는 좋아하지만 몸 상태가 나빠질 때도 있어서 냉동식품을 이용하는 경우도 있고, 테이크아웃도 레토르트 같은 것도 좋아합니다. 하지만 매일이 되면 맛도 진하고 기름도 느끼한 경우가 있으므로 너무 많이 사용하는 것은 특히 아이에게 빈번히 먹이는 것에는 거부감이 있습니다. 하나부터 다 직접 만들고 시간이 없어서 조바심 내는 것보다는 사용할 수 있는 건 사용해서 웃는 얼굴로 다함께 있을 수 있는 것이 좋다고 생각합니다.

(주3) 何よりだ: 좋다

**67** A와 B는 지금 요리를 할 때 냉동식품을 어떻게 사용하고 있는가?

1 A는 냉동식품을 사용하고 있지 않지만 B는 신경 쓰지 않고 사용한다.

2 A는 냉동식품만 먹고 있지만 B는 사용하지 않는다.

3 A도 B도 냉동식품만 사용한다고 말한다.

4 A도 B도 냉동식품은 전혀 사용하고 있지 않다고 말한다.

**68** 냉동식품을 사용하는 것에 대해 A와 B는 어떻게 이야기하고 있는가?

1 A는 냉동식품을 싫어하지만 B는 상황에 따라 사용해도 된다고 생각한다.

2 A는 냉동식품을 먹는 것은 불쌍하다고 생각하고 있으며 B는 직접 만든 요리를 먹는 편이 행복하다고 말한다.

3 A도 B도 냉동식품은 편리하고 잘 활용하는 편이 좋다고 말한다.

4 A도 B도 냉동식품이 애정을 느낄 수 없기 때문에 가능한 한 사용하지 않는 편이 좋다고 말한다.

좋은 제품을 만들면 팔린다고 생각하는 사람이 있습니다. 여기서 말하는 '좋은 제품'이란 '고기능·다기능이야말로 고품질'이라고 여겨지는 제품입니다.

물건이 없었던 자급자족 시대에는 직접 원하는 물건을 만들었습니다. 자신의 기대가 만족되면 그걸로 좋았던 시대였습니다. 산업 혁명 이후에는 전문화가 급속도로 진행되어 생산자와 고객이 분리되었습니다. 생산자는 자신의 기술력을 중심으로 생각하고, 얼마나 고품질인 제품을 만들어낼지에 집중해 왔습니다. 물론 제품 품질이 높은 것은 좋은 일입니다. 하지만 정말로 '좋은 제품 = 팔리는 상품'일까요?

한 가지 예를 들어 봅시다. 고품질 아로마 제품을 개발, 생산하는 회사 분에게 들은 이야기입니다. 생산자는 천연 소재를 사용하여 제대로 제조하면 팔리지 않을까라고 생각하고 있었다고 합니다. 하지만 개발 후 상품 판매에서는 생각만큼 팔리지 않았습니다.

그 생산자는 한 판매 이벤트에서 아로마 팬인 고객에게 다음과 같은 질문을 받았습니다. "왜 내가 당신에게 이 상품을 사야 하나?" 생산자는 "최고급 향수를 만들고 싶었다"라고 답하며 품질이 얼마나 좋은지 계속 설명했습니다. 그러자 고객은 "그것만으로는 사지 않는다. 왜냐하면 품질이 좋은 것은 당연한 것이고 내가 상품에 기대하는 것은 나를 만족시키는지이니까." 이 말에 머리를 맞은 듯한 충격을 받고 반성했다고 합니다.

고객이 상품에 기대하는 것은 자신들의 기대에 부응할 수 있는 상품이며 생산자가 만족하는 고품질의 제품이 아닌 것입니다. 제품이 좋은 것만으로는 팔리지 않는 이유가 아주 당연한 것이었습니다.

고품질 제품만으로 팔리지 않게 된 것은 시대 흐름과 크게 관련이 있습니다. 20세기에는 물건이 부족했던 시대였기 때문에 물건이 사람들에게 풍족함을 주었습니다. 품질이 좋은 상품을 가지는 것이 자존심을 부추겼고 다른 사람보다도 어떻게 좋은 품질의 상품을 가질까에 많은 사람이 열중했습니다.

하지만 21세기가 되자 사람들의 생활 반경이 넓어졌고 사회생활이 다양해지면서 물건보다도 마음의 만족을 요구하게 되었습니다. 결국 고객은 제품 품질뿐 아니라 마음을 만족시키는 상품을 요구하는 것입니다. 생산자가 만들고 싶은 제품과 고객이 사고 싶은 상품에는 보이지 않는 간격이 생겼습니다.

여러분은 고객에게 "왜 내가 당신에게 이 상품을 사야 하는가?"라는 질문을 받으면 뭐라고 대답하시겠습니까?

**69** 산업 혁명 이전 제조업에 맞는 것은 무엇인가?

1 물건을 만드는 사람과 사용하는 사람이 분리된 상태였다.

2 자신에게 필요한 것은 직접 만들어 사용했다.

3 생산자는 품질 좋은 것을 만드는 데에 집중했다.

4 전문화가 진행되어 생산자는 특정 분야에 특화하여 물건을 만들었다.

**70** 머리를 맞은 듯한 충격을 받고 반성했다라고 했는데 충격을 받은 이유는 무엇인가?

1 고객은 품질에는 흥미가 없다는 것을 알았기 때문에

2 고객은 품질보다 자신의 만족을 우선한다는 것을 알았기 때문에

3 고객이 상품에 기대하는 것이 자신의 생각과 달랐기 때문에

4 고객이 품질이 얼마나 좋은지 설명해도 이해하지 못했기 때문에

**71** 현대 사회에서 팔리는 상품이란 어떤 것인가?

1 품질이 좋고 고객의 기대를 만족시키는 것

2 품질이 좀 떨어져도 고객의 기대를 만족시키는 것

3 품질이 좋고 생산자의 기대를 충족시키는 것

4 품질이 좀 떨어져도 생산자의 기대를 충족시키는 것

문제14 다음 페이지는 니시카와 시민 문화 센터에 의한 '역사 탐방' 안내이다. 아래 질문에 대한 답으로서 가장 적당한 것을 1·2·3·4에서 하나 고르시오.

72 이시카와 씨는 초등학생인 자녀와 함께 11월 4일 탐방회에 참가하려고 한다. 어떻게 신청하면 되는가?

1 센터 창구에서 10월 9일 참가를 신청한다.

2 홈페이지에서 10월 20일 참가를 신청한다.

3 센터 창구에서 11월 2일 참가를 신청한다.

4 홈페이지에서 11월 4일 참가를 신청한다.

73 야마다 씨는 니시카와 시민 문화 센터 회원이고 10월 20일 탐방회를 신청했지만 급한 일이 생겨서 전날 취소하게 되었다. 야마다 씨는 취소료를 얼마 지불하는가?

1 1,200엔

2 1,600엔

3 1,800엔

4 2,400엔

---

## 버스로 돌자 니시카와 역사 탐방

10월 19일(수), 11월 4일(금) 이틀 니시카와 시민 센터의 '탐방회'를 개최합니다. 버스를 타고 역사적 명소 세 군데를 도는 탐방회입니다. 참여를 기다리고 있습니다.

**일시**　　1차: 2022년 10월 20일(목) 8:30~18:00

　　　　　2차: 2022년 11월 04일(금) 8:30~18:00

**집합장소·시간**　　니시카와 시민 문화 센터 8:20까지

**방문하는 곳**　　◆ 니시카와 박물관 ◆ 미하루 고분군 ◆ 하야마 사적 공원

**회비**

| 센터 회원 | 6,000엔 (버스 요금, 점심 식대, 보험료, 관람료 포함) |
|---|---|
| 일반 | 8,000엔 (버스 요금, 점심 식대, 보험료, 관람료 포함) |
| 초등학생 | 4,000엔 (버스 요금, 점심 식대, 보험료, 관람료 포함) |

※ 트래블 지역 공통 쿠폰권 1,000엔도 제공합니다. 점심식사 장소에서의 쇼핑에 이용할 수 있습니다(여행중에만 사용 가능).

**정원**　　1차·2차 둘 다 25명 (선착순)

※ 정원 미달인 때에는 운행 중지가 되는 경우가 있습니다.

**신청 방법**　　접수 창구(시간 9:00~17:00) 또는 홈페이지(24시간)에서 10월 10일(월) 9시부터 신청 개시

**신청 마감**　　1차: 2022년 10월 17일(월)

　　　　　　　2차: 2022년 11월 1일(화)

※ 마감 이후 취소에 대해서는 취소료가 발생하는 경우가 있습니다.

| | 이틀 전 | 전날 | 당일 또는 연락 없음 |
|---|---|---|---|
| 취소료율 | 회비 20% | 회비 30% | 회비 100% |

자세한 내용은 홈페이지를 봐 주세요.

http://www.nishikawa-bunka.jp　TEL: 0130-76-0351

문제1

예

会社で女の先輩と男の後輩が話しています。男の後輩は何をしなければなりませんか。

M 先輩、有給休暇の申請をしたいのですが、どのように手続きを行えばいいでしょうか。

F あ、休暇の申請初めてだっけ？ うちの会社はオンラインで申請ができるからとっても楽なのよ。

M そうなんですね。

F マイページの左側の欄に有給申請のボタンがあるから、そこをクリックして必要事項を記入すれば大丈夫よ。もし見つけられなかったらまた声かけてちょうだい。

M ありがとうございます。

F あ、そうそう。申請はオンラインですればいいんだけど、その前に部長にも一言、有給取ること伝えておいた方がいいわよ。

M あ、そうなんですね。何か言われたりするんでしょうか…。

F そういうわけじゃないんだけどね。有給取ることについてはうちの部長は何も言わないんだけど、急に仕事頼まれたりするからさ。

M わかりました。そうします！

男の後輩は何をしなければなりませんか。

회사에서 여성 선배와 남성 후배가 이야기하고 있습니다. 남성 후배는 무엇을 해야 합니까?

M 선배님, 유급휴가 신청을 하고 싶은데 어떤 절차를 밟아야 할까요?

F 아, 휴가 신청 처음이었어? 우리 회사는 온라인으로 신청할 수 있어서 무척 편해.

M 그렇군요.

F 마이페이지 왼쪽 란에 유급 신청 버튼이 있으니까 그걸 클릭해서 필요한 사항을 기입하면 괜찮아. 혹시 못 찾으면 다시 말 걸어 줘.

M 감사합니다.

F 아, 맞다. 신청은 온라인으로 하면 되는데 그 전에 부장님께도 유급휴가 쓸 거라고 한마디 알려두는 편이 좋아.

M 아, 그렇군요. 무슨 말씀을 하시진 않을까요?

F 그런 건 아니야. 유급휴가 받는 거에 대해 우리 부장님 별 말씀 안 하시지만 갑자기 일 부탁받거나 할 때가 있으니까.

M 알겠습니다. 그렇게 하겠습니다.

**남성 후배는 무엇을 해야 합니까?**

| 1 | 온라인으로 유급휴가 신청을 한다. | 2 | 선배에게 유급휴가 절차에 대해 질문한다. |
|---|---|---|---|
| 3 | 부장에게 유급휴가를 받겠다고 알린다. | 4 | 부장에게 유급휴가 허락을 받으러 간다. |

1

電話で夫婦が話しています。男の人はこのあと、何をしなければなりませんか。

F あ、もしもし。私だけど。

M どうした？ 仕事中に電話かけてくるなんて、珍しいな。

F 忙しいところ悪いんだけど、実はさっき幼稚園から電話があってね。みきが怪我しちゃったみたいなの。

전화로 부부가 이야기하고 있습니다. 남성은 이후 무엇을 해야 합니까?

F 아, 여보세요. 난데.

M 무슨 일이야? 일할 때 전화라니 별일이네.

F 바쁠 텐데 미안하지만 실은 아까 유치원에서 전화가 왔어. 미키가 다친 모양이야.

M えぇ、怪我ってどの程度？ いったいどうして。

F 友達と遊んでたら派手に転んじゃったみたいで、おでこを縫うことになったらしいの。迎えにいってあげなきゃいけないんだけど、これからどうしても外せない打ち合わせがあって。

M わかった。それなら俺が行くよ。ちょうど仕事も片付いたことだし。

F ありがとう。助かるわ。病院の名前と住所、この後ケータイの方に送るから。

M 了解！

F そうそう、迎えに行く前に、うちに寄って保険証持っていくの忘れないでね。

M はーい。また後で連絡するよ。

男の人はこのあと、何をしなければなりませんか。

---

M 어, 다쳤다니 얼마나? 도대체 어쩌다가?

F 친구랑 놀다가 요란하게 넘어진 거 같아. 이마를 꿰매야 했다나봐. 데리러 가야 하는데 지금부터 도저히 뺄 수 없는 회의가 있어서.

M 알겠어. 그러면 내가 갈게. 마침 일도 정리된 상황이고.

F 고마워. 다행이야. 병원 이름이랑 주소 이후에 휴대전화에 남겨 놓을게.

M 알겠어!

F 맞다, 데리러 가기 전에 집에 들러서 보험증 가지고 가는 잊지 말고.

M 응, 이따가 연락할게.

**남성은 이후 무엇을 해야 합니까**

---

1 집에 돌아가 보험증을 찾는다.

2 병원에 있는 딸을 데리러 간다.

3 유치원에 있는 딸을 데리러 간다.

4 딸 수술 시중을 든다.

---

**2**

お店の人と男の人が話しています。お店の人はこのあと何をしますか。

M あの、すみません。これと同じタイプのカーテンが欲しいんですが、在庫はありますか。

F かしこまりました。ただ今、確認して参りますので、少々お待ちください。

M ありがとうございます。

F お待たせいたしました。大変恐れ入りますが、確認したところ、現在残っているのはこちらの現品のみでして。他の色でしたら在庫があるのですが。

M そうですか。でもどうしてもこの色がほしいんですよね。

F もしお急ぎでなければ、他の店舗に在庫があるようですので、お取り寄せも可能ですが。

M うーん、実は引っ越したばかりなので、すぐにでも購入したかったんですが。ちなみにもし店頭にあるものを購入する場合、値引きなどしていただけるんでしょうか。

---

가게 직원과 남성이 이야기하고 있습니다. 가게 직원은 이후 무엇을 합니까?

M 저, 실례합니다. 이것과 같은 타입 커튼을 원하는데 재고는 있습니까?

F 알겠습니다. 지금 바로 확인하고 올 테니 잠시만 기다려 주세요.

M 감사합니다.

F 오래 기다리셨습니다. 대단히 죄송하지만 확인해봤더니 현재 남아 있는 것은 이 물건뿐이어서요. 다른 색이라면 재고가 있습니다.

M 그런가요? 하지만 꼭 이 색을 갖고 싶어서요.

F 혹시 급하신 게 아니라면 다른 점포에 재고가 있는 듯하니 주문도 가능합니다.

M 으음, 실은 이사한지 얼마 안 되어서 당장이라도 사고 싶었는데요. 그리고 혹시 매대에 있는 걸 구입하는 경우 할인 같은 건 받을 수 있을까요?

F 大変申し訳ありませんが、そちらも定価での販売
となっておりまして…。

M そうですか。じゃあ、取り寄せの手続きをお願い
できますか。

お店の人はこのあと何をしますか。

| 1 | カーテン 가격을 할인한다. | 2 | 한 번 더 재고를 확인한다. |
|---|---|---|---|
| 3 | 다른 가게에 커튼을 보내줄 수 있는지 연락한다. | 4 | 주문 제작 절차를 밟는다. |

F 대단히 죄송하지만 그것도 정가 판매만 하게 되어
있어서요.

M 그런가요? 그럼 다른 가게에 주문하는 걸로 부탁
드릴게요.

**가게 직원은 이후 무엇을 합니까?**

---

**3**

映画館のチケット売り場でスタッフと男の人が話し
ています。男の人は、いくら支払いますか。

F こんにちは。何名様でしょうか。

M あの、大人二人と子供一人なんですが、料金はい
くらでしょうか。

F 大人が一枚1,800円、3歳以上、小学生未満の
お子様は大人の半額になります。それ以上のお子
様は中学生までは1,000円になります。失礼で
すが、お子様はおいくつでしょうか。

M うちの子は来年の春から小学生になります。

F かしこまりました。それから、お連れ様は女性の
方でしょうか。本日水曜日はレディースデーです
ので、女性の方はお一人様1,000円になります。

M そうですか。母と一緒なのですが、もしかしてシ
ニア割引もありますか。

F はい。70歳以上の方であれば、お一人様1,100
円となりますが、レディースデーの割引の方がお
得ですので、本日はそちらを適用させていただき
ますね。

M わかりました。

男の人は、いくら支払いますか。

영화관 매표소에서 스탭과 남성이 이야기하고 있습
니다. 남성은 얼마 지불합니까?

F 안녕하세요. 몇 분이신가요?

M 저, 어른 두 명과 아이 한 명인데 요금은 얼마인가
요?

F 어른이 한 장 1,800엔, 세 살 이상 초등학생 미만
어린이는 어른 요금의 반값입니다. 그 이상인 어
린이는 중학생까지는 1,000엔입니다. 실례지만
아이는 몇 살일까요?

M 우리 애는 내년 봄부터 초등학생이 됩니다.

F 알겠습니다. 그리고 동행이신 분은 여성이신가
요? 오늘 수요일은 레이디스데이여서 여성은 한
분당 1,000엔입니다.

M 그런가요? 엄마와 함께 온 거라서 혹시 경로 할인
도 있습니까?

F 네. 70세 이상인 분이시면 한 분 당 1,100엔이신
데 레이디스데이 할인이 더 저렴하므로 오늘은 그
쪽을 적용해 드리겠습니다.

M 알겠습니다.

**남성은 얼마 지불합니까?**

| 1 | 3,500엔 | 2 | 3,700엔 |
|---|---|---|---|
| 3 | 3,800엔 | 4 | 4,500엔 |

学校で男の人と女の人が話しています。女の人はこのあとまず何をしますか。

M 夏休みのサークル合宿のことなんだけど、今年はどうする？

F そうだねぇ。去年は人数が少なかったから楽だったけど、今年はありがたいことに部員がかなり増えたから、早めに計画立てとかないとだよね。

M うん。とりあえず日程決めて、参加希望者の出欠取った方がいいかな。

F それも大事だけど、まず行き先から決めた方がよくない？ どこに行くかによって参加希望者の数も変わりそうだし。

M それもそうだね。

F 今年は山じゃなくて海がいいなぁ。沖縄とか！

M いいねぇ。そしたらゆいちゃんが行きたい所、3つくらいあとでメールしてよ。それをベースにしてみんなにアンケート取るからさ。

F わぁ！やったー！ちょっと考えてみるね。

女の人はこのあとまず何をしますか。

1 합숙 스케줄을 정한다.　　2 합숙 장소에 대해 설문조사를 한다.

3 합숙 참가 희망자를 모은다.　　4 합숙 후보지를 생각한다.

학교에서 남성과 여성이 이야기하고 있습니다. 여성은 이후 먼저 무엇을 합니까?

M 여름 방학 동아리 합숙 말인데 올해는 어떡할까?

F 그러네. 작년에는 인원수가 적어서 편했는데 올해는 감사하게도 부원이 꽤 늘었으니까 빨리 계획 세워야겠네.

M 응. 우선 일정 정하고 참가희망자 출결 확인하는 게 좋겠어.

F 그것도 중요한데 먼저 행선지부터 정하는 편이 좋지 않아? 어디 갈지에 따라 참가희망자 수도 바뀔 거 같고.

M 그것도 그렇네.

F 올해는 산이 아니라 바다가 좋겠어. 오키나와 같은!

M 좋아. 그러면 유이가 가고 싶은 곳 세 개 정도 이따가 문자해. 그걸 토대로 모두에게 설문조사 할 테니까.

F 와! 좋았어! 생각 좀 해 볼게.

여성은 이후 먼저 무엇을 합니까?

**5**

女の人と男の人が話しています。女の人はこのあとまず何をしますか。

F 鈴木さんって韓国語本当にお上手ですよね。実は私も韓国語に関心があって、勉強したいなと思ってるんですが、何かコツはありますか。

M うーん、そうですね。やっぱり一番の上達の近道は、恋人を作ることですかね。(笑)

F ええ、ちょっと真面目に答えてくださいよ。

M すみません。でも語学の上達のために恋人を作るというのは一理あって、かなりのモチベーションになるんですよ。

F 鈴木さんが言ってること、わからなくもないですが。でもそれが一番難しいですよね。

여성과 남성이 이야기하고 있습니다. 여성은 이후 먼저 무엇을 합니까?

F 스즈키 씨는 한국어 정말 잘하시네요. 실은 저도 한국어에 관심이 있어서 공부하고 싶은데 뭔가 요령 있어요?

M 으음, 그러게요. 역시 잘하게 되는 가장 빠른 지름길은 애인을 만드는 것일까요.

F 에이, 좀 진지하게 대답해 주세요.

M 미안해요. 하지만 어학을 잘하기 위해서 애인을 만든다는 건 일리가 있어요. 꽤 동기 부여도 되고요.

F 스즈키 씨가 무슨 말 하는지 모르는 건 아니지만요. 하지만 그게 제일 어려워요.

M 恋人を作るって考えるとハードルが上がってしまうので、まずは気の合う友達を見つけることから始めるのはどうでしょう。僕がよく参加している日韓交流会が週末にあるので、よかったら一緒に行きませんか。

F うーん、興味はあるんですが、年齢層ってどのくらいですか。そういう交流会は何だか若い人が多いイメージがあって。

M そこは社会人が多いので、心配しなくても大丈夫ですよ。事前にネットで参加の申し込みが必要なので、あとでリンク送りますね。

F ありがとうございます。楽しみにしています。

**女の人はこのあとまず何をしますか。**

M 애인을 만든다고 생각하면 장벽이 높아져 버리니까 우선은 마음이 맞는 친구를 찾는 것부터 시작하면 어떨까요? 제가 종종 참가하는 한일교류회가 주말에 있으니 괜찮으면 함께 가지 않겠어요?

F 으음, 관심은 있는데 연령층은 어느 정도예요? 그런 교류회는 어째서인지 어린 사람이 많다는 이미지가 있어서요.

M 거기는 사회인이 많아서 걱정 안 해도 괜찮아요. 미리 인터넷에서 참가 신청을 할 필요가 있으니 이따가 링크 보내줄게요.

F 감사합니다. 기대하고 있을게요.

**여성은 이후 먼저 무엇을 합니까?**

1 한국인 애인을 찾는다.　　　　2 한국인 친구를 만든다.
3 교류회 참가 신청을 한다.　　　4 인터넷으로 한일교류회를 검색한다.

---

## 문제2

### 예

大学で女の学生と男の学生が話しています。女の学生はどうして引っ越したいと言っていますか。

M そんなに真剣な顔して、何見てるの?

F あ、これ? 実は引っ越し考えてて。さっき不動産に寄って、資料もらってきたの。

M へ～そうなんだ。でも今の部屋、せまいけど家賃も安いし新築だからって気に入ってたんじゃなかった?

F それはそうなんだけど…。駅からちょっと距離があるじゃない。夜遅くなったりすると、やっぱりちょっと不安で。

M まぁ、防犯は大切だからね。学校からも近いに越したことないしね。

F うん。いい物件、見つかるといいな。

**女の学生はどうして引っ越したいと言っていますか。**

대학에서 여학생과 남학생이 이야기하고 있습니다. 여학생은 왜 이사하고 싶다고 말합니까?

M 그렇게 심각한 얼굴로 뭘 보고 있어?

F 아, 이거? 실은 이사 생각 중이라. 아까 부동산에 들러서 자료도 받아 왔어.

M 음, 그렇구나. 하지만 지금 방 좁아도 방값도 싸고 신축이라서 마음에 들어하지 않았어?

F 그건 그렇지만…. 역에서 거리가 좀 있잖아? 밤에 늦어지면 역시 좀 불안해서.

M 아, 방범은 중요하지. 학교에서도 가까운 게 좋고.

F 응, 좋은 집 발견하면 좋을 텐데.

**여학생은 왜 이사하고 싶다고 말합니까?**

1 방이 그다지 넓지 않아서　　　　2 밤길을 혼자 걷는 것이 걱정이어서
3 오래된 집이어서　　　　　　　4 학교에서 멀어서

キャリアアドバイザーと男の人が話しています。男の人が転職したい理由は何ですか。

F 履歴書を拝見すると、現在大手企業にお勤めで収入も満足されていらっしゃるようにお見受けしますが。

M そうですね。その面では大変満足しているのですが、転勤が多い仕事なので家族のことを考えた時に、もう少し落ち着きたいなと思いまして。

F なるほど。引っ越しが多いとご家族のみなさんも大変ですよね。

M 妻は「子どもが小学生になったら、それからは単身赴任でもいいんじゃない」なんて言ってくれてはいるのですが、そうなると僕の方がさみしくて。

F そうですか。では、ご紹介するお仕事の条件としては、まず異動がないということと、他にどのような条件がご希望ですか。

M そうですね。もうすぐ妻が復職する予定なので、僕ももっと育児に積極的に協力していきたいと思ってるんです。なので、そういった環境が整っている仕事であればうれしいですね。

男の人が転職したい理由は何ですか。

커리어 어드바이저와 남성이 이야기하고 있습니다. 남성이 이직하고 싶은 이유는 무엇입니까?

F 이력서를 보니 현재 대기업 근무하시고 수입도 만족하시고 계신 것으로 보이는데요.

M 그러네요. 그런 점에서는 무척 만족하고 있지만 전근이 많은 일이어서 가족을 생각했을 때 좀 더 안정적이면 좋겠다고 생각해서요.

F 그렇군요. 이사가 많으면 가족 모두 힘들죠.

M 아내는 '아이가 초등학생이 되면 그때부터는 단신 부임해도 괜찮지 않냐'라고 말하지만 그러면 제가 외로워져서요.

F 그런가요? 그러면 소개해 드릴 직업 조건으로서 우선 이동이 없는 점, 그외에 또 어느 조건을 희망하시나요?

M 음, 곧 아내가 복직할 예정이어서 저도 좀 더 육아에 적극적으로 협력하고 싶습니다. 그래서 그런 환경이 마련되어 있는 일이면 좋겠네요.

남성이 이직하고 싶은 이유는 무엇입니까?

1 부인이 단신 부임을 싫어해서　　　3 육아에 더욱 협력하기 위하여

3 전근이 많아서　　　4 수입을 더 늘리기 위하여

女の人と男の人が話しています。女の人は何に対して不満を持っていますか。

M さっきから元気ないみたいだけど、どうしたの?

F え、もしかして顔に出てた? 実はね、彼氏のことでちょっと悩んでて。

M 何? あんなに優しそうな彼氏さんなのに、けんかでもしたの?

F 別にけんかってほどじゃないんだけどね。デートでどこに行くにしても何を食べるにしても、全部私任せなのよ。

M それは彼女の意思を尊重してくれてるってことで、彼氏さんの優しさじゃないの?

여성과 남성이 이야기하고 있습니다. 여성은 무엇에 대해 불만을 가지고 있습니까?

M 아까부터 기운 없어 보이는데 무슨 일 있어?

F 아, 혹시 얼굴에 드러났어? 실은 남자친구 문제로 좀 고민이 있어서.

M 뭔데? 그렇게 다정해 보이는 남자친구인데 싸우기라도 했어?

F 딱히 싸운 건 아닌데. 데이트할 때 어디에 갈지 뭘 먹을지 전부 나한테 맡겨.

M 그건 여자친구의 의견을 존중하기 위해서로 남자친구의 다정함 아니야?

F　まぁ、よく言えばそうなんだけど。でも時々、どうでもいいからそんな風に答えてるのかなとか思っちゃうわけよ。

M　うん… 一度今の気持ち、彼氏さんにぶつけてみたらどう？

**女の人は何に対して不満を持っていますか。**

F　잘 말하면 그렇긴 한데. 하지만 가끔 별 흥미가 없어서 그런 식으로 대답하는 걸까 생각하게 된다니까.

M　음, 한번 남자친구에게 그 마음을 털어놓아 보는 게 어때?

**여성은 무엇에 대해 불만을 가지고 있습니까?**

1　남자친구의 애정이 전보다도 식어버린 것
3　결정권이 항상 자신에게 있는 것
3　남자친구가 너무 다정한 것
4　남자친구와 싸운 적이 없는 것

---

**3**

**教室で女の学生と男の学生が話しています。どうして男の学生は昨日、授業を休みましたか。**

F　昨日、授業来なかったけど、具合でも悪かったの？

M　心配かけてごめん。実は寝坊しちゃって。

F　本当に寝坊が理由？もしかして今日まで提出のレポートが終わらなくて、うちでこっそりやってたんじゃないの？

M　いや、違うって。最近、バイトの子が一人辞めちゃって、代わりに毎日シフト入っててさ。疲労がもう限界で。

F　え〜、本当にバイトのせい？

M　本当だって！信じてよ。その証拠に先週のうちにもうレポート出してあるし。

**どうして男の学生は昨日、授業を休みましたか。**

교실에서 여학생과 남학생이 이야기하고 있습니다. 왜 남학생은 어제 수업을 쉬었습니까?

F　어제 수업 안 왔던데 몸이라도 안 좋았어?

M　걱정 끼쳐서 미안. 실은 늦잠 자고 말았어.

F　정말 늦잠이 이유야? 혹시 오늘까지 제출해야 하는 리포트가 안 끝나서 집에서 몰래 한 거 아니고?

M　아니, 아니라니까. 요즘 알바 중 한 명이 그만둬서 대신 매일 근무하게 되어가지고. 피로가 한계야.

F　와 정말 아르바이트 탓?

M　정말이라니까. 믿어 줘. 그 증거로 지난주에 이미 보고서는 제출했고.

**왜 남학생은 어제 수업을 쉬었습니까?**

1　피로가 쌓여서 아침에 일어날 수 없었기 때문에
3　리포트를 다 쓰지 않았기 때문에
2　몸이 안 좋았기 때문에
4　그만둔 사람 대신 아르바이트가 들어왔기 때문에

---

**4**

**女の人と男の人がある店について話しています。女の人がその店に通う一番の理由は何ですか。**

M　おはよう。あれ、またそのコーヒー飲んでるの？

F　あ、大野さん、おはよう。うん、ここ、最近お気に入りのカフェなんだ。

M　そうなんだ。前はあまりコーヒー好きじゃないって言ってなかったっけ？

여성과 남성이 한 가게에 대해 이야기하고 있습니다. 여성이 그 가게에 다니는 가장 큰 이유는 무엇입니까?

M　좋은 아침. 어, 또 그 커피 마시고 있네?

F　아, 오노 씨, 좋은 아침. 응, 여기 요즘 마음에 드는 카페야.

M　그렇구나. 전에는 커피 별로 안 좋아한다고 하지 않았어?

F そうだったんだけど、ここのコーヒーに出会ってから、そのおいしさに目覚めたって感じかな。

M へ〜 そんなにおいしいコーヒーなんだ。僕も明日行ってみようかな。前からちょっと気になってたんだよね。

F 大野さんもぜひ！8時までにオーダーするとちょっと割引もしてくれるから、その前に行くといいよ。あと朝の時間帯は素敵な店員さんもいてね…。

M え、実はそれが一番の目的だったりして。

F あはは。ばれちゃった？

**女の人がその店に通う一番の理由は何ですか。**

F 그랬는데 여기 커피를 만나고 나서 커피의 맛에 눈을 떠버린 느낌이야.

M 오, 그렇게 맛있는 커피란 말야. 나도 내일 가 볼까. 전부터 좀 궁금했는데.

F 오노 씨도 꼭! 여덟 시까지 주문하면 할인도 좀 해 주니까 그 전에 가면 좋아. 그리고 아침 시간대에는 멋진 직원도 있거든.

M 아, 실은 그게 가장 큰 목적이구나.

F 하하, 들켜 버렸네?

**여성이 그 가게에 다니는 가장 큰 이유는 무엇입니까?**

| 1 | 커피가 무척 맛있어서 | 2 | 할인 제도가 있어서 |
|---|---|---|---|
| 3 | 마음에 드는 점원이 있어서 | 4 | 회사에서 가까워서 |

5

**会社で女の人と男の人が話しています。男の人は何について心配していますか。**

F 部長、すみません。さっき松本さんから連絡があったんですが、今日は体調不良でお休みとのことです。

M またか。最近休みが続いてるようだけど、大丈夫かな。

F そうですね。今週はまだ一日しか出勤していませんし。

M このままだと人事評価にも影響しかねないし、心配だな。この前まで仕事も一生懸命がんばっていたのに、何かプライベートで問題でもあるんだろうか。

F 実はちょっと小耳にはさんだのですが、一部の同期とちょっとトラブルがあったみたいで。

M そんなことがあったのか。新人のわりには仕事のパフォーマンスは非常に優秀だし、取引先からも好かれているから、このまま最悪の事態になることだけは避けたいな。悪いんだけど、今度時間作って、松本の話、ゆっくり聞いてもらえないかな。

**회사에서 여성과 남성이 이야기하고 있습니다. 남성은 무엇에 대해 걱정하고 있습니까?**

F 부장님, 죄송합니다. 방금 마쓰모토 씨에게 연락이 왔는데 오늘은 몸이 안 좋아서 쉰다고 합니다.

M 또? 요즘 계속 쉬는 것 같은데 괜찮은가.

F 그러게요. 이번 주에는 아직 하루밖에 출근하지 않았네요.

M 이대로라면 인사평가에도 영향을 미칠 수밖에 없어서 걱정이네. 요전까지 일도 열심히 잘 했는데 뭔가 사적인 문제라도 있는 걸까.

F 실은 좀 주워들은 게 있는데 일부 동기들과 문제가 좀 있었던 것 같아요.

M 그런 일이 있었나. 신입 치고는 일 퍼포먼스도 상당히 우수하고 거래처에서도 좋아하니 이대로 최악의 사태가 되는 것만큼은 피하고 싶군. 미안하지만 이번에 시간을 만들어서 마쓰모토의 이야기 천천히 들어주지 않겠나.

F 承知しました。私もずっと気になっていたので、後で連絡してみます。

M うん。よろしく頼むよ。

男の人は何について心配していますか。

F 알겠습니다. 저도 줄곧 신경 쓰이고 있었던 터라 나중에 연락해 보겠습니다.

M 응, 잘 부탁하네.

남성은 무엇에 대해 걱정하고 있습니까?

| | | | |
|---|---|---|---|
| 1 | 부하의 건강 상태 | 2 | 부하가 회사를 그만둬 버리는 것 |
| 3 | 부하의 사생활 문제 | 4 | 부하의 인사평가가 내려가는 것 |

**6**

女の人と男の人が話しています。男の人はどうして時計を変えましたか。

F あれ? 時計変わりました? これ、この前発売されたばかりのスマートウォッチですよね。

M よく気がつきましたね。そうなんですよ。今までアナログだったので、この機会に思い切って買っちゃいました。

F でも、前につけていた時計もすごく大切にされていましたよね。もしかして、恋人からのプレゼントだったとか?

M そんな思い出があったらよかったんですが。残念ながら・・・。実は最近、健康のためにジョギングを始めたんですが、ケータイを持ちながら走るのがものすごく不便だったんですよ。これさえあれば、時間も分かるしジョギングのデータも記録できるし、音楽も聴けるので、かなり快適になりました。

F それは便利ですね。話を聞いていたら、何だか私もほしくなっちゃいました。

M このモデルじゃなくても、コスパがいい物がたくさん出ているから、一度店頭で見てみるといいですよ。

男の人はどうして時計を変えましたか。

여성과 남성이 이야기하고 있습니다. 남성은 왜 시계를 바꾸었습니까?

F 어? 시계 바꿨네요? 이거 얼마 전 막 발매된 스마트워치네요.

M 잘 알아채셨네요. 맞아요. 지금까지 아날로그였어서 이번 기회에 과감히 샀어요.

F 하지만 전에 차고 있던 시계도 엄청 소중히 여기셨죠. 혹시 애인에게 받은 선물이었나요?

M 그런 추억이 있으면 좋았겠지만. 아쉽게도…. 실은 최근 건강 때문에 조깅을 시작했는데 휴대전화를 들고 달리는 게 몹시 불편했어요. 이것만 있으면 시간도 알 수 있고 조깅 정보도 기록할 수 있고 음악도 들을 수 있어서 꽤 쾌적해졌어요.

F 편리하네요. 이야기를 듣다 보니 뭔가 저도 갖고 싶어졌어요.

M 이 모델 말고도 가격 대비 성능 좋은 물건이 많이 나와 있으니까 한번 가게에서 봐 보면 좋아요.

남성은 왜 시계를 바꾸었습니까?

| | | | |
|---|---|---|---|
| 1 | 새 물건을 아주 좋아해서 | 2 | 시계가 낡아서 |
| 3 | 애인과 헤어져서 | 4 | 달릴 때 편리해서 |

**예**

会議で男の人がフードデリバリーサービスに関する
調査結果について、話しています。

M フードデリバリーサービスは主に男性が、普段か
ら料理する習慣がないことから、食事の手間を
最小限にするために利用しているというイメージ
を持たれている方が多いかと思いますが、調査結
果を見ると、女性の若年層の利用が多くなってい
ます。また、フードデリバリーサービスはスマー
トフォンからの利用が大半を占めることから、ス
マートフォンアプリの利用者データを分析する
と、性別では全ての年代で女性が高くなっていま
す。年代別では、18〜34歳が最も高く、35〜49
歳が続いています。

회의에서 남성이 음식 배달 서비스에 관한 조사 결과
에 대해 이야기하고 있습니다.

M 음식 배달 서비스는 주로 남성이 평소 요리하는
습관이 없기 때문에 식사에 드는 품을 최소한으
로 하기 위하여 이용한다는 이미지를 가지신 분
이 많다고 생각하지만 조사 결과를 보면 젊은 여
성의 이용이 많아졌습니다. 또한 음식 배달 서비
스는 스마트폰 이용이 대부분을 차지하고 있는 점
에서 스마트폰 어플리케이션 이용자 데이터를 분
석했더니 성별로는 전체 연령대에서 여성이 높았
습니다. 연령대별로는 18〜34세가 가장 높았고
35〜49세가 그 뒤를 이었습니다.

---

フードデリバリーサービスの何についての調査ですか。

1 男性のサービスの利用
2 利用者数
3 利用者の職業
4 利用者の性別と年齢層

음식 배달 서비스의 무엇에 관한 조사입니까?

1 남성의 서비스 이용
2 이용자수
3 이용자 직업
4 이용자 성별과 연령층

**1**

ニュースでアナウンサーが話しています。

F 産業機械メーカーのヤマダは、60歳以上のシニ
ア社員のモチベーション向上などを目的に、来年
の4月から社員の定年年齢を60歳から65歳に引
き上げると発表しました。近年、少子高齢化が
進む中で、高齢者の雇用に関する社会的な要請が
高まっています。また、年齢を問わず働きたいな
ど、シニア層の就業意識の変化も見られます。同
社は定年年齢の引き上げにより、シニア社員がこ
れまで培ってきた高い技術や幅広い経験を活か
し、グローバルに拡大する事業に貢献することを
期待しています。

뉴스에서 아나운서가 이야기하고 있습니다.

F 산업기계 업체인 야마다는 60세 이상 시니어 사
원의 동기 부여 향상 등을 목적으로 내년 4월 부
터 사원 정년 연령을 60세에서 65세로 올리겠다
고 발표했습니다. 최근 고령화 저출산이 계속되는
가운데 고령자 고용에 관한 사회적인 요청이 높아
졌습니다. 또한 연령을 불문하고 일하고 싶어하는
등 시니어층 취업의식 변화도 볼 수 있습니다. 이
회사는 정년 연령을 올림으로써 시니어 사원이 지
금까지 쌓아온 높은 기술이나 폭넓은 경험을 활용
하여 전세계로 확대할 사업에 공헌할 것을 기대하
고 있습니다.

アナウンサーは何について話していますか。

1 少子高齢化による社会問題
2 シニア社員の能力の高さ
3 定年年齢の引き上げとその背景
4 人材雇用の難しさ

아나운서는 무엇에 대해 이야기하고 있습니까?

1 저출산 고령화에 의한 사회 문제
2 시니어 사원의 높은 능력
3 정년 연령 인상과 그 배경
4 인재 고용의 어려움

2

ラジオで男の人が話しています。

M えー、先日、年末宝くじの当せん番号が発表されましたね。リスナーの皆さんの中にも当せんできた方がいらっしゃるでしょうか。当せんされた方にはなるべく早めの換金をおすすめしたいですね。というのも、びっくりするくらい、宝くじの換金のし忘れが多いそうなんです。昨年は支払期限の1か月前になっても、1等3億円が1本、1等の前後賞1億円が6本も換金されていなかったそうなんです。時効になった当せん金は自治体の収益として還元されるので、決して無駄になるわけではありませんが、それでもせっかくの当せん金を換金し忘れることがないよう、気をつけたいものですよね。

라디오에서 남성이 이야기하고 있습니다.

M 음, 얼마 전 연말 복권 당첨 번호가 발표되었죠. 청취자 여러분 중에는 당첨되신 분이 계신가요? 당첨된 분에게는 가급적 빨리 돈을 받으러 가시길 권해 드리고 싶습니다. 왜냐하면 놀라울 정도로 당첨 복권을 돈으로 찾아가는 것을 잊어버리는 경우가 많다고 합니다. 작년에는 지급 기한 한 달 전이 되어도 1등 3억 엔이 한 장, 1등 전후상 1억 엔을 여섯 장이나 돈으로 찾아가지 않았다고 합니다. 시효가 된 당첨금은 지자체의 수익으로 환원되기 때문에 결코 헛되는 건 아니지만 그래도 모처럼의 당첨금을 받는 것을 잊어버리지 않도록 조심하면 좋겠네요.

男の人は何について話していますか。

1 年末宝くじの当せん番号
2 当せんくじの換金のし忘れの多さ
3 宝くじに当せんした経験談
4 換金されなかった当せん金の使い道

남성은 무엇에 대해 이야기하고 있습니까?

1 연말 복권 당첨 번호
2 당첨 복권을 돈으로 바꾸는 것을 잊어버리는 경우가 많은 것
3 복권에 당첨된 경험담
4 돈으로 찾아가지 않은 당첨금의 용도

会社の企画会議で女の人が話しています。

F 今回、韓国市場への参入に向けて、日韓の女性のメイクの特徴について調査しました。その結果、次のような違いがわかりました。日本の女性は周りに溶けこめるようなやわらかく可愛いメイクを好み、個性的なスタイルを嫌います。アイテムは多いですが、メイクに時間はかけません。一方で、韓国人女性のメイクは欠点をカバーし、自己表現するためのもの。周囲から見劣りしないよう、積極的に外見を磨き、多くのアイテムを駆使して、たっぷりとメイクに時間をかけます。調和を意識する日本の女性に対し、韓国の女性はメイクは自分の欠点を補い、完璧さを目指すツールであると考えているようです。

女の人は何について話していますか。

1 メイクに対する日韓での意識の違い

2 メイクに対する日韓の相違点と共通点

3 女性のメイクの重要性

4 韓国で化粧品を販売するための戦略

授業で先生が留学生に話しています。

M 今日は関東と関西での食文化の違いについて話したいと思います。歴史をたどれば、江戸時代に現在の東京に都が移されたことで、東西に食文化の違いが生まれました。当時は北の地域が食料や物資の流通経路だったため、必然的に寒い地域の濃い味つけが広まっていきました。反対に気候が温暖な関西では、京都の優雅な文化や思考から、健康に気づかう薄い味つけが定着していきました。同じ名前の食べ物でも味つけが異なるものがあるので、日本国内を旅行する際は、ぜひ東西の味の変化も楽しんでみてくださいね。

---

회사 기획 회의에서 여성이 이야기하고 있습니다.

F 이번에 한국 시장 진출을 앞두고 한일 여성 화장 특징에 대해 조사하였습니다. 그 결과 다음과 같은 차이점을 알 수 있었습니다. 일본 여성은 주변에 녹아드는 부드럽고 귀여운 화장을 선호하고 개성적인 스타일을 싫어합니다. 아이템은 많지만 화장에 시간은 걸리지 않습니다. 한편 한국인 여성의 화장은 결점을 커버하고 자기표현을 하기 위한 것입니다. 주위에서 못나 보이지 않게 적극적으로 외모를 닦고 많은 아이템을 구사하여 화장에 제대로 시간을 들입니다. 조화를 의식하는 일본 여성과 달리 한국 여성은 메이크업은 자신의 결점을 보완하고 완벽함을 추구하기 위한 도구라고 생각하는 듯합니다.

여성은 무엇에 대해 이야기하고 있습니까?

1 화장에 대한 한일 의식 차이

2 화장에 대한 한일 차이점과 공통점

3 여성 화장의 중요성

4 한국에서 화장품을 판매하기 위한 전략

수업에서 선생님이 유학생에게 이야기하고 있습니다.

M 오늘은 간토 지방과 간사이 지방에서의 식문화의 차이점에 대해 이야기하려고 합니다. 역사를 거슬러 올라가면 에도 시대에 현재 도쿄로 수도가 옮겨지면서 동서로 식문화의 차이가 발생하였습니다. 당시에는 북쪽 지역이 식재료나 물자의 유통 경로였기 때문에 필연적으로 추운 지역의 진한 맛이 퍼졌습니다. 반대로 기후가 온난한 간사이에서는 교토의 우아한 문화나 생각에서 건강에 신경을 쓴 담백한 맛이 정착했습니다. 같은 이름을 가진 음식이어도 맛을 내는 방식이 다른 것이 있기 때문에 일본 국내를 여행할 때에는 꼭 동서의 맛 변화도 즐겨 주세요.

先生は何について話していますか。

1 日本の気候
2 自分の好みの味つけ
3 東西で味つけが異なる具体的な料理
4 東西で食文化の違いが生まれた理由

선생님은 무엇에 대해 말하고 있습니까?

1 일본의 기후
2 자신의 취향인 맛
3 동서로 맛을 내는 방식이 다른 구체적인 요리
4 동서로 식문화의 차이가 발생한 이유

5

テレビで女の人が話しています。

F 最近はテレビの視聴者が減少傾向にあると言われていますが、今回実施された調査では、この5年間でテレビの視聴者が国民全体で減少し、特に16～19歳の約半分が「ほぼテレビを見ない」ことがわかりました。若年層ではSNSや動画サイトを利用するために、1日にインターネットを利用する人が80％に上りました。また、1日にインターネットを利用する時間は、16～19歳、そして20代で2時間を超える結果となりました。

テレ비전에서 여성이 이야기하고 있습니다.

F 요즘 텔레비전 시청자가 줄어드는 경향이라고들 하는데 이번에 실시된 조사에서는 최근 5년간 텔레비전 시청자가 국민 전체에서 감소하였으며 특히 16～19세의 약 절반이 '거의 텔레비전을 보지 않는다'라고 한 것을 알게 되었습니다. 젊은 층에서는 SNS나 동영상 사이트를 이용하기 때문에 하루에 인터넷을 이용하는 사람이 80%로 올라갔습니다. 또한 하루에 인터넷을 이용하는 시간은 16～19세, 그리고 20대에서 두 시간이 넘는다는 결과가 나왔습니다.

女の人は何について話していますか。

1 インターネットの重要性
2 若者のテレビ離れ
3 動画サイトの面白さ
4 SNSの危険性

여성은 무엇에 대해 이야기하고 있습니까?

1 인터넷의 중요성
2 젊은이들이 텔레비전과 멀어지는 현상
3 동영상 사이트의 재미
4 SNS의 위험성

문제4

예

M 悪いんだけど、このデータ、今日中にまとめてもらえない？

F 1 承知いたしました。
2 まとめてもらえるか、確認してみます。
3 全然悪くありませんよ。

M 미안하지만 이 자료 오늘 중으로 정리해 줄 수 있을까?

F 1 알겠습니다.
2 정리해 줄 수 있는지 확인해 보겠습니다.
3 전혀 나쁘지 않아요.

1

M 鈴木さんって、本当に顔が広いですよね。

F 1 そんなこと言ったら失礼ですよ。
2 あんなに知り合いがいるなんて、私もびっくりしました。
3 そうですか。もっと小顔だと思いますけど。

M 스즈키 씨, 정말 발이 넓네요.

F 1 그런 거 말하면 실례예요.
2 그렇게 지인이 많다니 저도 놀랐어요.
3 그런가요? 좀 더 얼굴이 작다고 생각했는데.

**2**

F さっき何か言いかけなかった？

M 1 そうだったんだけど、忘れちゃった。

2 僕は電話してないけど…。

3 ええ、また同じこと言うの？

F 방금 뭔가 말하다 말지 않았어?

M 1 그랬는데 잊어버렸어.

2 난 전화 안 했는데.

3 음, 또 같은 말 하는 거야?

**3**

M 顔色悪いけど、大丈夫？

F 1 え、全然怒ってないよ。

2 あ、ファンデーション変えたの、わかっちゃった？

3 実はさっきからちょっと熱っぽいんだよね。

M 안색 안 좋은데 괜찮아?

F 1 응, 전혀 화나지 않았어.

2 아, 파운데이션 바꾼 거 알았어?

3 실은 아까부터 열이 좀 있네.

**4**

F 週末、ちょっと買い物に付き合ってくれない？

M 1 それはありがとう。

2 悪いけど、今付き合ってる人がいるんだ。

3 ごめん、週末は先約があって…。

F 주말에 쇼핑 좀 같이 가지 않을래?

M 1 고마워.

2 미안한데 지금 사귀는 사람이 있어.

3 미안, 주말엔 선약이 있어서….

**5**

M こちらの資料、いただいてもよろしいでしょうか。

F 1 それはちょっと、いただけないですね。

2 ええ、どうぞ。

3 お先にどうぞ。

M 이 자료 받아도 괜찮을까요?

F 1 그건 좀, 받을 수 없어요.

2 네, 가져가세요.

3 먼저 하세요.

**6**

F 最近、うちのチームの新人が休みがちなんですよね。

M 1 それは心配だね。

2 少し休ませた方がいいんじゃない？

3 ええ、それはちょっと頑張りすぎだよ。

F 요즘 우리 팀 신입이 자주 쉬는 거 같아요.

M 1 걱정이네.

2 좀 쉬게 하는 편이 좋지 않아?

3 응, 좀 너무 열심히 해.

**7**

M 問題が山積みで頭が痛いよ。

F 1 大丈夫ですか。薬を飲んだ方がいいんじゃないですか。

2 私でよければ、何か手伝いましょうか。

3 問題が難しすぎて、私も大変でしたよ。

M 문제가 산처럼 쌓여서 머리가 아파.

F 1 괜찮아요? 약을 먹는 편이 좋지 않아요?

2 저라도 괜찮으면 뭔가 도울까요?

3 문제가 너무 어려워서 저도 힘들었어요.

**8**

F　体調不良の山田さんの代わりに、今日の打ち合わせは私が出席せざるを得ないですね。

M　1　急で申し訳ないけど、よろしく頼むよ。

　　2　え！君も出席できないの？

　　3　そうだね。今日の打ち合わせは延期するしかないね。

F　몸 상태가 안 좋은 야마다 씨 대신 오늘 회의는 제가 출석할 수밖에 없겠네요.

M　1　갑자기 미안하지만 잘 부탁해.

　　2　아, 자네도 참석 못해?

　　3　그러네. 오늘 회의는 연기할 수밖에 없네.

**9**

M　ご注文お伺いします。

F　1　かしこまりました。ただ今、参りますので。

　　2　日替わりランチのＡセットを一つ、お願いします。

　　3　あ、コーヒーはこちらです。

M　주문 받겠습니다.

F　1　알겠습니다. 지금 곧 가겠습니다.

　　2　오늘의 런치 메뉴 A세트 하나 부탁합니다.

　　3　아, 커피는 이쪽이에요.

**10**

F　あの、これ、旅行のお土産なんですが、よかったらどうぞ。

M　1　え、いいんですか。そんなに気を遣わなくてもいいのに。

　　2　いえいえ、気にしないでください。

　　3　ありがとうございます。今度から気をつけます。

F　저기 이거 여행 선물인데 괜찮으면 받아.

M　1　아, 괜찮습니까? 그렇게 신경 써주지 않으셔도 되는데.

　　2　아니요, 신경 쓰지 마세요.

　　3　고맙습니다. 다음부터는 조심하겠습니다.

**11**

M　はじめての一人暮らしなので、毎日寂しくてしょうがないですよ。

F　1　それはしょうがないですよね

　　2　一人暮らしを満喫してるみたいでよかったです。

　　3　私も最初はそうでした。でも慣れたら楽しくてしょうがなくなりますよ。

M　처음 혼자 사는 거라 매일 너무 외로워요.

F　1　그건 어쩔 수 없지요.

　　2　혼자 사는 걸 만끽하는 것 같아서 다행이었어요.

　　3　저도 처음엔 그랬어요. 하지만 익숙해지면 너무 즐거워질 걸요.

**12**

F　林さんが連絡もなしに来ないわけないじゃない。

M　1　うん、林さんっていつも連絡がないよね。

　　2　そうだね。もう少し待ってみよう。

　　3　ええ、また遅刻？

F　하야시 씨가 연락도 없이 안 올 리가 없는데.

M　1　음, 하야시 씨는 항상 연락이 없지.

　　2　그러네. 좀 더 기다려 보자고.

　　3　음, 또 지각?

1

**お店で店員と留学生二人が話しています。**

M いらっしゃいませ。何かお探しでしょうか。

F1 実は今度、日本人の友達が結婚することになって、何かお祝いのプレゼントを探してるんですが。

M ご結婚祝いでしたら、やはりペアのものが人気ですね。ペアグラスやペアのマグカップ、お茶碗や名前入りのお箸などはいかがでしょうか。

F2 うーん、前に日本語の授業で、結婚祝いに割れる物は贈らない方がいいと教わったんですが、あまり関係ないんでしょうか。

M たしかに昔はそのように言われていましたが、最近では割れるから「増える」、子供が増えるという縁起のいい意味で受け取る人が増えてきたんですよ。実際、ペアの食器は新生活で使える実用的なものですし、喜ばれる方が非常に多いです。

F2 なるほど。時代とともに意味も変わってきてるんですね。

M はい。ただ、こうした風習を気にされる方もいらっしゃいますので、プレゼントを受け取る方にもよりますね。

F2 どうしよっか。名前入りのお箸だなんて、日本っぽくて素敵じゃない?

F1 うーん、お箸もいいけど、二人ともお酒好きだから、ペアのビールグラスなんかどうかな。

F2 ビールグラスか。でも念のため割れ物は避けるべきじゃない?

M お客様、もしよろしければ、こちらのステンレスのビールタンブラーはいかがでしょうか。こちらでしたら割れる心配もありませんし、保冷性にも優れていますよ。

F1 そうですね。割れないのはいいですが、デザインを考えると、やっぱりさっきの物の方が素敵かな?

F2 そんなに気に入ってるなら、それにしようよ。

---

가게에서 점원과 유학생 두 명이 이야기하고 있습니다.

M 어서 오세요. 무언가 찾고 계신가요?

F1 실은 이번에 일본인 친구가 결혼을 하게 되어서 뭔가 축하 선물을 찾고 있는데요.

M 결혼 축하 선물이라면 역시 한 쌍인 게 인기입니다. 유리컵 한 쌍이나 머그컵 한 쌍, 찻잔이나 이름을 넣은 젓가락 등은 어떠신가요?

F2 으음, 전에 일본어 수업에서 결혼 축하 선물로 깨지는 것은 주지 않는 편이 좋다고 배웠는데 그다지 상관 없을까요?

M 확실히 옛날에는 그렇게 말을 했었는데 요즘은 깨지니까 '늘어난다', 아이가 늘어난다는 기운이 좋은 의미로 받아들이는 사람이 늘었습니다. 실제로 커플 식기는 새로운 생활에서 사용할 수 있는 실용적인 것이어서 좋아하는 분이 무척 많습니다.

F2 그렇군요. 시대와 함께 의미도 바뀌고 있네요.

M 네, 그저 이런 풍습을 신경 쓰는 분도 계시니까 선물을 받으시는 분에 따라서도 다르지만요.

F2 어떡하지? 이름을 넣은 젓가락 같은 건 일본스러워서 괜찮지 않아?

F1 음, 젓가락도 괜찮지만 두 사람 다 술 좋아하니까 맥주컵 한 쌍은 어때?

F2 맥주컵? 하지만 만일을 위해서 깨지는 물건은 피해야 하지 않을까?

M 손님, 혹시 괜찮으시면 이쪽 스테인리스 맥주 텀블러는 어떠신가요? 이거라면 깨질 걱정도 없고 보냉성도 우수합니다.

F1 그렇군요. 깨지지 않는 건 좋지만 디자인을 생각하면 역시 아까 것이 좋지 않아?

F2 그렇게 마음에 들면 그걸로 하자.

二人は結婚祝いにどんなプレゼントを選びますか。

1 名前入りのはし

2 ペアのマグカップ

3 ペアのビールグラス

4 ステンレスのビールタンブラー

두 사람은 결혼 축하로 어느 선물을 고릅니까?

1 이름을 넣은 젓가락

2 머그컵 한 쌍

3 맥주컵 한 쌍

4 스테인리스 맥주 텀블러

**2**

上司と社員二人がオンライン会議で話しています。

M1 それじゃあ、今日の会議はこれくらいにして、最近何か困ってることとかないか？ 在宅勤務になってからオンラインでのコミュニケーションばかりで、ゆっくり話す時間もなかったからな。

M2 部長、この体制っていつまで続くんでしょうか。

F 私はできることならずっと続いてほしいですけどね。朝、ゆっくり寝てられるし、身支度にかける時間も少なくて済むし。

M1 うんうん。通勤時間が節約できるのは楽だよな。

M2 確かにそういう見方もあるかもしれませんが、僕は何だかだらけてしまって。会社に出勤していた時の方が、メリハリのある生活を送っていたような気がします。

F そうですか。私は今の方が充実していますね。家族と一緒に過ごせる時間も増えて、子供もとても喜んでますよ。前は残業で帰りが遅くなることもありましたから。

M1 それはいいことだね。うちも最初のうちは喜んでくれてたんだけど、今はたまに居づらく感じることともあるよ。妻も毎食準備するのが大変みたいで。

F あはは。奥さんのお気持ちもわからなくもないですね。

M2 僕は一人暮らしなので、ご飯も自分で用意しなきゃいけないから、面倒くさいですよ。社食が恋しいです。前は何も感じなかったんですけど、社食って毎日違うメニューが出てくるし、栄養のバランスもとれてるし、何より安いし、そのありがたさを実感しているところです。

상사와 사원 두 사람이 온라인 회의로 이야기하고 있습니다.

M1 그러면 오늘 회의는 이 정도로 하고 요즘 뭔가 곤란한 일 같은 건 없나? 재택근무하고 나서 온라인으로만 커뮤니케이션을 하니 천천히 이야기할 시간도 없고 말이야.

M2 부장님, 이 체제는 언제까지 계속될까요?

F 저는 가능하면 계속되면 좋겠는데요. 아침에 느긋하게 잘 수 있고 몸단장에 드는 시간도 줄었고요.

M1 응. 통근시간을 절약할 수 있는 것도 편하고 말이야.

M2 확실히 그런 의견도 있을지도 모르지만 저는 뭔가 마음이 해이해져서요. 회사에 출근했을 때가 긴장감 있는 생활을 보낼 수 있었던 것 같은 느낌이 들어요.

F 그런가요? 저는 지금이 더 충실해요. 가족과 함께 보낼 수 있는 시간도 늘어서 아이도 무척 좋아해요. 전에는 야근하느라 집에 늦게 오는 일도 있었으니까요.

M1 그건 좋은 점이네. 우리집도 처음에는 좋아하더니 지금은 가끔 있기 불편할 경우도 있어. 아내도 매 끼니 준비하는 게 힘든 것 같고.

F 하하. 부인의 마음은 알 것 같아요.

M2 저는 혼자 사니까 밥도 직접 준비해야 해서 귀찮아요. 회사 식당이 그립습니다. 전에는 아무 생각 없었는데 회사 식당은 매일 다른 메뉴가 나오고 영양 균형도 잘 잡혀 있고, 무엇보다 저렴해서 그 고마움을 실감하고 있는 중이에요.

M1 おぉ、それはいい気づきだね。在宅勤務になってから、これまでの働き方のメリット、デメリットがそれぞれ見えてきたと思うな。実は今、上の方で今後の勤務体制をどうするか話し合ってるところなんだ。よかったら、簡単にで構わないから、それぞれの意見をまとめて後でメールで送ってもらえないかな。

F はい、承知いたしました。

M2 かしこまりました。

---

**男の社員は在宅勤務についてどう思っていますか。**

1 家族の目が気になるので、早く出社したい。

2 通勤時間が節約できて楽だ。

3 家族と一緒に過ごせる時間が増えてうれしい。

4 規則正しい生活をおくるのが難しい。

---

3

**ホテルの受付でスタッフと夫婦が話をしています。**

M すみません。予定の時間よりも早く着いてしまったんですが、今からチェックインは可能でしょうか。

F1 ただ今確認いたしますので、少々お待ちください。お待たせいたしました。大変恐れ入りますが、ご予約いただいたお部屋はまだ準備ができておらず、既存のチェックイン時間どおり、１５時以降のご入室となります。ご予約いただいたオーシャンビューのお部屋ではないのですが、アップグレードさせていただいたデラックスルームでしたら、すぐにご用意できますが。

M そうですか。ねぇ、どうする？

F2 そうねぇ。アップグレードしていただいたお部屋も魅力的だけど、このホテルはオーシャンビューの部屋が売りなのよね。

---

M1 오, 그건 좋은 발견이로군. 재택근무하고 나서 지금까지의 일하는 방식의 장점, 단점이 각각 보였겠지. 실은 지금 윗분들이 앞으로의 근무 체제를 어떻게 할지 논의하는 중이야. 괜찮으면 간단히라도 상관없으니까 각각 의견을 정리해서 나중에 메일로 보내줄 수 있을까?

F 네, 알겠습니다.

M2 알겠습니다.

---

**남성 사원은 재택 근무에 대해 어떻게 생각하고 있습니까?**

1 가족의 눈이 신경 쓰여서 빨리 회사에 나가고 싶다.

2 통근 시간을 절약할 수 있어서 편하다.

3 가족과 함께 보낼 수 있는 시간이 늘어서 기쁘다.

4 규칙적인 생활을 보내는 것이 어렵다.

---

**호텔 프론트에서 스탭과 부부가 이야기하고 있습니다.**

M 실례합니다. 예정 시간보다 일찍 도착하고 말았는데 지금부터 체크인은 가능할까요?

F1 지금 바로 확인해 볼 테니 잠시만 기다려 주세요. 오래 기다리셨습니다. 대단히 죄송하지만 예약하신 방은 아직 준비가 되어 있지 않아서 기존 체크인 시간대로 15시 이후 입실하실 수 있습니다. 예약하신 오션뷰 방은 아니지만 업그레이드해서 디럭스룸이라면 바로 준비해 드릴 수 있습니다.

M 그렇습니까? 자, 어떡할까?

F2 그러네. 업그레이드한 방도 매력적이지만 이 호텔은 오션뷰 방이 유명한걸.

F1 よろしければお待ちいただく間、最上階にある大浴場がご利用いただけますし、1階にあるラウンジでのアフタヌーンティーもお楽しみいただけます。また、今月ご宿泊いただいたお客様には、隣接している原美術館の無料チケットもお渡ししておりますので、そちらもぜひご利用くださいませ。

M へぇ～ オプションがいろいろあるんですね。あと2時間くらいだし、チェックインまでここで待つのはどう？

F2 うん、そうしよっか。私、ちょっと小腹がすいてて。これからアフタヌーンティーはどう？

M う〜ん、僕は美術館も気になるな。今、人気の画家の展示やってて、それじゃなくてもちょうど誘おうと思ってたんだ。あ、でもまずはお湯につかりたいかな。ここまでずっと運転しっぱなしだったから疲れちゃって。

F2 それもそうよね。じゃあ私、一人で楽しんでくるから、後で電話ちょうだい。

M うん、わかった。美術館も一緒に行こうよ。

---

質問1 二人はどうしてすぐにチェックインができませんでしたか。

1 オーシャンビューの部屋が人気で空室がなかったから

2 部屋をアップグレードしてもらえることになったから

3 予約していた部屋がまだ整っていなかったから

4 予約の時間を間違えていたから

質問2 このあと、二人は何をしますか。

1 女の人は一人で美術館を楽しむつもりだ。

2 男の人は疲れているので部屋で休むつもりだ。

3 女の人は海を見に行くつもりだ。

4 男の人は温泉でゆっくりするつもりだ。

---

F1 괜찮으시면 기다리시는 동안 최상층에 있는 목욕탕을 이용하실 수 있고 1층에 있는 라운지에서 애프터눈티도 즐기실 수 있습니다. 또한 이번달 숙박하시는 손님께는 근처에 있는 하라 미술관의 무료 티켓도 드리고 있으므로 부디 이용하시길 바랍니다.

M 오, 옵션이 여러 가지 있군요. 이제 두 시간 정도고 체크인할 때까지 여기서 기다리는 건 어때?

F2 응, 그러자. 나 배가 좀 고파서 이제부터 애프터눈티는 어때?

M 음, 나는 미술관도 신경 쓰이네. 지금 인기인 화가 전시하고 있어서 안 그래도 가보자고 하려고 했는데. 아, 하지만 우선은 탕에 들어가고 싶어. 여기까지 계속 운전하느라 힘들었고.

F2 그것도 그러네. 그러면 나 혼자 즐길 테니까 이따가 전화 줘.

M 응, 알겠어. 미술관도 같이 가자고.

---

질문1 두 사람은 왜 바로 체크인하지 못했습니까?

1 오션뷰 방이 인기여서 빈방이 없었기 때문에

2 방을 업그레이드해 받게 되었기 때문에

3 예약했던 방이 아직 정리되지 않았기 때문에

4 예약 시간을 틀렸기 때문에

질문2 이후 두 사람은 무엇을 합니까?

1 여성은 혼자 미술관을 즐길 예정이다.

2 남성은 피곤해서 방에서 쉴 예정이다.

3 여성은 바다를 보러 갈 예정이다.

4 남성은 온천에서 느긋하게 보낼 예정이다.

# N2 | 模擬テスト 言語知識(文字・語彙・文法)・読解 解答用紙

受験番号
Examinee Registration Number

名前
Name

## 問題 1

| | ① | ② | ③ | ④ |
|---|---|---|---|---|
| 1 | ① | ② | ③ | ④ |
| 2 | ① | ② | ③ | ④ |
| 3 | ① | ② | ③ | ④ |
| 4 | ① | ② | ③ | ④ |
| 5 | ① | ② | ③ | ④ |

## 問題 2

| 6 | ① | ② | ③ | ④ |
|---|---|---|---|---|
| 7 | ① | ② | ③ | ④ |
| 8 | ① | ② | ③ | ④ |
| 9 | ① | ② | ③ | ④ |
| 10 | ① | ② | ③ | ④ |

## 問題 3

| 11 | ① | ② | ③ | ④ |
|---|---|---|---|---|
| 12 | ① | ② | ③ | ④ |
| 13 | ① | ② | ③ | ④ |

## 問題 3

| 14 | ① | ② | ③ | ④ |
|---|---|---|---|---|
| 15 | ① | ② | ③ | ④ |
| 16 | ① | ② | ③ | ④ |
| 17 | ① | ② | ③ | ④ |
| 18 | ① | ② | ③ | ④ |
| 19 | ① | ② | ③ | ④ |
| 20 | ① | ② | ③ | ④ |

## 問題 5

| 21 | ① | ② | ③ | ④ |
|---|---|---|---|---|
| 22 | ① | ② | ③ | ④ |
| 23 | ① | ② | ③ | ④ |
| 24 | ① | ② | ③ | ④ |
| 25 | ① | ② | ③ | ④ |

## 問題 6

| 26 | ① | ② | ③ | ④ |
|---|---|---|---|---|
| 27 | ① | ② | ③ | ④ |
| 28 | ① | ② | ③ | ④ |
| 29 | ① | ② | ③ | ④ |
| 30 | ① | ② | ③ | ④ |

## 問題 7

| 31 | ① | ② | ③ | ④ |
|---|---|---|---|---|
| 32 | ① | ② | ③ | ④ |
| 33 | ① | ② | ③ | ④ |
| 34 | ① | ② | ③ | ④ |
| 35 | ① | ② | ③ | ④ |
| 36 | ① | ② | ③ | ④ |
| 37 | ① | ② | ③ | ④ |
| 38 | ① | ② | ③ | ④ |
| 39 | ① | ② | ③ | ④ |
| 40 | ① | ② | ③ | ④ |
| 41 | ① | ② | ③ | ④ |
| 42 | ① | ② | ③ | ④ |

## 問題 8

| 43 | ① | ② | ③ | ④ |
|---|---|---|---|---|
| 44 | ① | ② | ③ | ④ |
| 45 | ① | ② | ③ | ④ |
| 46 | ① | ② | ③ | ④ |
| 47 | ① | ② | ③ | ④ |

## 問題 9

| 48 | ① | ② | ③ | ④ |
|---|---|---|---|---|
| 49 | ① | ② | ③ | ④ |
| 50 | ① | ② | ③ | ④ |
| 51 | ① | ② | ③ | ④ |
| 52 | ① | ② | ③ | ④ |

## 問題 10

| 53 | ① | ② | ③ | ④ |
|---|---|---|---|---|
| 54 | ① | ② | ③ | ④ |
| 55 | ① | ② | ③ | ④ |
| 56 | ① | ② | ③ | ④ |
| 57 | ① | ② | ③ | ④ |

## 問題 11

| 58 | ① | ② | ③ | ④ |
|---|---|---|---|---|
| 59 | ① | ② | ③ | ④ |
| 60 | ① | ② | ③ | ④ |
| 61 | ① | ② | ③ | ④ |
| 62 | ① | ② | ③ | ④ |
| 63 | ① | ② | ③ | ④ |
| 64 | ① | ② | ③ | ④ |
| 65 | ① | ② | ③ | ④ |
| 66 | ① | ② | ③ | ④ |

## 問題 12

| 67 | ① | ② | ③ | ④ |
|---|---|---|---|---|
| 68 | ① | ② | ③ | ④ |

## 問題 13

| 69 | ① | ② | ③ | ④ |
|---|---|---|---|---|
| 70 | ① | ② | ③ | ④ |
| 71 | ① | ② | ③ | ④ |

## 問題 14

| 72 | ① | ② | ③ | ④ |
|---|---|---|---|---|
| 73 | ① | ② | ③ | ④ |

# N2 模擬テスト　聴解　解答用紙

受験番号
Examinee Registration
Number

名前
Name

## 問題 1

| | | | | |
|---|---|---|---|---|
| 例 | ① | ② | ③ | ● |
| 1 | ① | ② | ③ | ④ |
| 2 | ① | ② | ③ | ④ |
| 3 | ① | ② | ③ | ④ |
| 4 | ① | ② | ③ | ④ |
| 5 | ① | ② | ③ | ④ |

## 問題 2

| | | | | |
|---|---|---|---|---|
| 例 | ① | ② | ③ | ④ |
| 1 | ① | ② | ③ | ④ |
| 2 | ① | ② | ③ | ④ |
| 3 | ① | ② | ③ | ④ |
| 4 | ① | ② | ③ | ④ |
| 5 | ① | ② | ③ | ④ |

## 問題 3

| | | | | |
|---|---|---|---|---|
| 例 | ① | ● | ③ | ④ |
| 1 | ① | ② | ③ | ④ |
| 2 | ① | ② | ③ | ④ |
| 3 | ① | ② | ③ | ④ |
| 4 | ① | ② | ③ | ④ |
| 5 | ① | ② | ③ | ● |

## 問題 4

| | | | |
|---|---|---|---|
| 例 | ① | ● | ③ |
| 1 | ① | ② | ③ |
| 2 | ① | ② | ③ |
| 3 | ① | ② | ③ |
| 4 | ① | ② | ③ |
| 5 | ① | ② | ③ |
| 6 | ① | ② | ③ |
| 7 | ① | ② | ③ |
| 8 | ① | ② | ③ |
| 9 | ① | ② | ③ |
| 10 | ① | ② | ③ |
| 11 | ① | ② | ③ |

## 問題 5

| | | | | | |
|---|---|---|---|---|---|
| 1 | | ① | ② | ③ | ④ |
| 2 | | ① | ② | ③ | ④ |
| 3 | (1) | ① | ② | ③ | ④ |
| | (2) | ① | ② | ③ | ④ |